Memorias
intencionadamente
incompletas de un político
de provincias

AGUSTÍN DÍAZ DE MERA

Memorias intencionadamente incompletas de un político de provincias

ALMUZARA

Primera edición: febrero de 2025

Editorial Almuzara • Memorias y biografías
Editora: Ángeles López
Corrección: Nieves Porras
Maquetación: Joaquín Treviño

www.editorialalmuzara.com
pedidos@almuzaralibros.com - info@almuzaralibros.com

Editorial Almuzara
Parque Logístico de Córdoba. Ctra. Palma del Río, km 4
C/8, Nave L2, nº 3. 14005 - Córdoba

Imprime: Liberdigital
ISBN: 978-84-10526-76-1
Depósito legal: CO-30-2025
Hecho e impreso en España - *Made and printed in Spain*

Índice

Ana Mari

Era domingo. Febrero. Llevaba plomo en las alas y en el corazón. No pudo remontar el vuelo. Voló bajo, casi a ras de suelo. Se perdió para siempre en la niebla. Extendimos cuatro manos, pero no la pudimos detener. Sus ojos, siempre tan hermosos, se hicieron de cristal y se quebraron cuando se los cerré. Nos dejó solos aquí. Me quedé solo y solo sigo mirando la niebla infinita.

Dedicatoria - Introito

Este libro está dedicado a Ana Mari, mi querida esposa. Ella ya no lo puede leer, pero me dio cuatro hijos y siete nietos (Jorge, Ana Julia, Guillermo, María, Catalina, Helena y Jamaica) que podrán conocer por mi pluma muchas historias de mi intensa vida que desconocen.

Los lectores que sientan curiosidad tienen licencia para leer estas páginas.

Mi vida, intensa y rica, está plagada de fracasos y de éxitos, de alegrías y tristezas. Ustedes juzgarán.

Intencionadamente, he omitido episodios escabrosos que forman parte de mi intimidad no confesable.

Si existiese una empresa con especialistas para *auditar vidas*, no puedo asegurar que el informe final me fuese completamente favorable...

«Sentado en su banco», en Valparaíso, en La Sebastiana, una de las tres casas que tenía Pablo Neruda, la mejor, una buena amiga me regaló *Confieso que he vivido*. Leí el libro de un tirón, encelado. Pues bien, yo, como Neruda, también confieso que he vivido.

Agradecimientos

Me ayudaron a escribir este libro, con generosa asesoría y notable implicación, José María Muñoz Quirós, poeta muy premiado, catedrático y amigo fraternal; Ángel Sardina, artista plástico abulense de trayectoria pictórica excepcional, que me impulsó, con José María Muñoz Quirós, a empezar esta obra; José María Martín, que se ocupó con notable pericia en la transcripción de estos escritos, añadiendo comentarios y críticas certeras; mis hijos, Jorge y Kiko, transcriptores de los primeros capítulos; Jorge Cánovas y María Espegel, mis eficaces asistentes, hoy funcionarios de la Comisión Europea y de Europol; mi hija Anita, hoy letrada del Parlamento Europeo, que buceó en y rescató de la biblioteca del Parlamento Europeo mis más de quinientas intervenciones (en Pleno, en Comisión y en misiones internacionales); Juan Salafranca, referencia imprescindible del Parlamento en América Latina; Teresa Díaz, gerente del Partido Popular de Ávila y referencia esencial del partido en la provincia; y Pablo Serrano, director de *Diario de Ávila*, que procuró una atenta contribución gráfica.

Por último, algunas referencias geográficas y descriptivas que aparecen en el libro, han sido tomadas de fuentes abiertas.

PRÓLOGOS

Cuando el lector avance en las páginas de este libro, encontrará un buen relato de interesantes experiencias vitales, pero además un fiel reflejo de la personalidad y valores de su autor.

La concreción, el rigor, la precisión de la historia que nos cuenta este libro es la exactitud, la corrección y la escrupulosidad de la vida de Agustín Díaz de Mera.

Una trayectoria abundante en destrezas, responsabilidades y vivencias diversas con un hilo conductor, el servicio leal al Estado, incluso en los momentos más difíciles y extremos, asumiendo siempre su deber con lealtad a sus principios, fidelidad a la verdad, y eficacia en el trabajo.

He tenido la satisfacción de trabajar con Agustín durante muchos años y en momentos importantes, tanto en el servicio a nuestra ciudad de Ávila como en la construcción y crecimiento del principal partido de centroderecha español, y sobre todo en el Ministerio del Interior en la lucha contra el terrorismo más brutal y la delincuencia organizada, y siempre, siempre, con un trabajo honorable, eficiente y responsable.

Gracias, Agustín, por tu amistad, trabajo, ayuda y consejo, también por escribir esta obra que servirá de ejemplo a jóvenes que, con vocación de servicio público, dudan si dedicar unos años de su vida a los demás desde la política. Aprenderán que en los buenos momentos y en los no tan buenos, sean personales o profesionales, a pesar de los pesares, no se pueden nunca olvidar que lo más importante de un político es que dedica un tiempo de su vida a un bien superior, ser un servidor leal a España y a los intereses generales de los españoles.

Ángel Acebes Paniagua

Memoria, intimidad y vida

¿Qué nos puede impulsar a las personas para sumergirnos en nuestra memoria y ahondar en nuestros pensamientos para recuperar el tiempo ya pasado?

Hermoso ejercicio el que nos empuja a estas indagaciones, a estos devaneos por lo que fue y que, como el gran escritor francés Marcel Proust nos dice, nos conduce por los territorios «del tiempo perdido».

Muchos han sido los escritores, artistas, curiosos de la vida, estadistas y personas anónimas los que han dejado en las páginas de un libro sus experiencias, y muchas han sido y son sus motivaciones más profundas: el impulso creador, el secreto manar de las palabras y las cosas, de las personas y los lugares (como Jorge Santayana llamó a sus magníficas memorias) o la necesidad de volcarse en la escritura para desmembrar momentos, sueños, intenciones profundas de comunicarse, si bien, cuando se escriben estos textos autobiográficos, debe quedar, al margen, la intención que esperan los que los lean, aunque sepamos que hay un espacio imposible de salvar entre esa voluntad y lo que realmente sucede cuando nos acerquemos a ellos.

Agustín Díaz de Mera se impone una tarea de reconstrucción y de búsqueda en los desvanes de la memoria, tal vez porque se da cuenta de que su vida ha sido enriquecedora y que puede ser útil para otras personas. Y desde este sentir profundo, en un momento crucial de su vida, se plantea reflejar en un libro su trayectoria personal, vital y política, tres pilares que sostienen una existencia vivida con intensidad y entrega.

No son estas memorias un documento al uso: su planteamiento se deja evidente ya en su título al definirlas como testimonio, palabra que refleja la voluntad de ser testigo de momentos, circunstancias y hechos que quiere compartir con los lectores; cuando testimoniamos algo, lo hacemos desde el anhelo de comunicar, de expresar, de decir y de que sea comprendido por quienes se acerquen hasta sus páginas.

Pero el subtítulo aclara y limita el alcance que su autor quiere establecer: «memorias intencionadamente incompletas». Resaltemos el adverbio y el adjetivo como dos cualidades que ponen límites al planteamiento del autor: por una parte, la necesidad de que sepamos que hay una voluntad firme y clara de decir lo que se dice y cómo se dice, y por otra, el carácter de no querer decir todo lo que se puede decir, confesando que hay elementos que se quedan en el silencio cómplice de su creador y que no ve procedente o necesario contar en esta ocasión.

Pero el subtítulo se completa con otra afirmación muy sugerente: «de un político de provincias». Estamos, en este momento, sabiendo que lo que es más importante, en estas memorias, está directamente relacionado con la vivencia política de su autor, y que se considera un político de provincias (tal vez deberíamos entender, desde el fondo de esta afirmación, que se trata de un político que se hace y se reafirma desde la provincia).

Estas cualidades, tan concisas, permitirán a Agustín Díaz de Mera, con mucho tino, ironizar con el término de incompletas cuando el lector se dé cuenta, al leerlas, de lo exhaustivo de sus datos, a veces casi en exceso, siempre en función de la utilidad que puede aportar al estudio de esta etapa en la política cercana, de la provincia, pero también de España (en momentos cruciales y en responsabilidades importantes) y en los años de diputado europeo en los organismos en los que trabajó, lo que deja sin significado pleno el término de provincias. No obstante, y esto es muy positivo, el lector pide más, busca en el testimonio del autor lo que, tal vez, solo existe en su deseo de conocer más.

Varias son las motivaciones de estas memorias: dar fe de vida. Testimoniar los distintos momentos de su trabajo político con una concreción profunda, donde los datos podrán servir a estudiosos y curiosos de este periodo. Narrarnos sus viajes, por diferentes lugares del mundo, y mostrarnos a numerosos personajes, muchas veces de trascendental importancia histórica, que ha conocido en esas misiones europeas.

Por consiguiente, se desarrollan en estas páginas tres miradas muy distintas pero complementarias: el hombre que mira la realidad y su entorno. El político que ha sido testigo de numerosos avatares y circunstancias y el viajero que nos pasea por el mundo para que miremos, como él lo vio, aconteceres y personas que nos enriquecen y nos muestran hechos y vivencias singulares. Tres maneras también de afrontar el recuerdo y la vida: la melancolía y la proximidad del hombre (padre, marido, amigo). La intensidad del hombre público en toda su grandeza y en todos sus detalles. La curiosidad y el testimonio generoso del viajero que ha recorrido el mundo entero.

Memoria, intimidad y vida se mezclan y se abrazan para llevarnos hasta el recuerdo alentador de emociones y de momentos singulares.

Memoria para recuperar y sentir la experiencia de un hombre entregado a su destino.

Intimidad para dejarnos ver, con sencillez y serenidad, el pensamiento del hombre.

Vida porque, como escribe Pablo Neruda, Agustín Díaz de Mera también confiesa que ha vivido, y en estas páginas vibra con entusiasta verdad cada uno de sus pasos, cada huella que ha seguido su camino.

Yo creo en el poder sanador de la palabra, de su valor emocional y de la peculiar manera de ordenar y organizar el sentimiento y el alma humana. Y este testimonio (que las numerosas fotografías enriquecen y nos muestran los rostros y los paisajes de sus historias) puede alcanzar esos retos de ser válido y profundo para quien lo escribió y para todos los que disfrutamos de su lectura.

José María Muñoz Quirós

Me declaro Agustinista de Mera

A lo largo de mi vida, visitar museos ha sido una de mis grandes pasiones. Me maravilla perderme en esos laberintos de obras de arte que descansan en amplias galerías, sin apartar mis ojos ni un segundo, sabiendo siempre a qué hora entro, pero nunca a la que salgo. Cuando Agustín me pidió que leyera su autobiografía, me llevé una sorpresa. Lo conozco desde mis tiempos en el Senado, hace un siglo de aquello, y pensaba que mi conocimiento sobre él ya era suficiente como para poder decir que lo conozco muy bien. Pero al pasar las páginas me fui dando cuenta de que no...

Agustín es un museo de todas las cosas que ha amado. De su mujer, de sus hijos, de sus amigos, de sus nuevas ilusiones...

Agustín es un museo vivo; en cierto sentido, un museo del futuro.

Con este libro ha querido (porque Agustín ha de querer para hacer las cosas) compartir una parte de ese museo con todos nosotros, y si tenemos la suerte de leerlo, aprenderemos de él.

Aprenderemos que la amistad se queda en palabras perdidas en un bosque de enredaderas si no se cuida con actos y bondades.

Aprenderemos que, por más que una persona cumpla años y madure, su verdadera patria es siempre la infancia y la adolescencia, donde da sus primeros pasos el amor.

Y, así, aprenderemos a amar, aunque sea un pequeño porcentaje de lo que ha amado Agustín a lo largo de su vida. Y de los que le han amado y le aman.

Viajero y defensor de la democracia allá donde pisa, Agustín recorrió todo el mundo, desde Mostar hasta Jartum, pasando por Puerto Príncipe y Nairobi. Ha sido siempre una persona de grandes valores, abanderado de la libertad y los derechos humanos. Resalta su pasión por América, como resalta en su mano de misionero una copita de ron de color madera al atardecer, contemplando el cerro de El Ávila desde la terraza de un hotel en Caracas y riendo.

Agustín se ríe con tantas ganas que te hace temblar.

Para ir a todos estos sitios, es necesario poseer una cualidad que todos tenemos, pero que poca gente desarrolla tanto como Agustín. Me refiero a la curiosidad. Esta característica tan propia del ser humano nos ha hecho mirar más allá, *plus ultra*, del mar y de las estrellas, pero solo unos pocos tienen el valor de dar el paso, y Agustín ha paseado toda su vida por donde le ha llevado el destino.

Y por donde ha querido… Sí, una de las cosas que sabemos los que admiramos a Agustín es que a él solo le pasa lo que le da la gana y, por tanto, esta autobiografía podía haberse titulado *Porque quise*. Y sería verdad en los dos sentidos: porque tal fue su voluntad y porque tal fue su amor.

En todos esos lugares lejanos, Agustín tuvo un hueco muy especial en su corazón para su querida tierra, Ávila. Tantos años sirviendo fielmente a su hogar dejaron una huella imborrable, compartida entre la ciudad y él mismo. La marca *agustiniana de mera* quedará para el recuerdo en las generaciones venideras de abulenses.

Con leer algunos de los párrafos, uno se puede dar cuenta de la generosidad que desprende Agustín. A la hora de escribir este libro, ha procurado no dejar sin mencionar a ninguna persona que haya influido en su vida, por muy poco tiempo que fuera. El honor lo despliega hacia todas las personas en igualdad de condiciones, ya sea un concejal de Ávila o la propia presidenta del Parlamento Europeo, tanta nobleza no hace sino engrandecer la figura de Agustín, mostrándolo como el servidor público vocacional que es.

¿Cabe mejor amigo? ¿Cabe mejor hermano?

Agustín lo ha tenido todo, una vida política prolífica (alcalde, senador, director general de la Policía, quince años en el Parlamento Europeo…), pero para él lo más importante siempre han sido Ana Mari y sus cuatro hijos, Anita, Kiko, Guiller y Jorge. La sangre que circula por sus venas, bien porque se fundió, bien porque se multiplicó, es la de su familia. Agustín no existe sin su familia, ni su familia sin él. Es un hombre repartido.

Agustín es un árbol de raíces profundas, tronco recio y ramas abundantes.

Al igual que santa Teresa de Jesús, la vida de Agustín ha sido «inquieta y andariega». Ha hecho de todo y cada instante lo ha vivido con total plenitud. Se dio cuenta de que la vida no tenía sentido si no era para regalarla y decidió regalarse él mismo. Por eso, con el paso de cada página, los lectores podrán perderse en una parte de su corazón, y admirar la obra de arte que ha sido y seguirá siendo su vida. Aún le quedan muchas páginas por vivir y escribir, y un amor nuevo por el que pelear. Ahora, yo espero sus palabras futuras todavía con más ilusión.

Es mi hermano y le deseo los mismos éxitos que ha tenido hasta aquí para el segundo volumen de sus memorias.

Me declaro un *agustinista de mera* y me quedo satisfecho.

Esteban González Pons

PRIMERA PARTE

Mi infancia son recuerdos

Nací en Daimiel (Ciudad Real) un 27 de septiembre del año 1947. Mi nombre completo es Agustín Juan de la Cruz Díaz de Mera García Consuegra.

Cuando escribo esta biografía (*Memorias intencionadamente incompletas de un político de provincias*), mi padre vive con cien años a sus espaldas.

Tenía, hasta que se jubiló, una tienda donde vendía zapatos y abarcas para los campesinos del pueblo.

Cada día va a misa a la ermita de Las Mínimas, frente a su casa, lee el *ABC* y toma, en el bar de la esquina, una cerveza sin alcohol. Por la tarde no sale y relee el *Quijote*.

Mi madre, hija de agricultores, era fuerte de carácter, emprendedora y llena de desbordante vitalidad.

Mi hermano Ramón fue educador, preceptor y maestro. Se casó con Pilar y tienen tres hijos: Ramón, Carolina y Jesús María.

Mi hermano pequeño Chule falleció prematuramente el día del Corpus a los veintiún años. Su muerte coincidió con el paso del Santísimo por delante del balcón de su habitación.

Tuvimos una infancia feliz, sencilla, sin abundancia pero sin escasez. Posguerra, Frente de Juventudes y adoctrinamiento.

La adolescencia fue muy grata. Con sacrificios, mis padres me internaron en el Colegio Menor El Doncel, en Ciudad Real, donde cultivé amistades y deportes. Yo tenía trece años. Fui un estudiante normal (ni grandes éxitos académicos ni fracasos) y *héroe* del balonmano colegial (inolvidables competiciones nocturnas en las canchas del Romasol y de la Ferroviaria, muchos estudiantes —sobre todo chicas— que acudían a los encuentros).

En el Colegio Menor El Doncel permanecí hasta el preu. Pepote (José García Martínez) fue mi director. Después, mi amigo Julio

Calatayud Saúco fue mi preceptor (Julio murió muy joven en accidente de tráfico en Icod de los Vinos).

Marché a Lyon en un intercambio con mil pesetas en el bolsillo. Iba para un mes. Me acogió la familia Chaleat en su domicilio, en Rue Vendôme, 114.

La hija pequeña de la familia se enamoró de mí (pequeños problemas con la familia superados con tolerancia y generosa comprensión de las partes implicadas). Teníamos quince años.

Mi contraparte en el intercambio, Bruno, vino a Daimiel y con el tiempo se casó con Irene, una chica de mi pueblo, guapa, delgada y determinada.

Volví a Lyon y conocí a dos chicas. La mayor se llamaba Francoise. Recuerdo bien que sus pechos eran pequeños, pero sus piernas eran poderosas. Trabajaba en La Poste, en París. Me enseñó mucho, todo nuevo para mí. Aprendí rápido.

En vacaciones, yo vivía en el pueblo con mis padres y hermanos.

Mis amigos eran mi primo José Miguel, Isidro, Pedro, Isidri, Mesia y Pepe Sanroma (líder después de la ORT). Pepe siempre ha sido muy buen amigo, aunque milite en la izquierda intelectual y yo en el PP (en su día AP).

En las cuadras de su madre Teresa, bella persona, jugábamos al póquer, y allí me regaló el *Libro rojo* de Mao. Teníamos dieciséis años.

Los fines de semana con frecuencia íbamos a La Duquesa, en las Tablas de Daimiel. Pasábamos allí dos o tres días divertidos, comiendo, bebiendo, nadando y navegando en barcas compartidas por las trochas del *manglar*.

Mis amigas más íntimas fueron buenas personas y, además, guapas; nunca pasábamos de las manitas y de los besos apasionados en el cine.

Mi amor más intenso fue Conchi, una muchacha de un pueblo cercano del que su padre era el alcalde. Me escapaba fines de semana a Madrid para verla. Vivía en la calle Fúcar, 11.

Como no la dejaban salir conmigo, quedábamos en misa. Me sentaba detrás de ella, y al alzar el cura, extendía su mano hacia mí y yo le entregaba un papelito con el lugar de la cita —que solía ser la puerta del Consulado— y la hora. Allí y en varios cines nos calentábamos al máximo, pero no invadíamos terrenos protegidos.

Sus ojos color azul cielo, hermosos, competían con un cuerpo rubio bien proporcionado.

En una ocasión vimos un programa triple: *Franco, ese hombre*; *Río Conchos* y *Con el dedo en el gatillo*. Ni vimos a Franco ni a ese hombre ni al río Conchos ni a quien tenía el dedo en el gatillo.

Lugo: mi encuentro con Ana Mari

Guillermo Rodríguez Colado, que después sería mi suegro, me propuso irme con él y su familia al Colegio Menor Eijo Garay, en la ciudad de Lugo, colegio menor que Guillermo iba a dirigir. Acepté.

En una furgoneta alquilada, desde Arenas de San Juan, Guillermo, su esposa Esperanza, sus hijos (Prado, Ana Mari y Guiller) y yo, nos fuimos a Lugo, la ciudad de san Froilán, la ciudad amurallada como mi Ávila.

Ya conocía a las dos hijas de Guillermo, Prado y Ana Mari, que se fueron cachondeando de mí todo el viaje. Las odiaba, pero la pequeña, Ana Mari, me gustaba. Era preciosa: el pelo, los ojos, los labios, las caderas, las piernas... Además, era atrevida, enérgica, inteligente y determinada, como he tenido ocasión de comprobar durante 54 años de vida juntos, 52 casados.

Ana Mari me ha dado cuatro hijos maravillosos: Anita, Kiko, Guiller y Jorge.

En Lugo, Ana y yo nos enrollamos. En Lugo, Ana y yo nos quisimos.

Allí conocí a Farra Aldo, que era mi jefe y que me enseñó el barrio chino, que estaba cerca de la catedral. También me enseñó el Orzán, en A Coruña, donde él tenía una amiga muy fea pero muy generosa. Los domingos bailábamos con amigas de Farra Aldo en fiestas de barrio, apretados bajo el paraguas y la lluvia gallega.

En Lugo me aficioné a don Ramón María del Valle y Peña, don Ramón del Valle-Inclán. Leí y releí sus *Sonatas* y toda su obra.

También leí a Rosalía de Castro, que fue infeliz, como mi hija, en Simancas.

Recuerdo cuando escribía «... Castellanos de Castilla, / tratade ben ós gallegos; / [...] Cando foi, iba sorrindo; / cando veu, viña morrendo; / a luciña d'os meus ollos, / o amantiño do meu peito. / [...]

Permita Dios, castellanos, / [...] que antes os gallegos morran / que ir a pedirvos sustento. / ¡Castellanos de Castilla, / tendes corazón de aceiro, / alma como as penas dura, / e sin entrañas o peito!...». Maravillosa Rosalía.

El padre de una novia de Farra Aldo tenía una funeraria, y allí, entre ataúdes, nos dimos algún calentón bailando con chicas de magisterio.

Yo había mejorado mucho como jugador de balonmano.

Jugaba y entrenaba.

Ana Mari me vigilaba desde la ventana de su habitación. Yo la sorprendía y ella reía y se apartaba del mirador.

Todavía nos odiábamos, pero ya menos. Y me hice su amigo y su novio.

Oviedo: Facultad de Letras

Al finalizar el curso 1965-66, me fui a Oviedo, al Colegio Menor Ramón Menéndez Pidal. Su director, Manuel García Méndez, y su encantadora esposa, Pepita, fueron más que amigos.

Me matriculé en la Facultad de Letras. En su precioso patio estaba la estatua de Valdés Salas y en sus dos plantas coincidíamos alumnos de Derecho y de Filosofía.

Enfrente estaba el Albabusto Bar. Allí nos fumábamos las clases y nos jugábamos el café a los dados.

En Oviedo tuve excelentes profesores como don Emilio Alarcos, don Gustavo Bueno —único y especial—, Benito Ruano, Arranz o Galmés de Fuentes, que me enseñaba árabe.

En la planta baja estaba el paraninfo. Allí, abarrotado y hasta con gente en el suelo, Camilo José Cela dio una conferencia sobre las palabras *puta* y *culo*. Don Camilo dijo: «Cuando joven estuve tísico, según se ve, y tuve mucho tiempo para leer a los clásicos. Por cierto, san Juan y santa Teresa eran unos meapilas». Un provocador este don Camilo. Después me frustró más viéndolo en el Albabusto Bar, altivo, sobre un limpiabotas que abrillantaba sus zapatos.

Con don Gustavo Bueno aprendí Lógica Matemática. Con don Emilio Alarcos, Transcripción Fonética y Fonológica.

Volví a ser líder universitario de balonmano con la Universidad de Oviedo. Fuimos campeones de España en el curso 1966-67. El hijo del rector Virgili jugaba en nuestro equipo y era bueno.

Una noche, jugando en el pabellón universitario contra la Universidad Central de Madrid, me *cargué* a un rival y me expulsaron por juego violento. Me duché, me vestí y me fui haciendo autostop a Lugo por Trubia, Luarca y luego por el interior.

Cuando sobre las ocho de la mañana llegué a Lugo, la tía Lorenza —la hermana de la que sería mi suegra, Esperanza— me dijo que Ana

Mari, mi novia, estaba durmiendo, cuando la realidad era que aún no había llegado a casa. Así de libre era ella.

En Oviedo conocí a Manuel Puertas, mi segundo jefe. A mi querido amigo Juan Manuel Marín Arcas y a Miguel Infantes. A Roberto y a Ángel, el cura. A Mari Argaña y a Tita... muchos buenos amigos.

También conocí a Serafín Canosa, el conserje, exminero con tercer grado de silicosis y con una pierna lisiada por una vagoneta minera. Serafín estaba casado y todos los jueves por la tarde tenía la *buena* costumbre de irse de putas. Cuando Ana Mari me llamaba, siempre solícito y correcto, contestaba.

Teníamos, como decía, «complicidade». A los intermitentes de los coches les llamaba «séforos»: «D. Manuel, teñe fondido el séforo del coche», decía. Serafín hablaba bable.

Un día, casi a medianoche, me llama Ana Mari y Serafín le dice: «Señorita, don Agustín non pode ponerse porque está na universidade».

Tenía Serafín una navaja barbera mellada que aún utilizaba, de la que decía que le había dado buenos «cuartiños» afeitando a los que se morían en su pueblo. Serafín era, sin saberlo, un personaje de Cela o de Delibes. Allí tuve mucha actividad. En la facultad conocí a Ady, que era de Vegadeo, a María Dolores, que era de León, y a Isabel, que era de Trubia y la voz de la conciencia. Todas buenas amigas aunque una más que otras. Yo no ocultaba que tenía novia en Lugo. Un día recibí una carta anónima, con labios y todo, que decía: «Cuanto más se navega, nuevos mares se conocen»; nunca supe quién me la envió.

Terminé los comunes —primero y segundo de Filosofía y Letras— en esa hermosa ciudad asturiana.

Huelva y Sevilla: trabajo, milicia y boda con fondo colombino

Yo ya había formalizado mi relación con Ana Mari.

Cierto día, Guillermo, su padre, me dice que le han destinado como director al Colegio Menor Santa María de la Rábida, en Huelva. Me propone ser preceptor —subdirector ahora— ganando 4718 pesetas, interno, habitación y comida, sin horario para el trabajo, a tiempo completo, y lo más importante para mí: mi novia viviendo en un rincón del enorme y precioso patio andaluz, en la planta baja del colegio.

Además, me dice que podré matricularme y seguir mi carrera en la Universidad de Sevilla.

En Huelva, falleció en accidente de tráfico mi mejor alumno y amigo, José Morejón Vicente.

Conocí al grupo Jarcha a través de Ángel Corpa, y años más tarde, tras una actuación del conjunto en TVE, les llamé al plató para que vinieran al Duperier de Ávila, cosa que hicieron gratis.

También allí, en Huelva, conocí a Antonio Limón Carrasco, que bailaba como nadie el *Fandango del Alosno*, y a Pepito Pí y a Márquez, hoy médico en Ayamonte.

Creé dos revistas: *Tribuna* y *Pícaro Guzmán*. Llevé a Los Marismeños a actuar en el patio del Colegio Santa María de la Rábida, también gratis.

En la Universidad de Sevilla, el profesor Morales Padrón, que daba Historia de los Descubrimientos Geográficos, me ganó para la causa americana. Mi amor y cariño por el subcontinente ya no me abandonaría nunca.

Hice las milicias universitarias en Montejaque, Ronda, durante dos veranos. Terminé como alférez de complemento con el número dos de la promoción.

Los fines de semana iba y venía de Huelva a Montejaque en un Seat 600 blanco (matrícula SE 114522) que compré, de segunda mano, para estar con Ana Mari.

Fogosos encuentros en el paraje denominado el Cruce, cerca de Punta Umbría.

Las prácticas como alférez las hice en Huelva, en el Regimiento de Infantería Granada 34. Ganaba 17.000 pesetas, un señor sueldo para la época.

Una noche, haciendo la ronda como oficial de guardia, sorprendí a unos soldados robando combustible de un REO. Los detuve y durmieron en la *prevención*. Por la mañana, me llamó el coronel, me felicitó, pero no recuerdo consecuencias para los ladronzuelos...

Me casé con Ana Mari en La Cinta, lugar colombino y precioso situado en el Conquero, desde donde puede contemplarse el río Odiel y las zonas deprimidas de Huelva envueltas en mareas y marisma.

La ceremonia tuvo lugar el día 19 de marzo de 1969. Ana Mari estaba preciosa. Guapísima.

La comida fue en la Ciudad Deportiva, con muchos invitados de Daimiel y de Huelva.

La víspera, el día 18, mi hermano Ramón, mi primo José Miguel y yo nos fuimos a confesar a la iglesia de La Concepción.

Cuando me arrodillé, el último de los tres, el cura me dijo: «¿Qué, también de la boda?». Y a mi respuesta afirmativa añadió: «¡Vaya mañanita que llevo!».

Salimos hacia el parador de Ayamonte (donde el Guadiana dice «hasta aquí hemos *llegao*») para nuestra primera noche de casados.

Recorrimos el Algarbe, Portimao, la Escuela de Sagres, el cabo de San Vicente y vuelta a Huelva.

Pasamos diez días felices y maravillosos.

Valladolid: años de estudio y universidad

Yo tenía que terminar la carrera. Surgió oportunidad y plaza para mí en el Colegio Menor Onésimo Redondo de Valladolid, que dirigía Daniel Pato, gallego, escritor, dramaturgo y poeta.

Era bueno, bueno como persona y bueno con la pluma, su pluma enamorada, su pluma politizada.

Guardo muy buenos recuerdos de él, de su esposa Rosario (vital, inteligente y matriarca gallega) y de sus hijos (Pili, Tito, Tata, Regina, Boli y Maca).

Mis compañeros de trabajo eran el hoy catedrático Pedro Rodríguez Oliva (padrino por un día de mi hijo Kiko), Manolo el Poeta, Toñín (de Filología), Pepe el Químico y otros buenos amigos.

Don Santiago, el cura, era muy querido por mí. Se casó con Inés, la secretaria, guapa y magnífica persona. Los llevé, clandestinamente, al tren en mi seiscientos amarillo.

Iban para Málaga. Entonces Choni, que era la gobernanta, quería mucho a mi hija Anita, que ya andaba.

Me matriculé en la especialidad de Historia Moderna. Me influyeron mucho los profesores Luis Miguel Enciso, Teófanes Egido, Palomares, y sobre todo don Demetrio Ramos, el Indio, catedrático de Historia de América y director de la Casa de Colón.

Don Demetrio me encargó, en su departamento, *Los acontecimientos de frontera hispano-lusos en Guayana en la época de Carlos III*, trabajo con pretensión de tesis doctoral.

Pero esto no fue posible, ya habían nacido Anita, Kiko y Guiller.

Fuera del colegio, mi mejor amigo fue Luis Ribot, hoy catedrático y muchas cosas más, tal es su brillante currículum.

Fui compañero de especialidad del que luego sería presidente del Senado —donde coincidimos—, Juan José Laborda.

También coincidí en la especialidad con otros buenos compañeros como Juan Elguera, Elena y Javier. Allí estudié a personajes como Pedro Mártir de Anglería. Pedro Mártir de Anglería, Arona (Italia), c. 1456, sacerdote, guerrero y confesor de la reina Isabel, que le asignó un sueldo de 30.000 maravedíes al año o Antonio Pigafetta Vicentino, que nació en Vicenza (Italia), y que en 1519 llegó a España en el séquito de monseñor Chiericato, embajador ante la corte de Carlos V, como cuenta [Pigafetta] en el libro *Primer viaje en torno al globo* (traducción de J. Toribio Medina. Buenos Aires, Santiago de Chile: Francisco de Aguirre, 1882-1970).

Magallanes organizaba en Sevilla su famosa expedición —la primera en «recorrer toda la redondeza del mundo»— y Pigafetta se embarcó en la nao capitana, la nao Trinidad, y fue uno de los dieciocho famélicos que consiguieron regresar a España con Elcano.

Apunto estas pequeñas referencias históricas —entre muchas otras que estudié con pasión— para dejar testimonio de mi amor y afición a todo lo americano.

Y ello es así desde que Rodrigo de Triana gritó «¡tierra!» (era la isla Guanahani, isla a la que bautizaron como San Salvador —Watling, en inglés—) hasta nuestros días.

Ana Mari, mi esposa y la madre de mis hijos.

Con Ana Mari en la boda de nuestro hijo Jorge con Aurora.

Boda de mi hijo Guillermo con Natacha.

Boda de mi hijo Kiko con Patricia.

Ana Mari y yo, con algunos de mis nietos:
María, Ana Julia, Guillermo, Catalina y Helena.

Mi nieta Jamaica.

Con mi hija Anita.

Con mi hijo Guillermo.

Con mi nieto Jorge en mi «adiós» a la política.

Durante mi etapa en las Milicias Universitarias como alférez.

En Asturias, con mis alumnos. Playa de Tapia de Casariego.

Mi nieto Jorge y su perro Black cazando en Riofrío (Ávila).

Con mi hijo Kiko en Gredos.

Mi nieto Jorge con la eurodiputada Rosa Estarás.

Mi esposa Ana Mari con nuestra hija Anita.

Con mis amigos: Manolo, Pedro, José Miguel, Isidro y Pedro Miguel.

Mi nieto Jorge con el presidente Mariano Rajoy en la Scola Europea.

SEGUNDA PARTE

Ávila

EL DUPERIER

Me licencié en Madrid el 30 de mayo de 1972 y poco después me ofrecieron dirigir una residencia de estudiantes en Palma de Mallorca, pero el día que me citaron en la capital (en la calle Ortega y Gasset n.º 71, concretamente) para formalizar los trámites, asesinaron al almirante Carrero Blanco, entonces presidente del Gobierno.

Este magnicidio perpetrado por ETA, conocido, contado y juzgado, ha inspirado trabajos académicos y periodísticos, libros, artículos y películas, por lo que omito detalles que son del dominio común.

España se paralizó, se paralizó el Régimen y su jefe, moribundos, y a mí se me frustró la dirección en Palma de Mallorca.

Permanecí casi un año más con Ana Mari y los niños en Valladolid.

En el mes de junio me ofrecieron dirigir el Colegio Menor Arturo Duperier, en Ávila.

El colegio tomó el nombre de Arturo Duperier, natural de la localidad abulense de Pedro Bernardo, que fue un eminente científico que había trabajado el tema de los rayos cósmicos y desarrollado sus estudios más avanzados en su laboratorio en Londres. Ya de vuelta en España, los equipos de su laboratorio permanecieron años sin desembalar en la Universidad Central de Madrid.

Tuve buena relación con su viuda, doña Ana María Aymar, una gran señora, con su hija María Eugenia y su esposo Luis Fernando, el marqués de Goubea.

La familia creó y dotó los premios Duperier para colegiales y en los actos de entrega, para dar la lección magistral, comparecieron figuras e intelectuales de la talla de Gonzalo Torrente Ballester o Pedro Laín Entralgo. Con el tiempo, la Diputación de Ávila adoptó estos premios.

Convertí el Arturo Duperier en un complejo educativo: colegio de EGB, Escuela Oficial de Idiomas (dependiente de la de Madrid, que dirigía Juan Antonio Ollero), Residencia Universitaria y Colegio Menor.

Con Daniel de Fernando como presidente de la Diputación Provincial de Ávila, la Universidad de Salamanca creó un Colegio Universitario de Medicina, de vida intensa pero efímera.

Muchos estudiantes —chicos y chicas— residían en el Arturo Duperier. Era, pues, mixto. Esa convivencia lo enriqueció muchísimo, pero también lo hizo ingobernable.

Teníamos una rica, muy activa vida cultural (revista oral, revista impresa, cine fórum, noches literarias...). Acudieron a nuestra llamada personalidades del mundo de la cultura como Lauro Olmo, José María Rodríguez Méndez o José Luis López Aranguren. Recuerdo que desestimamos a Antonio Gala porque nos pedía 500.000 pesetas de la época. También acudía José María Muñoz Quirós, a quien siempre valoré muchísimo como poeta y como persona. Hoy es un amigo entrañable.

Al cumplirse los veinticinco años del fallecimiento de Arturo Duperier, organizamos en el museo provincial una magnífica exposición que fue comisariada, con gran acierto y sensibilidad, por mi amigo, el arquitecto Miguel Ángel Muñoz.

El subdirector/preceptor del Duperier era Federico Muñoz, hoy compañero de Dori, la exmujer de Clemente Montero Trujillano, mi querido y buen amigo, que fue un líder colegial.

Dori y Clemente son los padres de Irene Montero.

En coincidencia temporal, me matriculé, junto a mi amigo Javier Bengoechea y su cuñado Fernando Jarque, en la Escuela Diplomática de Madrid, en los cursos sobre las comunidades europeas. Completé los cursos y obtuve un provechoso diploma para mi futuro (mi diplomatura lleva fecha de 19 de abril de 1982, bajo la dirección del embajador Alberto Ullastres).

Años antes, en 1975, el delegado nacional de la Juventud, Manuel Valentín Gamazo, me propuso dirigir el Colegio Mayor Universitario San Juan Evangelista de Madrid, llamado entonces el Johnny comunista. Acepté, pero sin dejar el Duperier.

El San Juan Evangelista pertenecía a la Caja de Ahorros de Ronda y era un centro de histórica contestación al Régimen.

Aquello no se podía gobernar. Todo funcionaba a golpe de asamblea. Sin embargo, tenía una riquísima actividad cultural que todavía mantiene.

Un día, me llamó un famoso comisario de policía y me dijo: «Director, tiene usted ahí a dos individuos del FRAP, dos residentes, y que están armados». Fueron detenidos sin incidentes.

Nunca supe si eran o no eran activistas del FRAP. Lo que sí supe es que antes de asumir yo la dirección, la policía había entrado varias veces en el Colegio Mayor buscando a posibles residentes violentos.

Mi historia en el Jhonny terminó con mi renuncia al cargo días después de mi toma de posesión, sin conseguir apaciguar el Colegio Mayor.

LA PURGA SOCIALISTA. AÑOS CONVULSOS

Con los socialistas gobernando en la Junta de Castilla y León, un tipejo, consejero, llamado Justino Burgos, me expulsó de la dirección del Arturo Duperier por «rebelde y desleal con la empresa».

Me dejó en la calle con cuatro hijos. Jorge, el pequeño, había nacido en Ávila.

Ana Mari era la intendente de la residencia y organizó una resistencia numantina. Yo pronuncié una frase letal: «Lo único rojo que tengo son los números de mi cuenta corriente». Se publicó. Mientras recurríamos a los tribunales, Ana Mari es fichada por José María Aznar.

Ana, en el Congreso Regional de Alianza Popular en Palencia, se convierte en la única mujer que Aznar pone en su Comité Ejecutivo Regional. Entonces mandaba en Palencia Jesús Mañueco, Jesús del Gran Poder, que era presidente del partido, de la Diputación y senador (en la Cámara Alta coincidiría con él años más tarde). Ana Mari me presentó a Aznar. Lo quería mucho. Me afilian a Alianza Popular. La ficha de afiliación la firman, en el bar El Rastro, en Ávila, José María Aznar, Feliciano Blázquez y Constantino Benito.

La política: un nuevo camino

EL PARTIDO

José María Aznar me propone ser gerente provincial.

Acepto. El gerente regional era Fernando Navarro, prematuramente fallecido y de una lealtad total al presidente Aznar.

El presidente del partido en Ávila era Feliciano Blázquez.

Médico, casado con Elena —una gran mujer— y padre de familia numerosa. Era Feliciano menudo de carnes, fumador de rubio y bebedor de wiski. Tenía ojos azul intenso serrano y una inteligencia natural heredada. Estudió la carrera en Madrid y allí vivía en la calle de la Montera, compartiendo pensión con torerillos, banderilleros y picadores.

Lideró en Ávila, con acierto y buena mano, la Alianza Popular, primero, y después el Partido Popular.

Cuando intentábamos colarle algún argumento o propuesta de difícil lectura y explicación, se encampanaba y decía, señalándose la mejilla con el dedo: «¿A mí me la vais a dar, con siete *puñalás* en el pecho y una novia puta en Legazpi…, a mí me la vais a dar?». Naturalmente, Feliciano no tenía ninguna novia en Legazpi.

Feliciano adoraba a Aznar y Aznar adoraba a Feliciano.

Feliciano fue senador, diputado, presidente provincial del partido y presidente de la Caja de Ahorros de Ávila.

En el partido, Sebastián González Vázquez era el secretario general. Fuimos y somos amigos. Su mujer, Ana, era y es una mujer buena, cariñosa, buena madre y buena esposa. Sebastián llegó lejos: procurador, presidente de la Diputación, presidente de la Caja de Ahorros de Ávila, diputado, secretario de organización y, finalmente, con Pablo Casado, tesorero nacional del partido y de nuevo senador. Feliciano y Sebastián fueron piezas clave en la fortaleza y liderazgo nacional del Partido Popular de Ávila.

El presidente José María Aznar fue dos veces diputado por la circunscripción de Ávila y mantuvimos con él una estrecha relación de afecto y lealtad.

Otra pieza clave de nuestro partido en la provincia era Jesús Terciado, buen amigo y mejor persona. Fue presidente de la Diputación, senador con Ángel Acebes y también conmigo el año 1989 en la IV Legislatura, diputado y presidente de la Caja de Ahorros. Cuando los socialistas me echaron del Duperier, Jesús me acogió en la Diputación y Aznar en el partido.

Yo tenía cuarenta y dos años. En esta etapa de mi vida, conocí y compartí ideas y fraternal amistad con Gregorio Rodríguez de la Fuente, Goyo, y con su encantadora esposa Nines. Goyo fue un gran alcalde de Sotillo de la Adrada y procurador en las Cortes de Castilla y León.

Entre mis buenos y admirados amigos de la provincia destaco también a Juan Fernando Vaquero, alcalde de Navarredonda de Gredos y diputado provincial; a su mujer, Nati, a su hermano, Felipe, y a la mujer de Felipe, Anita. A Fructuoso Corona Blanco, alcalde de Horcajo de las Torres, y a su esposa, Choni (Frutos, rico agricultor, es un pionero en la modernización del campo). A Antonio Padró Iglesias, alcalde de Gavilanes, y a su mujer, Paquita (Antonio construyó, con sus manos y la ayuda de sus hijos, una iglesia dedicada a Cristo Rey y la comunicó con su propia casa). A Ángel Luis Alonso Muñoz, alcalde de Cebreros y diputado provincial, y a su esposa, Olga. A Mamen del Valle, magnífica alcaldesa de Piedrahita, y a su esposo, Honorio, alcalde de Bonilla de la Sierra. A Agustín González, alcalde de El Barco de Ávila, presidente de la Diputación y presidente de la Caja de Ahorros. Al hoy senador y alcalde de Arévalo, Vidal Galicia Jaramillo, también entonces alcalde de esta localidad y procurador en Cortes (Vidal es un amigo prudente y moderado, trabajador, buen gobernante, que tuvo —como Mamen del Valle— la desgracia de perder a sus queridos hijos cuando empezaban a vivir). A Carmen Aragón Amunárriz, excelente alcaldesa de Arenas de San Pedro y senadora. A José Antonio Pérez Suárez, alcalde de Candeleda, al que, aunque luego nos abandonó, sigo apreciando y respetando. A José María Manso, alcalde de El Barraco con multimayorías absolutas y diputado provincial, excelente político y persona. A Tomás Golmar y Marisa Golmar, padre e hija, alcalde y alcaldesa que fueron de Hoyo de Pinares, con brillante historia en nuestra casa popular (David Beltrán, el actual regidor de la localidad y procurador en Cortes, es un magnífico gestor).

Me acuerdo mucho de Pedro Sierra. Pedro, que falleció pronto, fue un gran alcalde de Pedro Bernardo, «siempre pendiente de un hilo desde su balcón del Tiétar».

Me acuerdo también de Moisés, en Lanzahíta, y de su amigo Julián, en Mombeltrán. De Amós, alcalde de Blascosancho y concejal con la República, como lo fue Licinio, alcalde de Cuevas del Valle.

Me acuerdo de tantos y tantos buenos patriotas, buenos servidores de sus pueblos, buenos servidores de España.

Me acuerdo con mucho cariño de Mario Galán, un señor en la vida y un buen político, que fue alcalde de Ávila con la coalición AP-PDP-UL y jefe del Servicio Territorial de Asuntos Sociales de la Junta de Castilla y León. Lo recuerdo con especial cariño.

Me acuerdo de Diego Lora, buen amigo y buen compañero de trabajo, que vino de Gerona y fue gerente provincial, concejal del Ayuntamiento de Ávila y senador.

Me acuerdo también de Félix San Segundo Nieto, alcalde de Rasueros, procurador, senador y delegado territorial de la Junta, de su esposa Marga y de su hija Rosa, a quien más tarde puse en mi lista a la alcaldía de Ávila y nombré teniente de alcalde de urbanismo.

Era Félix íntimo amigo de Frutos Corona y de Mario Galán.

Recorrían los tres La Moraña predicando la palabra popular. Se compenetraban bien bien bien; Félix era inteligente, astuto, político de raza y buena persona, como Frutos y Mario.

También quiero recordar a Isidoro Rodríguez Maroto, el extraordinario alcalde de El Tiemblo, y a la excelente alcaldesa de Fuente El Saúz, María Jesús Jiménez Maroto. A Rafa y a Chuchi, de Arenas. A Claudino, de Cantiveros. A Agustina, de Sigeres, y a Juan Jaro. A Gerardo y a María, en Las Navas del Marqués. A Javier Estevez, a Javier Tejedor, a Antonio Ortega y a Felipe Rogero.

Vaya mi recuerdo también para Vicente Bosque Hita y Julián Cejudo.

Teresa Díaz era y es el alma y el cuerpo del partido. Teresa Díaz es la gerente provincial del partido, la gerente provincial que siempre está. Amable, lista, trabajadora, madre de mil y una campañas electorales, Teresa perdió prematuramente a su esposo Alfonso, que era una persona excelente. Yo ahora, en el retiro voluntario y necesario, cuando pienso en el Partido Popular, pienso en Teresa.

Hay otra Teresa en nuestra casa popular: Teresita. Trabajadora, inteligente. Teresita fue senadora conmigo. Yo la propuse y la puse. Ella abandonó voluntariamente la vida pública para dedicarse a su familia.

José Manuel Fernández Santiago también fue un buen amigo. Procurador y presidente de las Cortes de Castilla y León, y con Juan José Lucas, consejero de Sanidad y Bienestar Social y portavoz del Gobierno autonómico. Un tropiezo injustificado le hizo abandonar la primera línea política.

José María Monforte Carrasco, buen amigo, había sido el líder del CDS en Ávila. Yo lo capté para el PP y lo puse en mi lista a la alcaldía, ofreciéndole el puesto de teniente de alcalde y portavoz de mi gobierno municipal. Aprecio mucho a su esposa, Isabel, un ser humano extraordinario.

Me acuerdo de Loli Ruiz Ayúcar, buena amiga y buena alcaldesa de nuestra ciudad. Una nevada atroz en Navidad la dejó tocada políticamente, sin razón objetiva para ello. Hoy sigue, trabajadora y activa, al frente de una fundación. Miguel Ángel García Nieto me sucedió con notable acierto en la alcaldía de Ávila. Ha sido senador y hoy es procurador en las Cortes de Castilla y León. Su gestión política la considero acertada y eficaz.

Antolín Sanz Pérez me sucedió como presidente del Partido Popular en Ávila. Procuró la necesaria renovación y rejuvenecimiento en y de las estructuras de poder en la provincia, cuestión meritoria, pero entre contentos y descontentos surgió una escisión que, injustificadamente y sin culpa de Antolín, nos hizo perder el Ayuntamiento de la capital. Antolín fue senador y portavoz del Grupo Parlamentario Popular en el Senado.

Le deseo todo lo mejor para él, María del Mar y sus hijos. También tengo buenos recuerdos de José Luis Rivas, que fue alcalde de Ávila.

LOS CONGRESOS PROVINCIALES

El III Congreso Provincial de Alianza Popular se celebró en los salones del cine Reyes Católicos, en Ávila, el 7 de febrero de 1988. Lo presidió Félix San Segundo Nieto. Los vicepresidentes fueron José

Villegas Fernández y Carlos Martínez Vara. Los vocales, Lorenzo Fernández Martín y Luz María Miguel Portero. El secretario, Bienvenido Galo Hidalgo Sánchez.

El informe de la Junta Provincial saliente lo hizo, como secretario provincial saliente, Sebastián González Vázquez, y en votación de los compromisarios obtuvo 65 votos a favor y 3 en contra, ningún voto en blanco, ninguna abstención.

La ponencia política municipal y provincial la expuso Jesús Terciado Serna. Tras debate con Luis Hernández, la ponencia fue aprobada al obtener 82 votos a favor, ninguno en contra y ninguna abstención. Finalizado el plazo de presentación de candidaturas concurrió una lista única, la que sigue:

- Presidente: Feliciano Blázquez Sánchez.
- Secretario General: Agustín Díaz de Mera.
- Vicepresidentes: Jesús Terciado Serna, Sebastián González Vázquez, Félix San Segundo Nieto y Vicente Bosque Hita.
- Comisión Permanente: José Manuel Fernández Santiago, José Antonio Pérez Suárez, Mario Galán Sáez, Pilar San Segundo Sánchez, Gregorio Rodríguez de la Fuente, Julián Cejudo Balmaseda, Antolín Sanz Pérez.
- Vocales, en lista abierta: Ángel Acebes Paniagua, Ángel Luis Alonso Muñoz, Jesús Castaño Blanco, Fructuoso Corona Blanco, Domingo Corralejo Quiroga, Javier Estévez del Prado, José María García Tiemblo, Modesto Gil García, Felipe Nicanor González Díez, Emilio José González González, Andrés Herranz López, Luis Herrero Sanz, Bienvenido Galo Hidalgo Sánchez, Raúl López Sánchez, Carlos Martínez Vara, María del Carmen Navarro Blázquez, Ricardo Olmedo Rodríguez, Antonio Padró Iglesias, Luis Pérez Pérez, José Luis Pujades Martín, Ricardo Saborit Martínez Polanco, Javier Tejedor Cubo, Juan Fernando Vaquero Hernández, José Villegas Fernández.

Lorenzo Fernández Martín presentó y retiró su candidatura.

La ponencia de organización territorial fue defendida por mí y aprobada sin debate, porque nadie intervino, por 113 votos a favor, 8 en contra y 2 en blanco.

Antes de la proclamación de candidatos, la Mesa desestimó una impugnación presentada por Francisco Ruiz de Pablos, Emilio González González, Ángel Muñoz Santero y cuatro compromisarios más que en el acta del congreso aparecen ilegibles.

El candidato a la presidencia provincial del partido, Feliciano Blázquez, expuso su programa y después se procedió a la votación del Comité Ejecutivo Provincial.

Mientras tanto, el presidente de Nuevas Generaciones (NN GG), Antolín Sanz Pérez, presentó el comunicado de la organización que presidía, y Félix San Segundo presentó el comunicado de agricultura.

Entre los invitados al congreso tomaron la palabra Loyola de Palacio, Emiliano Sanz Escalera, María Dolores Otero, Juan Albiñana, Enrique Martínez del Río y Rodrigo Rato. Asistió, también como invitado, Miguel Herrero y Rodríguez de Miñón.

Efectuado el recuento de votos en las diferentes mesas, por 200 votos a favor, quedaron elegidos Feliciano Blázquez como presidente y quien esto escribe como secretario general, además de los vicepresidentes, miembros de la Comisión Permanente y vocales ya citados.

Cerró el congreso José María Aznar López, que subió al estrado entre aplausos y gritos que le aclamaban como presidente. Aznar recordó al prematuramente fallecido Fernando Navarro, su amigo fidelísimo, felicitó al nuevo Comité Ejecutivo, criticó la actitud política del presidente local (Ruiz de Pablos), reafirmo la solidez de su Gobierno regional de coalición con el Centro Democrático y Social (CDS) y enfatizó su compromiso con el progreso social y económico de Castilla y León, así como con su proyección exterior.

José María Aznar gobernó con el CDS sobre un pacto de siete puntos que dieron estabilidad y eficacia a la coalición de gobierno. José María Monforte Carrasco fue su consejero de Fomento.

El IV Congreso Provincial del Partido Popular de Ávila se celebró el día 24 de junio de 1992 en el Teatro Avenida de la capital.

Feliciano Blázquez lideraba la única candidatura que se presentó, incluyéndome como secretario general. Los vicesecretarios generales que proponía eran Sebastián González y Diego Lora. La lista para la que pedía la confianza del congreso estaba integrada, además, por Remedios Arjona, Ángel Luis Alonso, Fructuoso Corona, Domingo Corralejo (alcalde de Navaluenga y magnífico en toda su vida pública), Javier Estévez, Lorenzo Fernández, Jesús Fuentes, Mario Galán, Rafael García, Miguel Ángel García, Tomás Golmar, Agustín González, Luis Hernández, Andrés Herranz, Heliodoro Jiménez, Carlos Martínez, Teodoro Moreno, Antonio Padró, José Antonio Pérez Suárez, José Luis Pindado, Gregorio Rodríguez de la Fuente, Isidoro Rodríguez Maroto, Felipe Rogero, Dolores Ruiz Ayúcar, Ricardo Saborit, Juan Cruz Sánchez, Pilar San Segundo, Francisco Senovilla, Juan Fernando Vaquero y Mariano Azañedo.

Para secretarios de área se proponía a Moisés Buenadicha, Julián Cejudo, Modesto Gil, Pedro José González, Roberto Jiménez, Ignacio Jiménez, Begoña Larrainzar, Félix Olmedo, Miguel Ángel Sánchez Caro, Antolín Sanz y Javier Tejedor.

Miembros natos eran Ángel Acebes (al que Feliciano se refería como el «hombre clave en la organización provincial, reflejo de la eficacia del Partido Popular en sus programas de gobierno»), el senador José María García Tiemblo, José Manuel Fernández Santiago (consejero de Bienestar Social y portavoz del Gobierno autonómico), Félix San Segundo Nieto (procurador en las Cortes de Castilla y León, vicepresidente que fue del partido y hombre trabajador y de probada eficacia) y Vicente Bosque Hita (delegado territorial de la Junta de Castilla y León en Ávila).

De Nuevas Generaciones, Antonio Vázquez y Javier Rodríguez.

Concluía Feliciano Blázquez así: «Para todos ellos y para mí os pido vuestro apoyo y vuestro voto».

El V Congreso Provincial del Partido Popular se celebró también en el Teatro Avenida de Ávila el día 20 de noviembre de 1993.

Diego Lora presidió el Comité Organizador.

Conformaron la Mesa los siguientes afiliados: Francisco Senovilla Callejo, como presidente. Jesús Fuentes Tejero, vicepresidente. Moisés Buenadicha Gutiérrez, secretario, y como vocales: Juan Fernando Vaquero Hernández, Nuria González Hernáez, José María Manso González y María del Carmen Aragón Amunárriz.

El secretario general saliente expuso el informe de gestión de la Junta Directiva saliente, informe que fue aprobado por unanimidad.

Francisco Senovilla Callejo anunció la apertura del plazo de presentación de candidaturas, plazo que terminaría a las 18.00 h.

Begoña Larrainzar presentó la ponencia de desarrollo provincial y José Antonio Pérez Suárez la de política municipal.

Ambas ponencias fueron enmendadas por José Antonio Sánchez Jiménez. Los ponentes incorporaron a sus ponencias, tras los oportunos debates, las enmiendas defendidas por Sánchez Jiménez, y las dos ponencias fueron aprobadas por unanimidad.

El presidente hizo público que se había presentado una sola candidatura, candidatura liderada por Ángel Acebes Paniagua y avalada por 297 compromisarios.

Ángel Acebes tomó la palabra para anunciar al congreso los miembros de su candidatura:

- Secretaría General: Pilar San Segundo.
- Vicesecretarías: Sebastián González (Electoral), Agustín Díaz de Mera (Territorial y Organización), Félix San Segundo (Coordinación Parlamentaria e Institucional) y José María García Tiemblo (Coordinador Provincial).
- Vocales (lista cerrada): Ángel Luis Alonso Muñoz, Fructuoso Corona Blanco, Agustín González González, Andrés Herranz López, Carlos Martínez Vara, José Antonio Pérez Suárez, Gregorio Rodríguez de la Fuente, Isidoro Rodríguez Maroto, Juan Cruz Sánchez Guevara, Mario Galán Sáez, Nuria González Hernández, Félix Olmedo Rodríguez, María Jesús Jiménez Maroto, Miguel Ángel García Nieto, Domingo Corralejo Quiroga, Rafael García Moreno, Tomás Golmar Santamaría, Antonio Padró Iglesias, Felipe Rogero González, Juan Fernando Vaquero Hernández, Montserrat Sánchez García, Javier Estévez del Prado.
- Secretarías de Área; Diego Lora Pagola (Electoral), Antolín Sanz Pérez (Territorial), Lorenzo Fernández Martín (Cultura y Educación), Javier Tejedor Cubo (Organización), Moisés Buenadicha Gutiérrez (Formación), María Dolores Ruiz Ayúcar (Bienestar Social), Miguel Ángel Sánchez Caro (Municipal y Mancomunidades), José Luis Pindado López (Sanidad), Ignacio San Segundo (Sectorial), Francisco Senovilla Callejo (Agricultura), Manuel Vicente Pérez (Ganadería), Miguel Ángel Jiménez Ortega (Deportes), Remedios Arjona Calvo (Documentación), Pedro José González Serrano (Medio Ambiente), Luis Hernández Gutiérrez (Prensa y Medios de Comunicación), Jesús Fuentes Tejero (Asesoría Jurídica),

Begoña Larrainzar (Relaciones Institucionales), Roberto Jiménez (Urbanismo), Teodoro Moreno y María del Carmen del Valle (Estudios y Programas), y Mariano Azañedo (Turismo).

- Tesorero: Julián Cejudo Balmaseda.
- Natos: José Manuel Fernández Santiago, Feliciano Blázquez Sánchez y Vicente Bosque Hita.
- Nuevas Generaciones: Antonio Vázquez de la Rosa, Jesús González Sánchez y Antonio Pérez Martín.

Ángel Acebes expuso su programa y propuso a Feliciano Blázquez como presidente de honor, propuesta aceptada por la Mesa y aclamada por los compromisarios.

Senovilla Callejo, antes de proceder a la votación, dio lectura a una carta entrañable del presidente nacional del Partido Popular, José María Aznar, dirigida a Feliciano Blázquez.

En coincidencia temporal con el desarrollo de la votación, tomó la palabra el veterano militante Julián Cejudo. Mostró su gratitud y pidió la de todos hacia el presidente saliente.

Intervino también Sebastián González, presidente de la Diputación, para informar sobre la gestión del organismo provincial.

A las 19:50 h se hizo público el resultado de la votación.

Número de compromisarios: 407. Votos emitidos: 361. Votos a favor de la candidatura presentada: 351. Votos en blanco: 10.

Ningún voto nulo. A la vista de lo cual, el presidente declaró proclamada la candidatura electa liderada por Ángel Acebes.

Un emocionado Feliciano Blázquez recordó sus once años como presidente provincial, con especial mención a los hombres y mujeres que le ayudaron a conducir el partido, y deseó muchos éxitos al nuevo presidente, que se dirigió a los asistentes pidiendo un sentido recuerdo a la memoria de Jesús Grande, compromisario fallecido la víspera del congreso.

El nuevo presidente solicitó de todos el compromiso y el orgullo de sentirse miembros del Partido Popular y apostó por un partido cargado de futuro y de ilusión.

En representación de la Junta de Castilla y León, y de su presidente Juan José Lucas, intervino José Manuel Fernández Santiago.

Clausuró el acto el portavoz del Grupo Parlamentario Popular en el Senado, Alberto Ruiz Gallardón, quien felicitó al nuevo presidente y trasladó, por encargo del presidente nacional, unas palabras de cariñoso recuerdo para Feliciano Blázquez y todos los congresistas.

El VI Congreso del Partido Popular de Ávila se celebró el día 16 de noviembre de 1996 en los salones del hotel Cuatro Postes.

El presidente del Comité Organizador fue Miguel Ángel García Nieto. El presidente del Congreso, Roberto Jiménez García. El vicepresidente, Javier Tejedor Cubo. La secretaria, Petra Ruiz Bardera. Agustina Díaz Sánchez, Manuel Velayos, Juan Francisco Rueda y Víctor Navas, los vocales.

Pilar San Segundo realizó el informe de la Junta Directiva saliente, informe que fue aprobado por unanimidad. La ponencia sobre el mundo rural y los pequeños municipios fue redactada y defendida por Mamen del Valle Escudero, Agustín González y Fructuoso Corona. La ponencia recibió dos enmiendas (una a cargo de Manuel Vicente y otra a cargo de Marisa Golmar) y, después de debatidas, fueron incorporadas, con sus textos originales, a la ponencia en cuestión, que fue aprobada por mayoría de los presentes, con un voto en contra y una abstención.

La ponencia política fue presentada por Mario Galán, Pilar San Segundo y Gregorio Rodríguez de la Fuente. Para su exposición y debate tomó la palabra Mario Galán. La ponencia recibió tres enmiendas (dos de Miguel Ángel García Nieto y una de Luis Hernández) que fueron defendidas por sus autores ante el Pleno y consensuadas con los ponentes.

A las 18:30 h se presentó y aceptó una sola candidatura encabezada por mí.

El presidente del Congreso me concedió la palabra y presenté mi programa dando conocimiento al Pleno de los miembros de mi candidatura.

A continuación, se procedió a la votación en las diferentes mesas y al recuento de los votos, con el siguiente resultado: número de votantes: 395; papeletas válidas: 393; papeletas en blanco: 22; papeletas nulas: 2; votos obtenidos por la candidatura encabezada por Agustín Díaz de Mera: 371.

En consecuencia, el presidente proclamó la candidatura electa y recibí formalmente su felicitación y la de los miembros de la Mesa y compromisarios.

El Congreso mostró su pesar por los cuatro hermanos Maristas que habían muerto en Zaire, así como el dolor por la pérdida de nuestro compañero Eloy Buezas.

Se deja constancia de la solidaridad con Juan Antonio Ortega Lara y con Cosme Delclaux, secuestrados por la banda terrorista ETA, motivo por el que todos los presentes portábamos un lazo azul.

El presidente agradeció la presencia de los invitados (don Sebastián Benavente, presidente del Colegio de Aparejadores. Don Javier Encinas, gobernador civil. Doña Pilar Cuadrado, presidenta del Colegio de Ópticos. Don Fidel Jiménez, en representación de COAG. Don Serafín Rodríguez Sanz, en representación de ASAJA-ACOR. Don Pedro Rodríguez López, por el Colegio de Abogados. Don Miguel Rodríguez, por la Cámara de Comercio. Don Juan Ignacio Antonio y don Roberto Sáez, por ACA. Don Jaime Espí y don Luis Plaza, por CONFAE. Don Carlos Duque, vicepresidente del Colegio de Médicos, y una amplia representación de la Agrupación Independiente de Ávila).

Después intervinieron Carlos Galán, en nombre de Nuevas Generaciones, y María Dolores Ruiz Ayúcar, alcaldesa de Ávila.

Finalizó el Congreso con los parlamentos del presidente de la Diputación Provincial, Sebastián González, de José Manuel Fernández Santiago y del presidente de honor del Partido Popular de Ávila, Feliciano Blázquez.

Yo hablé como presidente electo y cerró el acto Ángel Acebes como coordinador general del Partido Popular.

El periodista Juan Antonio Hernández publicó un artículo en *Diario de Ávila* titulado «El congreso de las lenguas de trapo» en el que se refería a la pugna larvada y nunca declarada entre Sebastián González y yo para presidir el nuevo Partido Popular.

En opinión de Hernández, y cito literalmente:

> Díaz de Mera demostró que es un tipo hábil, como ave rapaz que aprovecha todo lo comestible, y ha compuesto un grupo de integración real y no ficticia en el que no ha dejado a nadie fuera del tiesto. [...] No se ha parado ahí Díaz de Mera. Tenía que ser —y ha sido— especialmente sensible con la Diputación Provincial y con Sebastián González y sus hombres más próximos (Ángel Luis Alonso, José María García Tiemblo, Javier Tejedor y Miguel Ángel Sánchez Caro), a los que ha dado competencias en su Comité Ejecutivo.

El Senado y el Congreso
Ávila en Madrid

El *Boletín Oficial* extraordinario de la provincia de Ávila del 30 de septiembre de 1989 (n.º 15) publicaba el Acuerdo de la Junta Electoral Provincial proclamando las candidaturas al Congreso y al Senado.

Al Congreso concurrieron trece candidaturas.

Encabezaba la lista del Partido Popular (PP) a la Cámara Baja Feliciano Blázquez. Como número dos, Sebastián González.

Como número tres, José Luis Pindado. Y como suplentes, José Antonio Pérez Suárez, Francisco Javier Tejedor Cubo y Ángel Luis Alonso Muñoz.

La lista del Centro Democrático y Social (CDS) estaba integrada por José Alfredo Ferrer Gutiérrez, Moisés Buenadicha Gutiérrez y Juan Bautista Rico Jiménez.

La del Partido Socialista Obrero Español (PSOE) por Jerónimo Nieto González, Narciso Serrano Álvarez-Giraldo y Exiquio Florentino García Calvo.

La de Izquierda Unida (IU) por José María González Suárez, Bruno Coca Arenas y Alejandro Lumbreras García.

Por lo que a la Cámara Alta respecta, la lista del Partido Popular al Senado la integraban Ángel Acebes Paniagua, Agustín Díaz de Mera y Jesús Terciado Serna (suplentes: Francisco Javier Estévez del Prado, Antolín Sanz Pérez y José María García Tiemblo).

Los socialistas habían presentado al Senado a José Luis Blázquez Canales, a Amparo Ortiz Martín y a Jesús Ribera Córdoba.

El Centro Democrático y Social a Fernando Alcón Sáez, a Alberto Manuel Dorrego González y a Celso Rodríguez Legido.

Izquierda Unida, por su parte, a Benito Cañadas Muñoz, a Eddy D'Orleans Julián y a Santiago Jiménez Gómez.

Las elecciones se celebraron el domingo 29 de octubre de 1989.

El Partido Popular de José María Aznar resulta primera fuerza política en la provincia de Ávila.

La provincia reparte tres escaños. Partido Popular, Centro Democrático y Social y Partido Socialista Obrero Español consiguen un diputado cada uno. Feliciano Blázquez (PP), José Ferrer (CDS) y Jerónimo Nieto (PSOE).

El CDS sufrió un descalabro notable al tener una bajada significativa de votos en la mayor parte de los municipios.

Resultamos elegidos senadores Ángel Acebes, Jesús Terciado y yo, por el Partido Popular, y Alberto Dorrego por el Centro Democrático y Social.

Luego vendrían los contenciosos electorales con el que se denominó «caso Mamblas».

EL CASO MAMBLAS. LAS CUENTAS QUE NO SALEN

Este contencioso electoral fue la consecuencia de lo que ocurrió en la Mesa Electoral única de esa querida localidad morañega. Trato de resumir la cuestión. Celebradas las elecciones el día 29 de octubre de 1989, la Junta Electoral Provincial de Ávila procedió al escrutinio general que concluyó con la proclamación, como electos, de Ángel Acebes Paniagua (PP), Jesús Terciado Serna (PP), Alberto Dorrego González (CDS) y Agustín Díaz de Mera (PP). En quinto lugar quedó Fernando Alcón Sáez (CDS).

El CDS formuló reclamación ante la Junta Electoral de Ávila. En la misma, interesaba la rectificación de la suma de votos escrutados y solicitaba también que se declarase la nulidad del acta del Senado de la Mesa Electoral única del municipio de Mamblas o, subsidiariamente, que se contabilizasen los votos obtenidos por los candidatos del Centro Democrático y Social en esta Mesa Electoral, ya que, *al parecer*, a la hora del recuento no se contabilizaron los votos obtenidos por los candidatos del CDS porque, debido a un error material de transcripción, no aparecían consignados en dicha acta.

Por acuerdo de la Junta Electoral Provincial, se decidió mantener los resultados del escrutinio realizado sin admitir la rectificación solicitada al no haberse probado error alguno al practicar el escrutinio y mantener igualmente el resultado de la Mesa Electoral de Mamblas.

En consecuencia, la Junta Electoral Provincial de Ávila me declara senador electo y tomo posesión del escaño en la Cámara Alta.

El CDS, que se siente perjudicado, plantea recurso contencioso-electoral ante el Tribunal Superior de Justicia de Castilla y León.

Por sentencia de 2 de diciembre de 1989, la Sala de lo Contencioso del Tribunal Superior de Justicia de Castilla y León falla declarar la nulidad de mi proclamación como candidato electo, proclamando como candidato electo a Fernando Alcón.

Recurrimos la sentencia en amparo ante el Tribunal Constitucional.

El PP nombró a mis abogados: Sebastián González Vázquez y Ángel Acebes Paniagua.

El Constitucional, que había acordado sustituir el trámite de alegaciones por el de vista oral (la primera vista oral de su historia), resolvió que se repitiesen las elecciones en la Mesa Electoral de Mamblas según reproduzco a continuación.

Boletín Oficial del Estado: lunes, 30 de julio de 1990, núm. 181: «Sala Primera. Sentencia 131/1990, de 16 de julio. Recurso de amparo 732/1990. Contra Sentencia de la Sala de lo Contencioso-Administrativo del Tribunal Superior de Justicia de Castilla y León. Vulneración de los derechos reconocidos en el art. 23 CE».

La Sala Primera del Tribunal Constitucional estaba compuesta por don Francisco Tomás y Valiente (catedrático de Historia del Derecho, vilmente asesinado por ETA), presidente; don Fernando García-Mon y González Regueral, don Carlos de la Vega Benayas, don Jesús Leguina Villa, don Luis López Guerra y don Vicente Gimeno Sendra, magistrados.

El profesor Tomás y Valiente, como he dicho, fue asesinado por ETA en su despacho de la Universidad Autónoma de Madrid el 14 de febrero de 1990. Don Francisco Tomás y Valiente fue asesinado a las 10:48 h de tres disparos que efectuó el terrorista Jon Bienzobas, alias Karaka, terrorista que ahora exhibe obras de arte en Galdácano.

La Sala Primera del Tribunal Constitucional pronunció, en nombre del rey, la bien fundada Sentencia 131/1990, cuyo tenor literal omito por prolijo, a excepción del fallo, que presento literalmente al lector:

En atención a todo lo expuesto, el Tribunal, POR LA AUTORIDAD QUE LE CONFIERE LA CONSTITUCIÓN DE LA NACIÓN ESPAÑOLA

Ha decidido Otorgar parcialmente el amparo y, por consiguiente,

1.º Anular en parte la Sentencia de la Sala de lo Contencioso-Administrativo del Tribunal Superior de Justicia de Castilla y León, con sede en Burgos, dictada el 28 de febrero de 1990 en el recurso contencioso electoral núm. 1071/1989 en lo relativo a la proclamación como candidato electo para el Senado de don Fernando Alcón Sáez.
2.º Acordar la celebración de nueva votación para el Senado en la Mesa de Mamblas, dentro del plazo establecido en el art. 113 d) de la LOREG.
3.º Acordar que, celebrada dicha votación, se integren los resultados en los generales de la circunscripción en los términos expresados en el fundamento jurídico 7.º.

Publíquese esta Sentencia en el *Boletín Oficial del Estado.*

En consecuencia, la Presidencia del Gobierno dictó el Real Decreto 1146/1990 de 21 de septiembre (publicado en el *BOE* del sábado 22 de septiembre de 1990) por el que, en ejecución de la Sentencia del Tribunal Constitucional de 16 de julio de 1990, se convocaba el acto de votación para elecciones al Senado en la Mesa Única de Mamblas, correspondiente a la circunscripción de Ávila, para el día 7 de octubre de 1990.

Celebrada la votación en Mamblas, obtuve el escaño al Senado. Con los votos de esta Mesa, sumé en la circunscripción un total de 33.264 votos frente a los 33.259 de Fernando Alcón. Así, por cinco votos de diferencia, en una batalla electoral de todos contra mí, le gané el escaño a Fernando y comenzó mi carrera política en las Cortes Generales. Es de justicia destacar y agradecer que en la votación de Mamblas fue determinante el mucho compromiso mostrado con mi candidatura por queridos amigos de esa localidad (Justo, Bene, Juanita y Jesús —hermana y cuñado de Félix San Segundo—, Marga —esposa de Félix—, y tantos otros inolvidables amigos de Mamblas).

Recuerdo que Juan Fernando Vaquero llevó un jamón para celebrar la victoria, jamón que cedió a su hermano Felipe para que procediese a su loncheado, cosa que Felipe hizo con cuchillo y mano experta, y las lonchas volaban.

En cierta ocasión, Felipe Vaquero, en el Mesón, en compañía del Butano y el Cantimplora, alquiló un jamón para tres minutos por mil pesetas y consta públicamente que lo dejó en el hueso.

Mi legislatura en el Senado en esta etapa fue intensa y fructífera. Compaginé mi trabajo en Madrid con la portavocía en el Ayuntamiento de Ávila. Realicé trabajos legislativos en las Comisiones de Defensa, Justicia y Asuntos Iberoamericanos. Formulé muchas preguntas al Gobierno.

Destaco una pregunta oral, dialécticamente violenta en las formas, que formulé al ministro Griñán por el tristemente famoso caso de la «sangre contaminada».

Esta fue la CANDIDATURA DEL PARTIDO POPULAR AL AYUNTAMIENTO DE ÁVILA (abril del año 1991):

Ángel Acebes Paniagua
Sebastián González Vázquez
José Luis Pindado López
María Dolores Ruiz Ayúcar Zurdo
Jesús Roberto Jiménez García
Antolín Sanz Pérez
Diego Lora Pagola
Agustín Díaz de Mera
Félix Olmedo Rodríguez
Carlos Martínez Vara
Miguel Ángel García Nieto
Felipe Nicanor González Díez
Félix Javier Ajates Mories
Antonio Pozo Hernández
Ciriaco Jiménez Ferrero
Jesús Galindo López
Antonio del Nogal González
José Antonio Sánchez Jiménez
Ramiro Arroyo Méndez
Antonio Fernández Herrero
Antonio Martín Álvarez

Suplentes:

José Ramón Jiménez Durán
María del Carmen Avilés Tomé
Francisco Alonso Moreno

Ángel Acebes ganó las elecciones municipales con mayoría absoluta.

El Partido Popular (PP) obtuvo once concejales, cinco el Centro Democrático y Social (CDS), cuatro el Partido Socialista Obrero Español (PSOE) y uno Izquierda Unida (IU).

Yo fui designado portavoz del gobierno municipal. Mantuve muchos, fructíferos y civilizados debates con Carlos de la Vega, el solvente portavoz del PSOE, con Pedro García Burguillo, equilibrado y buen portavoz del CDS y con José María González, portavoz y único representante de IU en el consistorio, y que fue después líder regional y procurador en Cortes de su formación política.

De José María González guardo un admirado y respetuoso recuerdo. Era firme en sus principios y leal y fiable en los pactos.

Esta fue mi primera, intensa y maravillosa experiencia municipal. La corporación elegida desarrolló un trabajo muy digno y eficaz al servicio de todos los abulenses. Compaginé mi concejalía con mi escaño en el Senado.

EL CONGRESO DE LOS DIPUTADOS

En el *Boletín Oficial de la Provincia de Ávila* del 6 de mayo de 1993 (número 47) se publicaban las candidaturas presentadas a las elecciones al Congreso de los Diputados y al Senado convocadas por el Real Decreto 534/1993, de 12 de abril, con expresión de los candidatos incluidos en cada una de ellas, que eran las que a continuación se relacionaban. Sería la V Legislatura (1993-1996). En total se presentaron catorce candidaturas al Congreso de los Diputados.

Cito el nombre de los integrantes de las candidaturas a la Cámara Baja de Partido Popular (PP), Centro Democrático y Social (CDS), Partido Socialista Obrero Español (PSOE) y de Izquierda Unida (IU).

Por el PP nos presentamos: Feliciano Blázquez Sánchez, Agustín Díaz de Mera y Ana María Germain Estébanez (suplentes: Gregorio Rodríguez de la Fuente, María del Carmen Avilés Tomé y Antonio Vázquez de la Rosa). Por el CDS: José Ramón Caso García, Alfredo Barranco Moreno y Ana Moreno Rodríguez (suplentes: Alberto de Miguel Pinto, Emilio Martín Martín y Daniel de Fernando Alonso). Por el PSOE: Jerónimo Nieto González, Luis Alberto Antonio Martín y Pilar Ochando Fernández (suplentes: Santiago Martín Díaz, Pilar Morcuende Nieto y Miguel Chaves Díaz). Por IU: Pedro Tomé Martín, Rosario Cañadas Muñoz y Bruno Coca Arena (suplentes: Serafín de Tapia Sánchez, Elia Ropero Raga y Alejandro Lumbreras García).

Cito también el nombre de los integrantes de las candidaturas de PP, CDS, PSOE y de IU al Senado.

Se presentaron por el PP: Ángel Acebes Paniagua, José María García Tiemblo y Félix San Segundo Nieto (suplentes: Jesús Roberto Jiménez García, Diego Lora Pagola y Antolín Sanz Pérez). Por el CDS: Alberto Dorrego González, José María Monforte Carrasco y Celso Rodríguez Legido (suplentes: Julio San Segundo García, Francisco Luis Negrete San Segundo y Julián Martín Pose). Por el PSOE: Narciso Serrano Álvarez Giraldo, Antonio Sierra Capitán y Esmeralda Zancajo Rodríguez (suplentes: Miguel Ángel Calvo García, Daniel Mesón Salvador y Pilar García Berriguete). Y por IU: José María González Suárez, Sonsoles Herrera Pindado y Carlos Reviejo Hernández (suplentes: José Antonio Navarro Barba, María Ángeles Valencia García y Félix Ferrer García).

Celebradas las Elecciones Generales el día 6 de junio de 1993 y completado el recuento general de votos, los resultados obtenidos por los principales partidos fueron los siguientes: PSOE (candidato a la presidencia del Gobierno, Felipe González Márquez): 38,78 %, 9.150.083 votos, 159 diputados y 96 senadores. PP (candidato a la presidencia del Gobierno, José María Aznar López): 34,76 %, 8.201.436 votos, 141 diputados, 93 senadores.

En la circunscripción de Ávila, el Partido Popular conseguiría, por primera vez en su historia, dos de los tres diputados que corresponden a la provincia: Feliciano Blázquez Sánchez y Agustín Díaz de Mera.

El tercer diputado sería para el Partido Socialista Obrero Español (Jerónimo Nieto).

José Ramón Caso, el cabeza de lista al Congreso por el Centro Democrático y Social, desde el año 1991 portavoz de este partido en la Cámara Baja, quedó fuera.

En el Senado entraron con suficiencia Ángel Acebes (que ya había sido portavoz en la Comisión de Asuntos Constitucionales en la legislatura anterior), José María García Tiemblo y Félix San Segundo Nieto.

Por el PSOE ganó el escaño al Senado Narciso Serrano.

En resumen: tres senadores para el PP, uno para el PSOE. Obtuvimos, pues, un éxito electoral rotundo para el PP de Ávila en las Cortes Generales.

Félix San Segundo, que era procurador en la Cámara autonómica, al conseguir el acta de senador, cedió su puesto en el castillo de Fuensaldaña a Pilar San Segundo.

El presidente de la Junta Electoral Provincial de Ávila, don Juan Jacinto García Pérez, me expidió la credencial como diputado electo al Congreso por la circunscripción de Ávila, el día 14 de junio de 1993.

Mi paso por el Congreso fue intenso y positivo; desarrollé una actividad extraordinaria, como puede verse en el Diario de Sesiones.

Feliciano Blázquez firmaba conmigo multitud de iniciativas parlamentarias. Planteé —planteamos— al Gobierno cerca de mil preguntas escritas.

Estábamos en la V Legislatura, la del «váyase, señor González», la frase histórica y lapidaria que pronunciara José María Aznar.

Nuestro portavoz y jefe de bancada era Rodrigo Rato. Loyola de Palacio era la portavoz adjunta y con su austeridad acreditada se negó a la subida de sueldo a los diputados que proponía el PSOE.

En esta V Legislatura (1993-1996) fui portavoz adjunto en la Comisión de Defensa. El portavoz de esta Comisión era Santiago López Valdivielso. Más tarde, Santiago sería director general de la Guardia Civil y yo director general de la Policía, ambos con rango de subsecretario.

Tuve especial protagonismo parlamentario con ocasión de una Proposición No de Ley que presentó IU e Iniciativa Per Catalunya relativa a la constitución de una ponencia especial en el seno de la

Comisión de Defensa de la Cámara que se ocupara de controlar las actividades de los Servicios de Información del Estado.

Esto ocurrió el día 21 de febrero de 1995 y defendí nuestra enmienda en una dura intervención en el Pleno. Lo que por mi boca pedía el PP era lo que cito textualmente: «El Congreso de los Diputados acuerda la creación de una Ponencia en el seno de la Comisión de Defensa para el estudio del MODELO de los Servicios de Información de España».

Nos interesaba legislar sobre un nuevo MODELO porque el existente estaba desprestigiado. Queríamos un nuevo MODELO bajo el control parlamentario reducido y secreto del Congreso, al estilo de los Servicios de Información de EE. UU., Alemania o Gran Bretaña.

LOS CURSOS DEL CESEDEN

En esta V Legislatura mi grupo me mandó hacer los cursos del CESEDEN en la Escuela de Altos Estudios Militares. Hice dos: el primero, el «Curso de Defensa Nacional». Y el segundo, monográfico, titulado «Uso de la Fuerza Fuera del Territorio Nacional». Estos cursos duraban seis y tres meses, respectivamente.

Los clausuraba S. M. el rey y me obligaban, por su horario y por los días de las conferencias, a sacrificios y desplazamientos. Conocí allí a muy buenos profesionales de las Fuerzas Armadas (casi todos generales y almirantes), de la Guardia Civil y también a acreditados directivos de empresas importantes tanto de la industria de la defensa como de otros ámbitos.

El «Curso de Defensa Nacional» fue el número 14 y el monográfico el número 33.

Tuve como compañeros de aula a colegas del Parlamento como Manuel Barreiro Gil, Pedro Antonio Hernández Escorial, José Lago Freire, Diego López Garrido, José Jerez Colino, Elena Flores o Laura Martínez Berenguer. También a militares, almirantes y generales. Entre los primeros, José Carlos Pérez Moreiras y Ángel Tafalla. Entre los segundos, Ricardo Rubio, Ricardo Torrón, Primitivo Seivane, Miguel Valverde, José Antonio Cervera Madrigal, Gonzalo Rodríguez de Austria, Augusto Aguilar, Juan

Garay, Pascual Navarro o Feliciano Calvo. Allí conocí a mi querida amiga Mercedes Ortuño Sierra, del Ministerio de Presidencia, que años después se casó con el máximo responsable de protección de datos de Finlandia.

El director del CESEDEN era entonces el teniente general Pardo de Santayana y Coloma.

También conocí en el CESEDEN a mi buen amigo, allí secretario de estudios, el entonces teniente coronel Jesús Melgar Riol.

Cada curso finalizaba con un viaje de estudios en compañía de esposas y esposos. Yo viajé solo. En la primera ocasión fuimos a Alemania, a Colonia, ciudad que yo ya conocía porque en el año 1977 había hecho allí un curso de alemán de un mes de duración. En Colonia me alojé, con tres amigos italianos, en la casa de una renana llamada Erika Kornfürer. Visitamos la catedral y degustamos comida típica de Renania-Westfalia en un restaurante turístico.

Luego viajamos en autobús a Hamburgo, donde sucedió que en visita nocturna y turística al barrio rojo de Sankt Pauli, una señora de allí arrojó un bote de pintura sobre el abrigo de piel que vestía la esposa de un concurrente, incidente que se saldó sin mayores consecuencias.

El segundo viaje de estudios fue a Copenhague. En este viaje tuvimos la oportunidad de visitar el maravilloso Castillo de Kronborg. Antes hicimos un alto en Bruselas para visitar la sede de la OTAN en Mons, donde nuestro embajador ante la organización, el embajador Carlos Miranda, junto con el también embajador Valanzino y el mariscal de campo sir Richard Vincent, nos presentaron, con ponencias bien documentadas, cuestiones relativas al presente y al futuro de la OTAN.

Los debates fueron muy interesantes, abundando en los entresijos de la organización.

VI LEGISLATURA

Cambié de Cámara porque Aznar necesitaba a Ángel Acebes en el Congreso. Fui designado como número uno al Senado, acompañándome en el cartel electoral Teresa García Avilés como número dos y Antolín Sanz Pérez como número tres. Volvimos a ganar por aplastante mayoría. Yo obtuve 65.765 votos, Teresa García Avilés 65.160 y Antolín Sanz Pérez 64.652. El cuarto escaño al Senado fue para el socialista Jesús de la Fuente, que obtuvo 28.917 votos.

Fui presidente de la Comisión de Defensa del Senado en coincidencia temporal con la guerra de los Balcanes. Con la Comisión visité ciudades como Mostar, Trebinje, Nevesinje, Pale o Sarajevo, y tuve el privilegio de conocer al general Carvajal, un gran militar y un gran señor.

Visité en Croacia la histórica ciudad de Dubrovnik (antigua Ragusa), cuyo lema era «Non bene pro toto libertas venditur auro», esto es, la libertad no se vende ni por todo el oro del mundo.

También visité Split y la costa del Adriático.

Nuestras secretarias en el Senado recogieron cajas con medicamentos que entregamos a las autoridades sanitarias y a las ONG que atendían a los refugiados y desplazados por la guerra.

Medjugorje, con su santuario, está situada a 25 kilómetros de Mostar, cerca de la frontera croata. Estuve, por indicación y recomendación del general Carvajal, en el Santuario de la Virgen Milagrosa, advocación de grandísima devoción entre los croatas de Bosnia. Allí pedí por Ana Mari, que tenía un ductal infiltrante grado II en un pecho. Se lo diagnosticaron el mismo día que un asesino llamado Valentín Lasarte mató a nuestro querido Gregorio Ordóñez. Fue el 23 de enero de 1995.

Ángel Acebes y Feliciano Blázquez revalidaron su escaño en el Congreso con una muy muy amplia mayoría absoluta.

En Ávila capital recibieron el apoyo del 65,79 % de los votos. La candidatura liderada por Acebes obtuvo 19.282 votos, mientras que la del socialista Jerónimo Nieto consiguió 6287. La coalición IU sufrió un fuerte castigo al perder 1500 votos.

Sobre Ángel Acebes escribiré un apartado singular para que quede testimonio de mi cariño, respeto y gratitud.

En esta VI Legislatura, como he escrito, fui presidente de la Comisión de Defensa del Senado, y como tal, miembro de la Comisión Mixta para la Profesionalización de las Fuerzas Armadas (FF. AA.), que presidió Alejandro Muñoz Alonso y Zurdo.

Tras los debates en el Congreso y en el seno de la Comisión, esta produjo su dictamen, que fue aprobado el 28 de mayo de 1998, y por el Senado el 9 de junio de ese mismo año.

Después vendría el proceso de modernización de las FF. AA. con nuestras tres armas emblemáticas: el Eurofighter, la fragata F100 y el carro de combate Leopard.

Junto a otros compañeros, diputados y senadores, a propuesta del ministro de Defensa, Eduardo Serra, fui condecorado con la Gran Cruz al Mérito Militar con distintivo blanco.

MEA CULPA: MOCIÓN DE CENSURA EN LA DIPUTACIÓN DE ÁVILA

La verdadera historia, un poco maquillada, pero sustentada en hechos reales; la verdadera intrahistoria, es la que sigue.

Gobernando en coalición electoral, en Diputación, el Partido Socialista Obrero Español (PSOE) y el Centro Democrático y Social (CDS), el presidente de la institución era Alfredo Barranco (CDS) y el vicepresidente, Narciso Serrano (PSOE), y ello a pesar de que el segundo tenía más votos que el primero.

Ambos habían perdido las elecciones en la provincia, elecciones que había ganado el Partido Popular (PP), que tenía doce diputados provinciales de los veinticinco posibles.

El candidato del PP a la presidencia de la Diputación provincial era Sebastián González Vázquez.

La moción que derribó a Alfredo Barranco tuvo lugar el 24 de abril de 1993.

Ángel Acebes, que era nuestro presidente provincial, cuando le explicamos nuestros planes para poner en marcha la moción, se negó a tomar parte en ellos.

Esta orquesta la dirigimos Feliciano Blázquez y yo (o, por más certero juicio, yo y Feliciano).

Yo quería ensanchar nuestro partido, absorber al CDS que estaba cayendo en picado y recuperar la presidencia de la Diputación, pues habíamos ganado.

Ávila era entonces el pequeño y residual nicho del CDS, su raíz, su cuna y su funeral.

Primero *toqué* a Alberto Dorrego, senador como yo. Le ofrecí, si nos entregaban la presidencia de la Diputación, la continuidad en el Senado la siguiente legislatura. No quiso, se negó.

Poco después, en Estrasburgo, estaba yo en el Consejo de Europa y apareció de visita, con un grupo de Ávila, Alfredo Barranco, el presidente de la Diputación. Le invité a cenar en un restaurante típico alsaciano, el Marco Polo, que está situado en la Petite France (recuerdo hasta lo que cenamos, que fue poco). Le hice a Alfredo la misma oferta que a Alberto Dorrego, es decir, el Senado. Se le debió atragantar la cena. Le dije: «Nosotros hemos ganado la Diputación. Tú has perdido, eres la tercera fuerza y gobiernas, gobernáis los perdedores...». Omito otras consideraciones que no quiero relatar, pero para no apartarme de la verdad, Alfredo, de dubitativo, pasó a negarse. Alfredo y yo teníamos buena relación, pero dijo que no. Su respuesta en realidad era posibilista porque no estaba en su mano la opción de aceptar mi oferta.

Tercer y definitivo escenario: Benigno Rollán, alcalde de La Horcajada, diputado provincial por el CDS. Una fuente que omito me dijo que era vulnerable y próximo al PP. Feliciano y yo, yo y Feliciano, invitamos a Benigno a comer en Béjar, cerca de su pueblo. No dijo sí, pero no dijo no. Le ofrecimos una vicepresidencia de la Diputación y continuar otra legislatura en la institución provincial.

Se acercaba la Semana Santa. Mi fuente, que no era del Partido Popular, pero que quería serlo, me dijo que «tocara» a la esposa de Benigno, pues el runrún, pese al secretismo que nos habíamos impuesto, ya circulaba.

Cité a la señora Rollán en nuestra sede y le anuncié el motivo de la cita, rogándole discreción. Acudió a mi llamada, conversamos y aceptó mi oferta.

Le dijimos a Benigno que desapareciera del mapa hasta que anunciáramos la moción a los medios de comunicación.

Así lo hizo. Creo que era Martes Santo o Miércoles Santo. Alguien nos dijo que Alfredo Barranco, el presidente de la Diputación, se había marchado de vacaciones. Inmediatamente convocamos una rueda de prensa en el restaurante Copacabana y Benigno compareció con nosotros ante los medios, trajeado y poco comunicativo, pero razonó su decisión irrevocable.

Dicen que mi admirado amigo del CDS, Pedro García Burguillo, que había sido alcalde de Ávila, al ver a Benigno tan elegante y tan de mañana, bromeó con él, supongo que con la ironía elegante y socrática que con frecuencia exhibía Pedro.

Después del terremoto informativo, le dijimos a Benigno que desapareciera de nuevo hasta el día del pleno en el que se sustanciase la moción. Así lo hizo.

Daniel de Fernando, Alberto Dorrego y la gente del Centro Democrático y Social buscaron a Benigno por todas partes, pero sin éxito. Y visitaron también a la señora Rollán, que se mantuvo firme en el compromiso.

Cuando se celebró el famoso pleno, el CDS convocó a sus fieles, y multitud de curiosos abarrotaban el salón de plenos y la escalera de acceso. Recuerdo a Florentino Monforte, el padre de mi amigo José María, arrojando monedas a Benigno mientras subía las escaleras llamándole Judas y traidor.

A pesar de todo, solo hubo insultos, nunca violencia física.

El discurso de Sebastián González (en cuya redacción colaboramos unos cuantos, es decir, yo) estuvo plagado de argumentos razonables que, además de soporte legal, tenían el indiscutible fundamento de que nosotros recuperábamos lo que habíamos ganado en las urnas.

Conviene recordar, aunque ya lo he dicho, que el CDS, a pesar de ostentar la presidencia de la Diputación, tenía menos diputados que el PSOE, luego es razonable pensar que el pacto entre esas dos fuerzas políticas iba más allá de la presidencia de la Diputación.

Estas cosas ocurrían entonces. Estas cosas ocurren ahora, pero peor. Yo cuento sin tapujos lo que pasó, y entono el *mea culpa*. Agustín González también ayudó en la operación.

La alcaldía: el tiempo de un sueño
Ávila en el corazón

Las elecciones locales del año 1999, convocadas por el Real Decreto 606/1999 de 19 de abril, se celebraron el día 13 de junio. Yo era el presidente del partido. Ángel Acebes y Feliciano Blázquez, como impulsores principales, me propusieron liderar la candidatura al Ayuntamiento de Ávila. Tras muchas dudas, después de una larga conversación con mi esposa y con mi hija, tomé la decisión de aceptar.

Dolores Ruiz Ayúcar, además de alcaldesa, era amiga mía, y no me ilusionaba la idea del «quítate tú que me pongo yo». Pero no me dieron muchas opciones y finalmente acepté.

Tuve total libertad para hacer mi lista, que fue la que sigue:

Agustín Díaz de Mera
Sebastián González Vázquez
Rosa San Segundo Nieto
Félix Olmedo Rodríguez
Teresa García Avilés
José Francisco Martínez Gañán
Miguel Ángel García Nieto
José María Monforte Carrasco
Monserrat Sánchez García
Luis Alberto Plaza Martín (un fraude)
Miguel Ángel Sánchez Caro
José Francisco Hernández Herrero
Áureo Martín Labajos
Gerardo Sánchez Hernández
Juan Manuel Martín del Pozo
Alicia García Rodríguez
Juan Carlos Úbeda Velayos

Raúl Jiménez Hernández
Antonino del Pozo Hernández
Ana María Muñoz García
María Isabel Alonso Sánchez

Suplentes:

Mariano Rodríguez Arroyo
Evelio Velázquez Garzón
Cristina Gutiérrez Esteban

El candidato a la presidencia de la Diputación fue Sebastián González Vázquez y nuestro lema de campaña «Sigamos mejorando Ávila».

Las propuestas más destacadas fueron las siguientes:

- Contención de la presión fiscal.
- Creación de una oficina de servicio y atención al contribuyente.
- Promoción y protección de la pequeña y mediana empresa.
- Nuevas actividades en el casco histórico.
- Ventanilla única.
- Dos grandes aparcamientos, uno de ellos en el Mercado Grande.
- Corredores peatonales desde la ciudad hasta el Santuario de Nuestra Señora de Sonsoles y desde el puente sobre el río Adaja hasta la presa de Fuentes Claras.
- Plan de gestión medioambiental y patrulla verde de la policía local.
- Concejalía de Cooperación y Solidaridad.
- Más mujeres en el mundo laboral.
- Ayudas a domicilio y aula para mayores.
- Eliminación de barreras arquitectónicas.
- Potenciar el Plan Municipal sobre Drogodependencias.
- Crear un Consejo Local de Consumo.
- Políticas activas de empleo.
- Prácticas universitarias en el Ayuntamiento.
- Más presupuesto para el mantenimiento de los colegios públicos.

- Apuesta inequívoca por el mundo de la cultura y por los escritores, escultores y artistas plásticos locales. Creación de contenedores culturales: San Francisco, como auditorio municipal, Casa de las Carnicerías y Episcopio.
- Impulso y consolidación turística de la ciudad.
- Impulso y activación de recursos para la apertura de la sección del Museo del Prado en Ávila («cuán largo me lo fiais»...).
- Iluminación de los monumentos más emblemáticos de la ciudad.
- Piscina cubierta en la zona norte y ampliación de la Ciudad Deportiva.
- Impulso a las fiestas de los barrios.
- Más oferta sociocultural para jóvenes y nuevas propuestas de ocio nocturno.
- Cubrir las necesidades de los barrios anexionados.
- Facilitar e incentivar el empadronamiento en la ciudad.

He querido anotar aquí estas propuestas, resumidas, con el lenguaje de entonces, para que el lector pueda evaluar lo que se proponía y se hizo hace veintitrés años, así como las antiguas y las nuevas asignaturas pendientes para el progreso de nuestra ciudad.

Conformamos un equipo de gobierno muy capaz y muy trabajador. Llamábamos a los concejales «el grupo B» y el personal de asistencia a la alcaldía (Toño, Marimar y Teresa) era «el grupo A».

Hicimos mucho por nuestra querida ciudad junto a la leal oposición que encabezaban Tomás Blanco (PSOE) y José María González (IU).

Le concedí mucha importancia, porque la tiene, al mundo de la cultura. Me referiré más adelante *in extenso* a esta cuestión. Anoto ahora, a modo de boceto y como complemento de lo que escribiré, algunos apuntes.

El Instituto Municipal de la Música y de la Cultura recibió más presupuesto que nunca. Mi vieja y apreciada relación con el poeta José María Muñoz Quirós hizo el resto.

Creamos, a iniciativa de José María González, el premio de escultura. Instalamos en las rotondas de la ciudad piezas artísticas, de modo que las rotondas quedaron *llenas* de obras de arte al aire libre. Editamos libros. Organizamos certámenes, exposiciones y conciertos y le dimos fuerza al Mercado Medieval, que *creó* Antolín Sanz.

El Premio de Las Letras Teresa de Ávila adquirió gran prestigio con premiados de la talla del sacerdote, catedrático y teólogo D. Olegario González de Cardedal o del dramaturgo Fernando Arrabal.

Descubrí, reconocí y admiré la potencia poética y humana de don José Hierro, mérito, una vez más, de José María Muñoz Quirós. Mi relación con José Hierro fue corta pero muy intensa. Descubrí los poemas de *Cuaderno en Nueva York* colgados de un frágil hilo de oxígeno para dar vida prolongada, vida poderosa a tanta riqueza creativa.

En noviembre del año 2001, el Ayuntamiento organizó una exposición de cincuenta dibujos que daban idea de la faceta pictórica, fácil y maravillosa, de don José. En el catálogo de esta exposición, de enorme calidad literaria, escribían sobre don José Hierro sus amigos Francisco Umbral, Antonio Colinas, Antonio Piedra o José María Muñoz Quirós, entre otros. *El dibujo o la vida* fue una exposición extraordinaria.

La enfermedad crónica de don José Hierro no le impedía hacer gala de un gran sentido del humor. Decía que los libros de poesía se vendían mejor con dibujos que con dedicatorias escritas.

Ana Mari, mi mujer, le quería mucho. A ella le pintó, en La Posada de Bracamonte, un Quijote en una servilleta y luego, sobre papel, un torero, utilizando como pincel sus dedos impregnados en pétalos de rosa.

Yo guardaba para don José Hierro, en un armarito de mi despacho de la alcaldía, una botella de Chinchón. Tenía don José complicidad con Marimar, mi secretaria, y le pedía un cigarrillo que fumaba furtivo en el baño quitándose la mascarilla de oxígeno.

Pronto llegarían las propuestas del mundo de la cultura para iniciar el expediente municipal correspondiente que concluiría, con todo merecimiento, con la declaración de don José Hierro como Hijo Adoptivo de Ávila.

Conviene destacar que el nombramiento se produjo con la unanimidad de los tres grupos políticos del Ayuntamiento.

Cuando cumplió ochenta años, le puse un telegrama que decía: «Nadie sabe qué coño es el tiempo, pero nosotros hemos podido asistir felizmente a tu ochenta cumpleaños».

Cuando el jurado propuso el ganador de la edición de ese año, llamé a Fernando Arrabal a París y le localicé en un restaurante. Juan Manuel de Prada y el resto de los miembros del jurado del premio estaban presentes.

Antes de hablar con Arrabal, me comuniqué con un camarero, que fue quien me cogió el teléfono. De Prada dijo: «Coño, un alcalde que habla francés». Le di a Arrabal la noticia de la concesión del premio y le dije que para recibirlo era obligatoria la aceptación previa. Lo aceptó feliz y con sorpresa emocionada.

Tiempo después, el día de la entrega del premio, en el salón de plenos del Ayuntamiento, con dramatización dinámica de su magnífico discurso «que escenificó con gracia e ironías», afirmó que había aprendido a leer gracias a la bondad y paciencia de una monja carmelita de Alba de Tormes. Fernando me regaló un dibujo suyo dedicado, dibujo que enmarqué y que guardo con mucho cariño.

Al año siguiente —2001— le concedimos el premio a don Olegario González de Cardedal. Con membrete de la Universidad Pontificia de Salamanca y fechada el día 13 de octubre de ese año, me escribió una carta (dirigida «al Excmo. Sr. D. Agustín Díaz de Mera») que conservo como una joya de incalculable valor, de sencilla y profunda gratitud, de una hondura de sentimientos que valoro con emoción.

Don Olegario González de Cardedal estudió en Múnich, Roma y Oxford, doctor en Teología, catedrático en la Universidad Pontificia de Salamanca, sus muchas y profundas obras dicen, desde la moral católica, dónde está el hombre en el mundo. Don Olegario es, sobre todo, un sacerdote católico que fue amigo del papa Ratzinger.

Conservo en mi modesta biblioteca *El poder y la conciencia*, de recomendada lectura para todo cargo público, y *Madre y muerte* («quien no tiene que decir nada sobre la muerte no tiene nada que decir sobre la vida, y quien como teólogo no tiene una palabra verdadera sobre la muerte, no tiene una palabra verdadera sobre Dios»). Olegario González de Cardedal dedica este maravilloso libro a su madre, «como memoria agradecida». Leemos en *Madre y muerte*: «... a la vez que muere mi madre desaparece la aldea en que nací y deja de existir la cultura rural en la que cuajaron mi sensibilidad primera y mi espíritu de niño, esa cultura que duró treinta siglos, desde Abraham hasta 1960, y que en treinta años ha desaparecido...». Reflexión obligada sobre estas palabras. Desgraciadamente, hoy solo hay tres ediciones de esta obra maravillosa.

El acto solemne de entrega del Premio de las Letras Teresa de Ávila fue presidido por Juan Vicente Herrera, presidente de la Junta de Castilla y León.

Entre los invitados, el más distinguido era el presidente Suárez, que no se prodigaba en comparecencias públicas, pero que adoraba a don Olegario.

Después del acto, el presidente Suárez se quedó a la comida en el restaurante El Almacén y estuvo todo el tiempo simpático, locuaz y charlando con Ana Mari, mi mujer, que estuvo sentada a su lado.

Recuerdo aquí con emoción cuando doña Amparo Illana de Suárez estaba muy enferma y su hijo Adolfo vino a verme a la alcaldía, ante el irreversible fallecimiento de su madre.

Don Antonio Cañizares Llovera, cardenal arzobispo emérito de Valencia, exobispo de Ávila, había autorizado al presidente Suárez, para cuando llegara el caso, a tener en el claustro de la catedral de Ávila un lugar para su reposo eterno. Adolfo hijo recurrió al entonces obispo de la ciudad, don Adolfo González Montes, y solicitó ese sagrado lugar también para el descanso eterno de su madre.

Por diferentes circunstancias, no fue posible. Entonces la familia Suárez decidió que doña Amparo, al fallecer, sería sepultada en la Iglesia de Mosén Rubí, propiedad del marqués de Fuente el Sol, amigo de la familia, y teniendo muy en cuenta la empatía de doña Amparo Illana con las monjas dominicas de Mosén Rubí.

Tengo mucho cariño y respeto a la figura del presidente Adolfo Suárez, a su familia y a su hijo Adolfo.

Cuando se produjo el temido y fatal desenlace, yo estaba en Bakú, la capital de Azerbaiyán, en misión de la Asamblea Parlamentaria del Consejo de Europa. Tuve que sobornar a un funcionario del aeropuerto azerí para que con urgencia me hiciera hueco en un avión que volaba de Bakú a Frankfurt y enlace inmediato a Madrid, donde me esperaba un coche del Ayuntamiento y así poder llegar con tiempo al entierro de doña Amparo en Ávila.

Javier Sánchez, secretario del Ayuntamiento, con su acreditada eficacia y rapidez, organizó y gestionó todos los trámites legales para el enterramiento, desde los permisos de sanidad hasta la apertura de la fosa, por los operarios municipales, al lado del Evangelio en el templo.

Al sepelio asistieron, además de la familia Suárez, multitud de personalidades de la vida pública, a pesar de la naturaleza privada del funeral. Cito algunos: doña Herminia (madre del presidente Suárez). El presidente Aznar y su esposa, Ana Botella. Monseñor Cañizares. Don Adolfo González Montes, que ofició la ceremonia. Ángel Acebes. Juan Vicente Herrera. Federico Isart. Isaías García Monge. Jaime Mayor Oreja. Antonio Gutiérrez. La alcaldesa de Cebreros, Pilar González. Rodolfo Martín Villa. Sebastián González y su esposa. El presidente Leopoldo Calvo Sotelo. Íñigo Cavero. Landelino Lavilla. Juan Miguel Villar Mir. Marcelino Oreja. Félix San Segundo y la corporación municipal y la provincial al completo.

Yo, como alcalde, asistí con mi esposa Ana Mari, acompañando al presidente Suárez y a sus hijos.

Omito a muchas más personas, cargos públicos y particulares, buena gente de Ávila y de fuera de Ávila que abarrotó el templo y sus inmediaciones para manifestar su solidario pesar al presidente Suárez y a su familia.

Un periodista me preguntó sobre su estado de ánimo y le respondí: «Ha estado sereno, como es él siempre, muy sensible y lleno de dolor».

Como he anunciado antes, escribo a continuación, ampliamente, sobre aspectos culturales de mi etapa en la alcaldía. Más apuntes culturales, pues, y más concretos.

Cuando acepté la candidatura para la alcaldía de Ávila, fueron muchos los retos que supe que debía asumir, muchas las propuestas que tenía que realizar si los abulenses me lo permitían, si conseguía llegar a ser alcalde.

Una de mis primeras preocupaciones fue cómo empujar, canalizar y engrandecer el sentido que la cultura debía afrontar en una ciudad Patrimonio de la Humanidad como es Ávila.

La tarea me parecía indispensable y esencial para llegar a conseguir que la imagen de la ciudad, con todo lo que en ella pervive y brota, encontrase cauces que la empujaran a ser reconocida como un lugar significativo y referencial desde este terreno cultural.

Promoví, durante los días de la campaña, varias reuniones con todos los estamentos que, de alguna manera, podían empujar mi planteamiento de Ávila como ciudad para la cultura. Después de estos encuentros, de estas reuniones, de largos debates, mi propuesta fue prometer, si conseguía la alcaldía, crear un organismo municipal, independiente en su programación, pero a su vez dependiente de la Concejalía de Cultura y del presupuesto municipal.

Cuando ya fui investido alcalde de Ávila, indagué, preguntando a los diferentes estamentos culturales, quién pensaban ellos que podía asumir la dirección del organismo que pretendía crear. Hubo una casi unanimidad en el nombre, y me fueron indicando que José María Muñoz Quirós podía ser quien pilotase ese nuevo órgano cultural de la ciudad.

Le propuse a José María si quería ser él quien dirigiera lo que íbamos a denominar Instituto Municipal de la Música y la Cultura. Con este enunciado planteé al secretario del Ayuntamiento la necesidad de estudiar la fórmula legal que permitiera crearlo.

Cuando José María Muñoz Quirós me confirmó su aceptación, iniciamos los trámites legales y demás circunstancias y se puso en marcha el proyecto.

Era algo novedoso en la ciudad: la cultura quedaba al margen de la política ordinaria y ocupaba, libremente, un espacio donde toda acción debería abrazar a todos y a cada una de las posibilidades en los distintos campos (literatura, arte, cine, música, creación artística..., así hasta completar todo el amplio espectro que abarca la actividad cultural).

Partíamos de la diferenciación y la diversidad de las actividades culturales, teniendo en cuenta a quién iba destinada cada una de ellas y el grado de implicación que ello conllevaba. Quedaba claro que había que distinguir:

- Una cultura centrada en la ciudad, que respondiese a los intereses de los ciudadanos abulenses y sus necesidades.
- Una cultura centrada en la creación como impulso necesario para desarrollar la actividad en la que muchos estaban ya trabajando (literatura creativa, pintura, escultura, música).
- Una cultura que pudiera atraer a las personas de fuera de la ciudad, que impulsara desde la calidad —motor siempre de toda actividad— y situase a Ávila en el mapa de los buscadores de la cultura.

Todo ello conllevaba un presupuesto que pudiera hacer frente a esos objetivos. Y así fue. Se amplió la dotación a la cultura hasta el nivel que lo permitían los presupuestos, al menos en sus orígenes.

El Instituto Municipal de la Música y la Cultura se creó, siempre bajo la presidencia del alcalde y con la coordinación ejecutiva de José María Muñoz Quirós. Se nombró una comisión con diferentes miembros, políticos y culturales, y comenzó su andadura.

En el origen de los estatutos del Instituto se planteó la necesidad de crear, paralelamente, una comisión de empresarios, personas vinculadas a la cultura y agentes sociales que apoyasen, desde el mecenazgo privado, la actividad.

La maquinaria cultural estaba en marcha. En poco tiempo se sucedieron actividades en todos los aspectos que la cultura permitía, abordando una enorme cantidad de actos. Fue para mí una época de inmenso acercamiento a los mundos tan peculiares y especiales que desarrollan estos campos. Comprendí que en una sociedad avanzada la cultura marca la diferencia, el sentido profundo de sus habitantes, la razón de su vivir cotidiano. Me puse una meta: pretendía que cada día del año tuviese, al menos, una actividad cultural; y verdaderamente fuimos cumpliendo ese objetivo durante mucho tiempo, ante la sorpresa general de los abulenses.

El Instituto se sustentaba en una estructura que se fue afianzando poco a poco, utilizando los lugares y los espacios abiertos para desarrollar sus programaciones.

El primer espacio que pusimos en marcha fue la Casa de las Carnicerías, que había sido recientemente reformada y que sirvió, en un principio, como sala de exposiciones, como lugar de conferencias, como auditorio de música. En esta primera etapa podemos recordar, con verdadero placer, muchos momentos. Así, las exposiciones de Rafael Alberti y los dibujos y cuadros de José Hierro. Muestras de pintores como José Alberti. Exposiciones monográficas de temas muy variados (fotografías, libros, encuadernaciones...). Durante todo el año se llenaba este espacio con muestras diversas que abulenses y visitantes recorrían con verdadero entusiasmo. Junto a esta finalidad expositiva, los ciclos de conferencias se sucedían y acercaban a todos los valores culturales y patrimoniales de la ciudad. Son memorables los ciclos de «El artista y su obra», por los que pasaron los artistas plásticos que, en la ciudad y desde la ciudad, estaban realizando su obra. No podemos olvidar que Ávila cuenta con una nómina de artistas y creadores muy significativa, que en su interior conviven varias generaciones de pintores, escultores, escritores, músicos y representantes de otras manifestaciones artísticas y que era preciso impulsar y motivar desde la actividad municipal.

Me detengo algo más para recordar, no sin emocionarme, el paso por Ávila de la Fundación Rafael Alberti, con la viuda del poeta del Puerto de Santa María, María Asunción Mateo, su cercanía y su colaboración. María Asunción Mateo dio la conferencia de inauguración de la exposición del alfabeto que el escritor de El Puerto imaginó y pintó, que fue todo un acontecimiento cultural —no solo en la ciudad, sino también en el panorama nacional— refrendado por el hermoso libro publicado con todos los originales y textos del poeta.

Mención especial merece también la exposición, tal vez la primera en España y la más completa, de la obra pictórica de José Hierro, un conjunto estimable de sus cuadros y de sus colaboraciones especiales en libros y en carteles, siempre desde el aspecto pictórico. El poeta acudió a la inauguración, donde pronunció una conferencia muy entrañable y recordó sus inicios en la pintura, dejando siempre claro que él era un poeta y no un pintor. Igualmente, en esta ocasión se publicó un libro-catálogo con sus obras, poemas y colaboraciones de firmas amigas, como ya dije, dotando al libro de una gran importancia para el conocimiento de la obra del poeta.

Las conferencias-coloquio de los artistas plásticos abulenses fueron una ocasión muy entrañable y necesaria para acercarnos a la obra de los creadores que estaban en ese momento en activo. El primer ciclo fue inaugurado por Florencio Galindo, uno de los pintores trascendentales del realismo español. La dinámica de los actos era la que sigue: presentación del pintor por una persona designada por él —en este caso fue José María Muñoz Quirós—, conferencia del pintor —con una obra suya en la sala de Las Carnicerías— y un diálogo con los asistentes. Estos ciclos —al menos el primero— fueron publicados en libros que iniciaron un proyecto —después abandonado— que denominamos «Ávila, Siglo XXI» que tenía la intención de dar voz y presencia a todos los artistas, de cualquier actividad y de todas las generaciones, para componer un activo de todo lo que en la ciudad se estaba moviendo... Fue solo, al final, un sueño sin realizar.

Cada año, hacia el mes de septiembre, tenía lugar, como ya indiqué, el fallo del Premio Nacional de las Letras Teresa de Ávila. Era una actividad ya existente en la legislatura anterior. La retomamos y, en mis dos años de alcaldía, como tengo dicho, se lo concedimos a Olegario González de Cardedal y a Fernando Arrabal, dos premiados muy distintos, dos voces y dos obras totalmente diferentes, lo que muestra la diversidad, la amplitud de miras del jurado, que siempre presidía José Hierro, y que era otro de los momentos más importantes de la presencia del gran poeta en Ávila. Recuerdo la presencia del jurado cada año en mi despacho del Ayuntamiento, ante la prensa reunida, y cómo suponía siempre una sorpresa la figura distinguida con el premio.

José Hierro llegaba al jurado siempre con el buen humor, la cercanía y el cariño que nos profesaba: era un personaje de la máxima categoría poética que nos mostraba su familiaridad y su sencillez con su incansable capacidad de pintarnos, en cualquier soporte posible, alguno de sus maravillosos dibujos. José Hierro se sentía en Ávila como en su casa, y por esa razón resolvimos en un pleno municipal nombrarle Hijo Adoptivo de la ciudad.

El nombramiento de Hijo Adoptivo tuvo lugar en el salón de plenos en una tarde memorable. Iban a glosar la figura del poeta varios amigos suyos. Los aspectos literarios, a cargo de Joaquín Benito de Lucas. El capítulo personal lo desarrolló Francisco Umbral, y las relaciones de Ávila con su poesía, José María Muñoz Quirós, que leyó dos de los poemas de José Hierro con Ávila al fondo: «Yepes cocktail», sobre san Juan de la Cruz, y un texto sobre Tomás Luis de Victoria, recogiendo todas las emociones del poeta y la cercanía que siempre mantuvo en relación con la música.

Aquel inolvidable día nunca lo olvidaría José Hierro. Cuando yo ya no era alcalde de la ciudad, sino director general de la Policía, a la reunión del jurado de esa edición llevó, para que todos los miembros lo firmaran, un precioso dibujo como regalo para mí. Así era la generosidad y la grandeza de este hombre universal.

Cuando en el año 2002 muere José Hierro, todos nos conmocionamos con su pérdida, pero siempre llevaré en mi memoria y en mi corazón su presencia y su sentido vital y profundo, tan verdadero y tan hondo. Haberle conocido y tratado, durante aquel tiempo, fue un capítulo de mi vida gozoso y enormemente enriquecedor.

Una nueva actividad que realizamos, en aquellos momentos, fue la convocatoria del Premio Nacional de Escultura Ciudad de Ávila y del Premio de Pintura. La finalidad que queríamos alcanzar con estos certámenes era —y se logró— dotar a espacios de la ciudad —sobre todo a plazas y rotondas— de esculturas que embellecieran esos espacios naturales y apoyar la creación artística. Con la iniciativa del grupo municipal de Izquierda Unida pudimos ver cómo la ciudad se iba engrandeciendo con las esculturas de los premios, cómo fructificaban los espacios abiertos y asumían una nueva fisonomía. Para la elección de las obras premiadas contábamos con jurados de enorme categoría. José Hierro, como crítico de arte, también participaba en ellos.

Fueron invitados a formar parte de los mismos, además, Francisco Calvo Serraller —entonces el mejor crítico de arte de España—, Venancio Blanco, Florencio Galindo, Fernando Sánchez, Ángel Sardina y una larga nómina de artistas plásticos que dieron prestigio a estos premios.

Hoy, si paseamos la ciudad bordeándola, podemos encontrarnos con las obras surgidas de esa iniciativa artística, obras que ennoblecen las rotondas, desde la entrada de la carretera de Madrid hasta la carretera de Toledo, siempre creando un espacio de arte y diálogo con la naturaleza. Lanzamos la iniciativa de promover un espacio museístico municipal para la obra del magnífico pintor Antonio Veredas. Con mi marcha de la alcaldía, el proyecto quedó en otras manos.

En el capítulo de las exposiciones, realizamos una muestra impresionante que se denominó *Sueños de España*, en relación con todos los judíos sefarditas que han vivido y siguen viviendo lejos de su patria, de donde fueron expulsados en 1492. Pudimos entender, desde la inmensa cantidad de documentos que guardan en su memoria histórica, el significado de esa realidad tan dolorosa para ellos, y cómo han mantenido cada palabra, cada signo, cada recuerdo desde entonces hasta ahora.

Un recuerdo entrañable fue la presencia del que fuera ministro de Justicia del Gobierno de Felipe González, Enrique Múgica Herzog, un hombre de raíces judías, conocedor de toda la cultura sefardita, que disfrutó viendo la exposición y comentó muchos de los secretos maravillosos que guardaba.

Desde el Ayuntamiento de Ávila se realizó y publicamos el mejor libro que podemos encontrar sobre este tema. También se publicaron algunos textos muy significativos de esa época. Vino a inaugurar la exposición la Autoridad Nacional del Ladino que, desde Israel, llegó a la ciudad de Ávila sin poder ocultar su gozo y su felicidad por hacer posible esa muestra en la tierra donde se escribió el Zohar, el gran libro de la mística judía.

La cultura, en este momento, iba alcanzando, logro a logro, un lugar que, desde otras ciudades y otras instancias, era observado con verdadera sorpresa. Sé que se preguntaban qué pasaba en Ávila y cómo se hacía todo aquello que estaba dando un nivel tan impresionante a la cultura.

En el capítulo de las publicaciones se abrió toda una línea editorial que fue presentándose en diversos frentes.

La literatura prosiguió con las ediciones de *El Cobaya* (recuerdo que la presentación de uno de sus números en el Parador Nacional de Ávila fue mi primer acto como alcalde) y se continuó el ritmo que ya tenía, ampliándolo en presupuesto y en frecuencia. Junto a las ediciones de la revista se inició una colección literaria adjunta que publicó algunos títulos de poesía.

En el aspecto teatral, se centró todo el primer esfuerzo en fomentar la Muestra de Teatro, conectando al público abulense con interesantes obras teatrales. Nunca olvidaré el homenaje que rendimos a Lola Herrera, a la que entregué su reconocimiento después de la representación de *Cinco horas con Mario.*

Pero el gran proyecto en este campo fue la creación del Aula de Teatro José María Rodríguez Méndez, nombrando director de honor al propio dramaturgo, iniciándose la programación con la puesta en escena —en estreno nacional— de su obra *Las veladas de El Pardo.*

Este hecho marca la importancia que el teatro tenía para nuestro proyecto cultural.

El día del estreno —en el Teatro Avenida— pudimos vivir un momento del gran nivel de espectáculo nacido en la ciudad, con la representación del texto de Rodríguez Méndez, que fue interpretado por Fernando Guillén y otros actores importantes.

El propio autor se sintió inmensamente agradecido a Ávila, ciudad en la que vivió durante el año 1982 y donde había estrenado una obra sobre Teresa de Jesús en el centenario de la santa abulense.

Las publicaciones del Ayuntamiento de Ávila se iban sucediendo: *El universo de la rosa*, cuadros y poemas de Díaz Castilla y José María Muñoz Quirós, un hermoso libro que se presentó en Madrid y en diferentes ciudades de España. Los libros de la Colección Castillo Interior, que recogían el homenaje a los premiados en el Premio de las Letras Teresa de Ávila, iniciaron su andadura.

Se rindió homenaje y se publicó un libro de enorme interés sobre la figura de don Alfonso Querejazu, en pulcra edición de Olegario González de Cardedal, con la ayuda de José Manuel Sánchez Caro. Se realizó una edición conmemorativa de *La gloria de don Ramiro*, de Enrique Larreta, dando inicio a una colección, luego interrumpida, sobre textos esenciales para la cultura abulense.

La música no podía quedar al margen y desarrollamos toda una gama de actividades centradas en varios aspectos musicales, como potenciar a los artistas que estaban en periodo de aprendizaje, dándoles la posibilidad de ejercitar su tarea en conciertos, colaboraciones y páginas enmarcadas en actividades de distinto carácter. De esta forma, en cualquier acto literario, uno de los elementos que debía complementar los contenidos era alguna actuación musical. Se concebía de esta manera la música como un lenguaje más, como una peculiaridad que hacía que la poesía, el arte, cualquier otra manifestación creativa, estuviera acompañada por intervenciones musicales de guitarra, piano o de otros instrumentos. Los asistentes a las actividades culturales se fueron acostumbrando a esta simbiosis tan peculiar, de manera que cuando asistían a una conferencia, a un recital o a una muestra pictórica, siempre acudían, a su vez, a una escucha musical que se unía a los contenidos que se presentaban.

Una actividad musical que tuvo mucha aceptación fue la de los artistas en las plazas y en las calles de la ciudad, ofreciendo a los ciudadanos y visitantes una manera diferente de ver los rincones, las piedras centenarias, los lugares públicos enmarcados en un sonido que engrandecía el significado y la belleza de estos lugares.

Pero la gran aventura fue el denominado «Verano Cultural Noches y Almenas». Con esta iniciativa, los meses de julio y agosto tomaban un aire festivo, lleno de acontecimientos culturales, que contó con una primera fase centrada en plazas y lugares públicos aprovechados para estas actividades que cubrían los meses del estío. Se pensó que había que mostrar los rincones, tan interesantes y tan singulares de la ciudad, desde una perspectiva nueva: llenarlos de actos teatrales, musicales, poéticos y de todo lo que supusiera una iniciativa en cualquiera de estos aspectos.

El primer ciclo tuvo como espacio histórico los palacios y las plazas de la ciudad, sobre todo aquellos espacios renacentistas que eran contemplados solo como arquitectura cuando realmente se escondían entre sus piedras los ecos de la vida y de la historia.

La Casa de las Carnicerías seguía siendo un espacio bien aprovechado, pero pronto se planteó la necesidad de nuevos contenedores culturales y El Episcopio, el primer edificio civil románico de Ávila, un lugar pegado a los muros de la muralla, frente a la Entrada de Los Apóstoles de la Catedral, se convirtió en un espacio lleno de magia y posibilidades expositivas, y como lugar de conferencias y para otras actividades.

Se terminaron las obras, interiores y exteriores, convirtiendo la plaza que precede al edificio, junto a la biblioteca pública de la ciudad, en un verdadero auditorio al aire libre, teniendo toda la grandeza de un espacio único como elementos esenciales para su uso cultural.

Dos espacios nuevos se utilizaron para la puesta a punto de los veranos culturales (después, en otras estaciones del año y en otros momentos, fueron lugares también de uso frecuente): el Jardín de la Viña —que yo rebauticé como «el jardín del amor»— y el Auditorio Municipal de San Francisco. Un espacio natural de las características del Jardín de la Viña ocupó el centro de los conciertos de las noches de verano a la luz de la luna. Fueron conciertos de música clásica, mediterránea, portuguesa y de numerosos rincones del mundo, de tal manera que subtitulamos el festival como *Músicas del mundo.* Son memorables aquellas noches cálidas y serenas en las que el tango —una de las actividades más seguidas, una actividad disfrutada por cientos de personas—, el góspel y el *jazz* lo llenaban todo de melodías, de sonidos, de intensas palabras de amor y sueños.

No olvidaré nunca el recital de Carmen Linares en la plaza Fuente el Sol, en un atardecer, entre dos luces, cantando a Federico García Lorca, con la guitarra flamenca gimiendo entre las piedras de Ávila.

Los otoños y los inviernos culturales tenían el teatro como actividad fundamental, también conciertos en el Auditorio de San Francisco, y la literatura y la escritura —sobre todo en la presentación de libros—, que reunía a escritores y artistas plásticos, tan intensamente activos en Ávila.

Cuando, pasados ya los años, me invade la memoria de aquel tiempo, sigo pensando y creyendo que lo que puede cambiar una sociedad es la costumbre de alimentarse con la cultura, y que nunca debe ser ni aburrida ni caduca cualquier apuesta que se haga y se construya con los elementos esenciales con los que una actividad de este cariz se reafirma.

El ser humano es más libre si es capaz de sentir lo que, de manera tan singular, supone la creación. Lo que los artistas y escritores construyen para todos es un incentivo que germina en el espíritu y en la verdad de los pueblos. Los poderes públicos —y esto lo tuve siempre muy claro— deben poner en las manos de los agentes y actores culturales los medios para que se efectúen las actividades, las muestras, los actos y los encuentros que se diseñan en el entramado social de la ciudad, como dinamismo vital y como valor educativo de primer orden, como entretenimiento y como un singular aprendizaje.

Siempre tendré mi corazón puesto en aquella intensa vida de aquel tiempo de mi alcaldía, en su complejo sistema de relaciones, su dinámica y sus preocupaciones cívicas y cotidianas.

Fue para mí la ocasión de poder abrazar y sentir muy próximas a personas, ideas, colaboraciones y grandes dotes creativas. De ello pude aprender que la vida se construye con los ojos abiertos y con la serenidad y la grandeza que lo auténtico nos regala. Pude reconocerme en los principios solidarios que la palabra, la imagen, la luz y la belleza imprimen en los seres humanos y cómo nos enseñan a ser más libres.

Hay que mirar, leer, entender y sentir Ávila desde la visión que nos regalan los artistas, los escultores, los pintores, los poetas, los músicos y las gentes del teatro. Ellos son la fuerza germinativa, la intuición del vivir, y con ellos se engrandece la perspectiva del corazón y de la mirada que precisamos para ser más felices.

RAFAEL MONEO: EL GRANDE DE LA ARQUITECTURA EN EL [MERCADO] GRANDE DE ÁVILA

Toca referirse a Rafael Moneo, a la remodelación de la plaza de Santa Teresa (nuestro Mercado Grande), al aparcamiento, en fin, a lo público y a lo privado.

La remodelación de la plaza de Santa Teresa era el proyecto estrella de mi mandato. La inauguración de esta obra tuvo lugar el martes 30 de julio del año 2002. Antes de este momento ocurrieron acontecimientos históricos que conviene recordar. El arquitecto del proyecto y director de las obras fue Rafael Moneo Vallés.

Moneo nació en Tudela (Navarra) el 9 de mayo de 1937. Galardonado con el Premio Pritzker (el Nobel de la arquitectura) y con el Premio Anual al Talento Arquitectónico al Servicio de la Humanidad, por citar solo algunos de sus premios, es de dominio común que su currículo impresiona.

Entre sus muchas, importantes, y muy meritorias obras, podemos destacar la catedral de Nuestra Señora de los Ángeles, en California. El Centro Kursaal Elkargunea, en San Sebastián. La Torre Puig, en Barcelona. La estación de Atocha. El Museo de Arte y Arquitectura de Estocolmo, que tuve la oportunidad de visitar y admirar. Los laboratorios de la Universidad de Columbia. Los Zocos de Beirut. El Ayuntamiento de Murcia. La ampliación del Museo del Prado y la remodelación de la plaza de Santa Teresa en Ávila.

Un aparcamiento en el centro de la ciudad era una reivindicación histórica y necesaria muchas veces demandada por los abulenses, pero ¿dónde? El Grande, la muralla, San Pedro, San Vicente, son patrimonio intocable en nuestra ciudad, son patrimonio que pertenece a los abulenses y a la humanidad.

Mi programa de gobierno decía: «Construiremos dos grandes aparcamientos, en el Mercado Grande y en el Talud de San Vicente».

Ángel Acebes, como exalcalde de Ávila, ya había puesto en marcha la idea cambiando impresiones con Moneo, que hizo comentarios certeros sobre el asunto.

Según la memoria —que no proyecto— que escribe Moneo, «la ciudad cambia mucho más de lo que nos parece. Incluso aquellos ámbitos y lugares que tenemos como arquetípicos y absolutamente estables no lo son. El caso del Mercado Grande, la puerta de entrada a la ciudad, no es una excepción. Al preparar la información que permitiera explicar el Proyecto, con lo primero que uno se encuentra es con una plaza del Mercado Grande cambiante a lo largo de los años». Presenta Moneo el plano de Ávila de 1864, de Francisco Coello, y escribe: «Este plano muestra el modo en el que las ciudades amuralladas han transformado el acceso a la puerta de la muralla en plaza».

En el siglo xix fue plaza de mercado y de ahí su nombre, Mercado Grande. «En 1860 las fotografías que conocemos nos muestran edificios adosados a la muralla y la superficie pavimentada sugiere que la plaza tiene que buscar la puerta de entrada. [...] Además se percibe la condición de plano inclinado que la plaza tiene hacia el Valle Amblés», y añade Moneo que «las casas sobre soportales, tan habituales en los pueblos castellanos, permiten el uso de la plaza como mercado en tanto que lo dotan de protección en caso de lluvia».

Refiere Rafael Moneo varias propuestas de reforma de la plaza que no detallo por no resultar prolijo, pero que enumero, con algunos de los apuntes que escribe, por su importancia histórica:

- La [propuesta de reforma] de Cossin, del año 1865. La Palomilla (el monumento a santa Teresa) todavía no existía.
- El plano de Ávila de Benito Chías y Carbó, de 1931, que mantiene el esquema Cossin. Se ve una zona ajardinada que ocupa el espacio central de la plaza con el monumento a santa Teresa. En 1920 se han llevado a cabo obras de restauración de la muralla, «la torre barbacana se ha completado y mejorado el flanco sur sin soportales y acacias de bola, y destaca la importancia de arbolado en el nártex [el nártex o pórtico del atrio en las basílicas románicas es el espacio situado entre el atrio y los pies del templo] de San Pedro».
- La reforma de Clemente Oria, de 1950. Se mantienen las alineaciones de Cossin de 1865 y la Palomilla, que mantiene la situación de 1913. «Se nivela la zona ajardinada central, con un nivel importante en el flanco sur. Se mantiene la circulación alrededor de la plataforma horizontal y se pierden todos los árboles que llenaban el vacío central».
- La reforma de los años 50. «Desaparece el quiosco y las acacias de bola y se mantiene el movimiento circulatorio planeado por Cossin. Se le da más importancia al flanco norte que al sur. La reforma de la pavimentación hace posible la circulación y aparcamiento de los coches en torno a la plaza». Año 1951: «Las casas en el flanco sur se han mantenido, pero, sin embargo, la Caja de Ahorros ha construido un nuevo edificio provocando un encuentro de arquitecturas diversas que puede leerse como resultado de la evolución de la ciudad. [...] La

plaza no pierde su condición de espacio público, al tiempo que intenta resolver el problema que plantea el tráfico rodado». La relación del espacio público de San Pedro con su nártex empeora, a juicio de Moneo, y añade que «es importante reconocer la bipolaridad que siempre ha existido en la plaza entre la iglesia de San Pedro y la muralla». A Rafael Moneo no le gusta la pérdida de masa arbolada de la plaza con ocasión de la reforma de Clemente Oria y dice que «la plaza hay que verla como conjunto urbano en el que los protagonistas, San Pedro y la muralla, se hacen ver con fuerza en el marco de una arquitectura modesta y como tal, entrañable».

- Reforma de José Ignacio Paradinas. Se convocó un concurso que ganó Paradinas. Se planteaba la transformación de la isleta central en un aparcamiento. El proyecto de Oria de los años 50 lo modifica Paradinas radicalmente, se crea una plazuela frente a la iglesia de la Magdalena y los coches, a juicio de Moneo, adquieren una prioridad excesiva, hasta el punto de que la Palomilla ha sido desplazada al lado de la muralla, donde ahora está la estatua de la santa, [obra] de Vasallo.
- Año 1981. «Los coches ya no pueden girar alrededor y se les obliga a realizar un recorrido buscando el este. La Palomilla vuelve a su sitio y San Pedro queda en mala relación entre la definición geométrica de su nártex y sus muros».
- En el mes de septiembre del año 1993, un estudio de la Caja de Ahorros presenta una propuesta para construir los solares que posee en la plaza. Se trata del edificio construido en los años 40 y las dos casas próximas a San Pedro. Pero había que resolver la diferencia de nivel entre el flanco norte y el flanco sur. Moneo nos ilustra diciendo que esta es la primera propuesta que hace y que es más un diagnóstico que un proyecto. «Había que volver a relacionar San Pedro y la muralla, y la Palomilla que se quede donde está».

Ángel Acebes, exalcalde, le había indicado a Rafael Moneo la necesidad de proyectar un aparcamiento.

Moneo intentó resolver esa petición. Se trataba de evitar el tráfico por la plaza, hacer un paso inferior y mantener el arbolado. Pero había que tener en cuenta los edificios de las familias Luengo y del

Barrio. Moneo quería que el edificio más próximo a la muralla tuviese un uso semipúblico —un hotel— y el *parking* bajo la plaza. Esta idea, que hubiese sido un gran acierto para favorecer el turismo, no pudo ser.

Años después, Rafael Moneo me visita en el Senado. Comimos Jesús Terciado —que organizó el encuentro—, Moneo y yo, que en un par de meses iba a ser el alcalde de Ávila si los abulenses me daban su confianza.

Moneo me dice: «Yo quiero hacer la obra del Mercado Grande». «Y yo quiero que usted haga la obra», le contesté. Así empezó todo.

Una vez elegido alcalde, armamos todo el procedimiento, con escrupuloso respeto a la legalidad, tanto para adjudicar el proyecto como para la adjudicación de la obra pública.

Fernando Ortega y Carlos del Nogal adquirieron los solares sobre los que se construyó la parte privada y le encargaron el proyecto a Moneo, con lo que se facilitaba la ejecución integral de la nueva plaza del Mercado Grande.

El Ayuntamiento adjudicó y pagó la obra pública. El aparcamiento y la parte privada de la zona sur corrió a cargo de los citados empresarios, que arriesgaron antes de que llegara la crisis del ladrillo.

ACS ganó el concurso de adjudicación de las obras, y todo se hizo en un tiempo récord, subordinando al principio de legalidad todas las actuaciones urbanísticas y administrativas que tuvieron lugar.

En este aspecto, merece destacarse la profesionalidad y pericia administrativa del secretario del Ayuntamiento, Javier Sánchez, de Rosa San Segundo, teniente de alcalde de Urbanismo, y mi empeño y compromiso por cumplir mi programa electoral, resolviéndose de una vez la justa reivindicación y pretensión de los abulenses.

Se hizo, bajo mi mandato, la nueva plaza de Santa Teresa y el aparcamiento.

Tuve buena relación con Florentino Pérez, presidente de la empresa ACS y presidente también del Real Madrid.

Como se ha dicho, la obra del Mercado Grande se adjudicó a la empresa ACS. Me invitaba, de vez en cuando, al palco del Real Madrid. Un día apareció en el diario *Marca* una foto del palco en la que yo estaba sentado al lado de Florentino. Esa foto le debió parecer sospechosa al periodista deportivo José María García, pues indagó sobre ella. Llamó a Izquierda Unida (IU) de Ávila para saber si había algo raro que mereciese la pena ser investigado y comentado. García recibió la respuesta adecuada del líder de IU, mi amigo José María González.

Otro día, mi compañero de juventud Alfonso Azuara Burguete (que abofeteó indebidamente, por asunto que desconozco, en un partido del Oporto, a José María García) me dice: «Agustín, Florentino quiere comer contigo y con Acebes, pues sabe que es muy amigo tuyo». Consulto con Ángel y me dice que adelante. Alfonso Azuara organizó el encuentro —comida— en un discreto restaurante cerca del Senado (para acceder al mismo había que coger un ascensor). Florentino, listo y más, como tiene acreditado, quería una buena relación con Ángel Acebes. ¿Por qué? No lo sé, pero en el transcurso de la comida nos dijo que don Juan Carlos de Borbón le había dicho, en el palco del Real Madrid, que Aznar, que ya había anunciado su marcha, iba a proponer para sucederle a alguien de su perfil, y ese alguien, según Florentino y según el rey, podría ser Ángel Acebes...

No fue así, pero por lo que yo sé, Ángel estuvo muy cerca de hacer buena la presunción del rey de España.

Al final, como todo el mundo sabe, el sucesor de Aznar en la presidencia del partido fue Mariano Rajoy, a quien tanto debo, respeto y aprecio.

EL CARMELO Y LA SANTA MADRE. EL ESPÍRITU Y LA LUZ

Mi cariño y devoción al Carmelo, a sus comunidades de monjas y frailes, a la Santa Madre Teresa de Jesús, a sus hijas de San José de Ávila, a la madre Julia de la Madre de Dios, a los hermanos del Convento de La Santa, a las hermanas del Monasterio de La Encarnación y a la Universidad de la Mística, no son un secreto para los que me conocen bien.

Creo en el poder de la oración, aunque como confieso en mi ponencia «El Libro de la vida, lectura de un político», nunca he ensayado ninguno de los cuatro grados de oración que ella, santa Teresa, describe en el *Libro de la vida*, ni siquiera el primero, «tan provechoso para los que comienzan y para los que no tienen gustos por la oración».

Pero felizmente, desde hace mucho tiempo, no pasa un día de mi vida sin que la invoque o le pida tal o cual cosa. Además, «a los que no saben de letras como yo —dice ella— servirás de dar recreación a vuestras mercedes de ver tanta torpeza...», aunque para torpeza la de los padres carmelitas Javier Sancho y Rómulo Cuartas (desde ahora responsables conmigo de una audacia sin límites) por encargarme ellos —y aceptar yo— un reto de esta envergadura.

Lo que acabo de citar y lo que sigue está recogido en mi ponencia y en las Actas del I Congreso Internacional Teresiano (reunidas en un volumen de la editorial Monte Carmelo).

Mi participación en el citado congreso, que celebraba el 500 aniversario del nacimiento de santa Teresa de Jesús (1515- 2015), expresa claramente mi emoción al leer por primera vez el *Libro de la vida.* Lo leí, releí, estudié y me emocioné. Mi ponencia se componía —se compone— de ocho digresiones. En la cuarta, publico y comento tres cartas de Teresa de Jesús al rey Felipe II, cartas que me facilitó el P. Rómulo Cuartas y que dan idea de la inteligencia política de Teresa para conseguir el favor Real respecto a su reforma y apartar a los que la amenazaban y perseguían.

La primera carta está fechada en Ávila, el 11 de junio de 1573. La escribe en el Monasterio de la Encarnación, donde era la priora desde hacía dos años. Con una prosa hermosísima, la santa madre le dice a Felipe II:

> ... bien creo tiene V. M. entendido el ordinario cuidado que tengo de encomendar a V. M. a nuestro Señor en mis pobres oraciones. Y aunque en esto por ser yo tan miserable [...] junto con pedir por la Reina nuestra señora y el Príncipe a quien Dios dé muy larga vida. Y el día que Su Alteza fue jurado, se hizo particular oración. Esto se hará siempre así mientras más adelante fuese esta Orden, será para V. M. más ganancia, y por eso me he atrevido a pediros que V. M. nos favorezca en ciertas cosas...

La segunda carta está fechada en Sevilla, el 19 de julio de 1575. Se dan los primeros síntomas de oposición a su reforma. La santa está intranquila en Sevilla. En Italia se había celebrado el Capítulo General de Piacenza, desfavorable a su persona y a su obra. Prevé grandes dificultades y vuelve a recurrir al rey, proponiendo, como solución anticipada, la creación de una provincia aparte para los reformados. Es reciente el favor con el que el rey ha zanjado las dificultades de la fundación de Caravaca, en noviembre de 1575.

Dice, en la carta al rey: «Conozco claramente que si no hace Provincia aparte de descalzos y con brevedad, que se hace mucho daño, [...] como esto está en manos de V. M. harto nos haría caso si en estos principios se encargase un padre descalzo que se llama Graciano, [...] más considerando que oye a los pobres el Señor y que V. M. está en su lugar...». Aquí se pone de manifiesto la inequívoca inteligencia, la valentía y la sagacidad de Teresa para involucrar al rey Felipe II y obtener su amparo, recurriendo a halagos exagerados muy del gusto de la época y acrecentando la cristiana vanidad del gobernante.

La tercera carta que cito en mi ponencia está fechada el 18 de septiembre del año 1577 en Ávila. Escribe la carta al rey por un hecho doloroso para la santa madre. Se trata de la difusión de un libelo difamatorio contra el padre Gracián y las descalzas. Todo ha sido rapidísimo. A principios de mes se redacta el libelo, obra de Baltasar Nieto, superior que fue de Jerónimo Gracián en Pastrana, y lo firma un lego, Miguel de la Columna, compañero de viajes y visitas del propio Gracián. Se le acusa de atropellos y burdas inmoralidades en los Carmelos de Sevilla, Beas, Caravaca y Toledo.

El libelo es enviado al rey, al nuncio Sega y a diversos personajes de la Corte. La santa madre y sus amigos reaccionan rápidamente. Ella busca el camino más rápido y seguro para llegar al rey Felipe II. Tomás Gracián, secretario del rey, extiende una defensa de su hermano Jerónimo y la presenta al rey junto con la carta de la Madre Teresa.

A mediados del mes, antes del día 19, ya se ha retractado el pobre lego de lo dicho en el libelo; el otro difamador, Baltasar Nieto, escribe a Gracián pidiéndole reconciliación, aunque luego vendrían nuevas difamaciones.

Le escribe la santa madre al rey:

> A mi noticia ha venido un Memorial que han dado a V. M. contra el padre maestro Gracián que me espantó de los ardides del demonio y de estos padres calzados [los frailes del paño] y por amor de Dios suplico a V. M. no consienta que anden en tribunales testimonios tan infames, porque es de tal suerte el mundo que puede quedar alguna

> sospecha aunque más se pruebe lo contrario. Yo he lástima de lo que este siervo de Dios padece [Gracián] y con la rectitud y precepción que va en todo [...] me obliga a suplicar a V. M. le fortalezca o le mande quitar de estos peligros, pues es hijo de criados de V. M. Que verdaderamente me ha parecido un hombre enviado de Dios y de su bendita Madre, [...] le trajo a la Orden para ayuda mía porque ha más de 17 años que padecía a solas con estos padres del paño y ya no sabía cómo lo sufrir...

La calidad expositiva de esta carta que comento es extraordinaria, pero la inteligencia en el método para la presentación de la súplica, la rápida reacción ante el libelo, la reiterada invocación al amor de Dios, las reiteradas alusiones a sus detractores (los del paño), todo ello demuestra la excepcional astucia política de la santa madre ante un rey católico católico, vinculando yo el calificativo a su justo valor en aquel tiempo y en aquel reinado.

Mas mi vinculación y mi amor al Carmelo son muy anteriores a la ponencia en el Congreso.

Estas citas precedentes, las cartas, son solo un testimonio escrito de curiosidad histórica. Conocí, traté, trato, quise y quiero a la Comunidad de San José. Cariño a mi querida madre Julia de la Madre de Dios, enferma hoy, reflejo de la santa madre y madrina de mi nieta Ana Julia. Cariño también para la actual priora, sor María José de Jesús, a todas las hermanas y a todas mis capellanas.

Cada año, por sorteo, una hermana tiene el cometido de rezar por mí, que buena falta me hace. Considero un privilegio y me considero afortunado por tener la protección, la oración y la amistad de las monjas de San José.

Como alcalde las ayudé todo lo que pude. Imitan muy bien la caligrafía de santa Teresa y, con ocasión de haber hecho la acometida del agua en la huerta del convento, me escribieron una carta en castellano del siglo XVI con esa espléndida caligrafía.

Tuve muy buena relación con el padre Bosco, del convento de La Santa. Ya ha fallecido. Quiso, pero no le dejaron, vender al Ayuntamiento, para usos culturales, el magnífico solar baldío que hay frente al Museo Teresiano, al lado de la Audiencia Provincial.

Por iniciativa mía y con la unanimidad de los grupos del Ayuntamiento cedimos el terreno necesario para construir el Centro

Internacional Teresiano Sanjuanista, el CITeS, obra, trabajo y empeño indiscutible de los padres carmelitas Javier Sancho y Rómulo Cuartas.

Sabía Rómulo (un santo recientemente fallecido, muy querido por mí) y Javier sabe que el título «Universidad de la Mística» fue idea original mía, que ha sido adoptada y aceptada con toda justicia.

Antes de cerrar este capítulo de la alcaldía, quiero recordar, con cariño y afecto, a otro fraile, un dominico del Monasterio de Santo Tomás, el monasterio que alberga el sepulcro del hijo de los Reyes Católicos. Me refiero al padre Marcos, que ofició la primera comunión de mis nietos Ana Julia, Guillermo y María, en la ermita de Nuestra Señora del Espino, en el corazón de Gredos.

También guardo un recuerdo cariñoso y agradecido a los padres, también dominicos, Ajates y Laya. El padre Marcos, el padre Ajates y el padre Laya ya han fallecido.

Pero mis relaciones institucionales con las autoridades eclesiásticas de Ávila no siempre fueron pacíficas, aunque sí que fueron siempre respetuosas.

Con el obispo, arzobispo y cardenal Cañizares, sí. Quiero y respeto mucho a don Antonio Cañizares Llovera, fundador, impulsor y primer gran canciller de la Universidad Católica de Ávila. Este magnífico centro y la ciudad de Ávila deben mucho a don Antonio.

También tuve una muy buena relación de respeto y cariño con don Jesús García Burillo. Don Jesús fue también obispo de Ávila y cuando escribo estas páginas es administrador apostólico de la diócesis.

No ocurrió lo mismo con don Adolfo González Montes. A mi juicio, don Adolfo no entendió bien al pueblo de Ávila. Era y es un acreditado intelectual. Tuvimos el conflicto de la bandera de la corporación municipal en el presbiterio de la catedral. Tradicionalmente, el 15 de octubre, fiesta de santa Teresa, la bandera de la corporación municipal estaba presente en el presbiterio de la catedral durante la misa solemne. Don Adolfo negó esta posibilidad y la corporación permaneció en pie en señal de protesta durante la celebración de la misa.

Reaccionó don Adolfo con mano izquierda y tolerancia forzada, diciendo en la homilía: «Cuánto agradezco a las autoridades que permanezcan en pie para ceder su sitio a los que no lo tienen». Como digo, discrepancia es una cosa y falta de respeto otra.

Yo siempre respetaré a don Adolfo, aunque a mi juicio no entiende bien el pastoreo del Pueblo de Dios.

VISITA A LOS CAMPOS DE REFUGIADOS SAHARAUIS, TINDUF (ARGELIA). LA ARENA Y EL CIELO DEL DESIERTO

Fue este un viaje solidario. Salimos en vuelo chárter del aeropuerto de Villanubla (Valladolid) hasta Tinduf. Componíamos la delegación: Sebastián González (presidente de la Diputación), Monserrat Sánchez García (concejala de Servicios Sociales), Miguel Ángel García Nieto, Miguel Ángel Sánchez Caro, Tomás Blanco (concejal del PSOE), Isabel Casillas y Serafín de Tapia (de IU), y yo, como alcalde-presidente. A esta nuestra delegación se incorporó en Villanubla la delegación de Valladolid. Allí estaban mi amiga Arenales Serrano y mi también amiga Iratxe García, que era una joven diputada socialista y con la que luego coincidiría durante tres legislaturas en el Parlamento Europeo, donde fortalecimos una sólida y sincera amistad. Iratxe es hoy vicepresidenta de los socialdemócratas europeos y jefa del grupo socialista en el Parlamento Europeo. Le tengo sincero afecto y respeto, afecto y respeto que trasciende a las naturales discrepancias políticas.

Llegamos a Tinduf de noche. Sin caminos, atravesamos las dunas del desierto en varios vehículos todoterreno que los chóferes saharauis conducían con tres instrumentos: su pericia, el cielo y la brújula (entonces no existían los GPS). Nos alojaron, con gran hospitalidad, en casitas de barro. No tenían agua. Comían carne de camello y arroz (yo vi a camellos y cabras comiendo plásticos). Entonces tenían una enorme granja industrial de gallinas para la producción masiva de huevos que vendían a Argelia. Los servicios sanitarios los prestaban ONG vascas y de otras regiones de España, y también pudimos ver médicos cubanos.

A Sebastián, a Arenales, a Miguel Ángel y a mí nos alojaron en una casita de barro, bajo la tutela de la joven matriarca Nguia (su marido estaba ausente porque era combatiente). Nguia nos dio lo mejor que tenía, que era poco, y hasta nos facilitó, el último día, medio cubo de agua con un cacito en su interior para poder hacer la higiene íntima en una instalación de fortuna, cuatro paredes de barro.

Percibimos mucha alegría, mucha dignidad, mucha hospitalidad y mucho cariño hacia España.

En medio de la arena del desierto, los niños jugaban al fútbol con camisetas del Real Madrid y del Barcelona.

Visitamos las precarias escuelas, donde los niños aprendían árabe y español. Visitamos también a las autoridades saharauis.

El Ayuntamiento de Ávila les regaló un autobús de segunda mano, paneles solares para producir energía eléctrica y un cheque por valor de 500.000 pesetas, cheque que recorrió toda la península ibérica antes de llegar a su destino.

Conservo, con verdadero cariño, un bastoncito de plata con mi nombre grabado que me regaló el difunto presidente Abdel Aziz.

EL VIAJE A EGIPTO. LA GRANDEZA Y EL ENIGMA DE UNA GRAN CULTURA

Como alcalde de Ávila, fui miembro de la Comisión de Control de la Caja de Ahorros. La Caja organizó un viaje a Egipto para los miembros del Consejo de Administración, para los de la citada Comisión de Control y para sus directivos. Presidía la entidad mi amigo Jesús Terciado Serna y su director general era Antonio Martín. Yo viajé con Ana Mari y los demás con sus esposas o maridos.

Vía Lisboa llegamos a El Cairo. La organización del viaje fue impecable. Visitamos el espectacular Gran Museo Egipcio, las pirámides de Keops, Kefrén y Micerino y, después de una noche de hotel, embarcamos y recorrimos el tramo del Nilo hasta la presa de Asuán.

Visitamos también Lúxor, el templo de Karnak y la gran sala Hipóstila, el Valle de los Reyes, el templo funerario de Hatshepsut y los Colosos de Memnón.

En barcas de fortuna fuimos a la isla Elefantina, de noche, con avería de una de esas barcas y con histerismo, con histerismo porque la embarcación se averió y amenazaba con irse a pique y tuve que neutralizar el histerismo con cierta energía.

Desde Asuán volamos hasta Abu Simbel, donde realizamos la magnífica visita obligada, para después contemplar el lago Nasser.

Jesús Terciado, que estaba enfermo, tuvo una crisis y tuvimos que evacuarlo de Asuán a El Cairo y desde allí a Madrid.

Llamé al Ministerio de Asuntos Exteriores y nuestro embajador en Egipto se portó de una manera ejemplar, pues ayudó y despidió, a pie de avión, a Jesús y a Julieta, su esposa.

PREMIOS SANTOS Y CANTOS. EL JUICIO DE LA PRENSA

La Asociación de la Prensa de Ávila otorgaba, anualmente, los Premios Santos y Cantos, y el jurado decidió concederme el Premio Santos —que reconoce la colaboración con los medios de comunicación— el año 2002.

El periodista y poeta José Pulido glosó en romance «los notables acontecimientos [...] que llevaron a la postre a la concesión del premio, [analizando] los sentimientos que embargaban a su protagonista. Como en las tragedias griegas, hay un Héroe en permanente diálogo con el Coro, cuya voz representa al pueblo, en este caso los periodistas...».

Con todo su afecto, fechado en Ávila un 23 de noviembre del año 2002, y llevando por título *Romance a don Agustín Díaz de Mera, director general de la Policía y exalcalde de Ávila, Premio Santos 2002*, el poema es este:

Voces inquietas sonaron
Cerca de Mosén Rubí,
Rumores de buena tinta
Ya se empezaban a oír
Y en todas las redacciones
Comenzaban a escribir
Que el ministro Ángel Acebes
Se lleva a don Agustín.
Dicen que a la Policía
Otros la Guardia Civil,
Lo cierto es que deja Ávila
Y se nos marcha a Madrid.
¡Ay Agustín Díaz de Mera!
Que te vas a dirigir.
No quedará un delincuente
Que ya no te tema a ti,
La lucha antiterrorista
No te va a dejar dormir.
No podrás ya ser alcalde,
Ya no podrás repetir,
Candidato a la alcaldía
Irá en tu puesto Antolín.

Mil periodistas inquietos
Se han desplazado hasta aquí,
Pero él siempre tuvo claro
A quién quería transmitir
Las primeras impresiones
Del cargo que va a asumir.
Nos atendió con agrado,
No quiso el bulto escurrir,
Respondió a nuestras preguntas,
Mantuvo el tipo hasta el fin.
Los periodistas de Ávila
Dicen que siempre hizo así
Y que en todos estos años,
Mientras fue primer edil,
Mantuvo el mismo talante
Que ha llevado a decidir
A un jurado inapelable
El premio SANTOS rendir
A Agustín Díaz de Mera,
Y hacerle patente así
Que sabemos apreciar
A quien a cuerpo gentil
Atiende a nuestro trabajo
Del que intentamos vivir.

José Pulido, actualmente, es un amigo fraternal a quien admiro mucho y con el que comparto tertulia, vino y comida, los jueves en La Bodeguita de San Segundo. Muchas gracias, Pepe.

LA ASAMBLEA PARLAMENTARIA DEL CONSEJO DE EUROPA, NUESTRA PUERTA DE ENTRADA A LA UE

El Consejo de Europa (no confundir con el Consejo Europeo) es una organización intergubernamental fundada en 1949 por el Tratado de Londres y que tiene sede permanente y única en la ciudad de Estrasburgo. Componen el Consejo de Europa 46 Estados europeos, también Turquía, y también, en su día, Rusia (después me referiré a la expulsión de Rusia). Reino Unido, Francia, Italia, Bélgica, Luxemburgo, Holanda, Irlanda, Noruega, Suecia y Dinamarca (los países fundadores) crearon la organización el 5 de mayo del ya citado año 1949.

El Instrumento de Adhesión de España al Estatuto del Consejo de Europa, hecho en Londres el 5 de mayo de 1949, se publicó en el *BOE* número 51, de 1 de marzo de 1978, páginas 4840 a 4844:

JUAN CARLOS I
REY DE ESPAÑA

Cumplidos los requisitos exigidos por la Legislación Española y debidamente autorizado por las Cortes, extiendo el presente Instrumento de Adhesión de España al Estatuto del Consejo de Europa, hecho en Londres el cinco de mayo de mil novecientos cuarenta y nueve, al efecto de que mediante su depósito, y de conformidad con lo dispuesto en su artículo cuatro, España pase a ser parte del mismo.

En fe de lo cual firmo el presente, debidamente sellado y refrendado por el infrascrito Ministro de Asuntos Exteriores.

Dado en Madrid a veintidós de noviembre de mil novecientos setenta y siete,

JUAN CARLOS

El Ministro de Asuntos Exteriores,
MARCELINO OREJA AGUIRRE

Así, pues, España es miembro de pleno derecho del Consejo de Europa desde dos días después, desde el 24 de noviembre de 1977.

El Estatuto tiene 42 artículos y su finalidad está recogida en el artículo primero:

Artículo 1

a) La finalidad del Consejo de Europa consiste en realizar una unión más estrecha entre sus miembros para salvaguardar y promover los ideales y los principios que constituyen su patrimonio común y favorecer su progreso económico y social.
b) Esta finalidad se perseguirá a través de los órganos del Consejo, mediante el examen de los asuntos de interés común, la conclusión

de acuerdos y la adopción de una acción conjunta en los campos económicos, social, cultural, científico, jurídico y administrativo, así como la salvaguardia y la mayor efectividad de los DERECHOS HUMANOS y las LIBERTADES FUNDAMENTALES.

c) La participación de los Miembros en los trabajos del Consejo de Europa no debe alterar su contribución a la obra de las Naciones Unidas y de las restantes organizaciones o uniones internacionales de las que formen parte.

d) Los asuntos relativos a la defensa nacional no son de la competencia del Consejo de Europa.

España tiene derecho a doce titulares y doce suplentes en la Asamblea Parlamentaria. Los nombra el Congreso y el Senado.

Yo fui designado titular de la Asamblea en la IV Legislatura a propuesta de mi portavoz, José Miguel Ortí Bordás.

En la VI Legislatura volvería a ser designado para ocupar un escaño en la Asamblea Parlamentaria de Estrasburgo.

Los designados por las Cortes también éramos miembros de la Asamblea de la Unión Europea Occidental (UEO), que tenía su sede en el hemiciclo del Consejo Económico y Social francés, situado en la Avenue du President Wilson de París, cerca del puente del Alma, donde falleció en trágico accidente Lady Di. Más adelante comentaré más sobre la Unión Europea Occidental.

Gabino Puche era el presidente de la Delegación española en Estrasburgo, y yo el presidente de la Delegación española ante la Unión Europea Occidental en París.

En Estrasburgo compartíamos el viejo e histórico hemiciclo del Palacio de Europa con el Parlamento Europeo, sin coincidencia temporal en sus sesiones y antes de que el presidente Chirac inaugurase el actual edificio del órgano legislativo de la UE, que no pertenece a la institución y que se le alquila a la ciudad de Estrasburgo. Este asunto es polémico, pero también «cuestión de honor» para los franceses, que quieren mantener indefinidamente esta situación, cuestión incómoda y al mismo tiempo maravillosa.

Volviendo al Consejo de Europa y su Asamblea, eficaz y necesaria institución, un acreditado diputado y diplomático español, que siempre hablaba en el Pleno en defensa de la minoría Romaní, decía que la Asamblea Parlamentaria era la mejor «agencia de viajes del mundo», una frivolidad que escondía la realidad de la proyección de la Asamblea a todos los continentes.

Pertenecí a la Comisión de Refugiados, Migraciones y Demografía, Comisión de la que llegué a ser presidente. También pertenecí a la Subcomisión del Patrimonio Europeo, a la de Problemas Alimentarios Mundiales y a la Comisión Política.

En la Unión Europea Occidental, como he escrito, fui presidente de la Delegación Española, vicepresidente de la Asamblea Parlamentaria y miembro de la Comisión Aeroespacial.

Con estas dos instituciones (Consejo de Europa y UEO) viajé, con misiones específicas, desde zonas de conflicto a países tan diversos como Turquía, Rusia, Japón, Canadá o Estados Unidos. Visité campos de refugiados en Macedonia (Stankovic I y II). Miles y miles de albanokosovares huyendo en condiciones precarias y durísimas del carnicero Milosevic, el responsable de este horror humanitario.

Estábamos ante desplazamientos masivos de población: ancianos, mujeres y niños durmiendo bajo el cielo.

El Alto Comisionado de las Naciones Unidas para los Refugiados (UNHCR), desbordado. En el interior de Kosovo había más de 800.000 desplazados, según el informe del jefe supremo de las fuerzas de la OTAN, el general Wesley Clark.

Visité las piscinas de Tirana, convertidas en zonas de acogida y refugio, los campos de El Basan y Kukëx.

Mi viaje a Kukëx desde Tirana fue en un viejo helicóptero Chinook de dos hélices, de origen chino y en estado ruinoso. Tuvimos que aterrizar antes de llegar al destino para reparar una avería en uno de los rotores. El secretario de la misión me dijo: «Presidente, *quelle aventure*».

Me invitó a su casa el líder kosovar Ibrahim Rugova, siempre con su bufanda. Me regaló, y conservo, una cajita con minerales del subsuelo kosovar.

En coincidencia temporal con lo que acabo de relatar, siendo yo alcalde de Ávila, acogí en mi querida ciudad a muchos refugiados kosovares (recuerdo particularmente a uno, dentista de profesión, al que le procure trabajo como jardinero del Ayuntamiento).

Me hicieron una fiesta por Navidad. Nunca los olvidaré. A los partidos de fútbol del Real Ávila acudían con pancartas del UCK. La mayoría eran partidarios de Hashim Thaçi.

Años después, en Bruselas, una joven kosovar me reconoció. Recordó y agradeció lo que relato y nos emocionamos los dos.

En mi última legislatura en el Parlamento Europeo tuve que votar contra la independencia de Kosovo, por razones obvias de política nacional.

Visité a autoridades civiles y eclesiásticas ortodoxas en Kosovo y en Belgrado. Fueron encuentros respetuosos, pero sin grandes resultados. Nosotros queríamos paz y amparo para los refugiados.

Antes, en Tirana, en el ámbito de una Misión de Observación Electoral para la presidencia de Albania (en contienda Fatos Nano —izquierda— y Sali Berisha —derecha—), coincidí con el exetarra y senador por el PSOE Mario Onaindía. Cenamos los dos solos en el Rogner Hotel Tirana, donde estábamos alojados. Hablamos de todo. Era un hombre muy culto y sabía mucho de cine. Me contó cómo en sus años de *polimili* eludió a la policía escondiéndose bajo un fogón. Cuando le pregunté por su «conversión», me dijo que el responsable, quizás sin saberlo, había sido Felipe González, a quien admiraba mucho.

También conocí y aprecio mucho a dos albaneses. Uno es un gran médico, hoy en la clínica San Francisco de Madrid, el doctor Kita Salabanda. Kita y yo forjamos nuestra amistad en su tierra y en la mía. El otro es un político socialista, Namik Dokle, un político y periodista que tras la caída del comunismo en Albania llegó a ser presidente del Parlamento y vice primer ministro. Novelista y dramaturgo, ha traducido al español a Pablo Neruda, a García Márquez y a Almudena Grandes. Su última novela, que recomiendo, *Las hijas de la niebla*, forma parte de una trilogía y ha sido traducida a nuestra lengua. La novela en cuestión nos muestra la tragedia de los aldeanos de la región de Gora (sitúa la acción en una aldea paupérrima llamada Bukojna) bajo la cruel dictadura comunista de Enver Hoxha, utilizando como instrumento represor sin límites al Partido del Trabajo y sus terminales criminales.

Namik Dokle, mi amigo, trajo a Ávila al presidente de Albania y esposa, Rexhep Meidani y Lidra Meidani. Fue una visita oficial. En el Ayuntamiento, el presidente Meidani y su séquito fueron recibidos con todos los honores.

Paseamos por el casco histórico (paseo que fue portada, magnífica portada, de *Diario de Ávila*) y después, con mi esposa Ana Mari y los miembros de la corporación, cenamos en el Palacio de los Velada.

La amistad entre Namik y yo es inquebrantable. Éramos vecinos de escaño en la Asamblea Parlamentaria del Consejo de Europa. Ahora quiere volver a Ávila, ciudad que le encanta, para asistir a la presentación de mi libro.

La primera vez que estuve en Albania, antes de la guerra de Milosevic, se podía comprar una casa modesta, sin agua corriente, por 17.000 pesetas, y los huevos se vendían de uno en uno por la calle. Pobre y querido país, a una hora de Roma y tan lejos de la Unión Europea.

Había una diputada luxemburguesa llamada Marcele que mostraba solidaria y práctica devoción por Albania.

Visité Kosovo, Macedonia, Croacia, Serbia y Bosnia. En concreto, las ciudades de Pale, Sarajevo, Pristina, Skopie y Podgorica, la capital de Montenegro. En Belgrado estuve contemplando y fotografiando la Embajada de China, bombardeada por error, creo, por las fuerzas de la OTAN.

Viajé a Japón con el que fuera presidente de la Xunta de Galicia, el socialista y profesor universitario Fernando González Laxe.

Juntos visitamos, a las cuatro de la madrugada, la lonja de Tokio, el mercado de productos del mar más importante del mundo, hoy cerrado. Fernando había sido director general de Pesca con Felipe González.

También con González Laxe viajé a Canadá. Después de las jornadas de trabajo en London y en Toronto, alquilamos un coche y fuimos a contemplar el magnífico espectáculo natural de las Cataratas del Niágara vistas desde el lado canadiense, teniendo a tiro de piedra la frontera y la bandera de los Estados Unidos.

Era invierno, y la autopista y las riberas del Niágara estaban heladas. Entre Toronto y Niagara Falls hay 130 km.

Me refiero, a continuación, a la expulsión de Rusia del Consejo de Europa. Boris Yeltsin metió a Rusia en el Consejo de Europa en 1996, pero Rusia siempre fue un verso suelto en esta institución europea, contraviniendo reiteradas veces normas y valores (Beslán, Navalni, Yashin, Politkovskaya, Brines, Crimea...).

El 15 de marzo de 2022, la Asamblea Parlamentaria emitió una Opinión, la número 30, y dijo: «Rusia, fuera». El Comité de Ministros del Consejo de Europa en Resolución de 16 de marzo de 2022, y en virtud del procedimiento del artículo 8 del Estatuto, acordó su expulsión con efecto inmediato.

Coincidí con los rusos en la Asamblea Parlamentaria del Consejo de Europa durante mi IV y mi VI Legislatura del Parlamento español, cuando los rusos eran miembros de pleno derecho del Consejo de Europa.

Viajé a Rusia presidiendo la Comisión de Refugiados, Migraciones y Demografía. Me acompañaba Tadeusz Ybinski, un diputado polaco, socialista, que habla ocho idiomas y muy bien el español.

A Tadeusz, que siempre estaba viajando y del que se hacen chistes en Polonia, me lo encontré en el año 2004 en Madrid, en la Almudena, en el funeral de Estado por las víctimas del 11 de marzo. Alguien me tocó por la espalda. Era Ybinski que me daba el pésame. Así es él. Tadeusz habla ruso, y por esa razón me quitaba protagonismo en los contactos oficiales, aunque era yo el presidente de la Comisión y de la Delegación. Los rusos preferían hablar con quien se expresaba en su propia lengua.

Me enfadé con Tadeusz. Rectificó, pero poco. Él era un ruso más y yo un europeo. Visitamos con un diputado de la Duma, que llevaba pistola en el cinturón y que hablaba español por sus experiencias pasadas en Cuba, un campo de refugiados en la frontera con Ingusetia. Llevábamos unas medidas de seguridad extremas. Íbamos en tres helicópteros (el oficial y dos de escolta), los tres artillados. Volábamos a pocos metros del suelo.

El campo de refugiados lo componían tiendas muy grandes con una estufa en el centro (eran parecidas a las que usan los nómadas mongoles) y unos vagones de tren en unas vías muertas. Todos los refugiados eran rusos o prorrusos.

Estábamos ante el conflicto de la segunda guerra de Chechenia (1999-2004) —el Cáucaso Norte estaba hirviendo otra vez—, además de las propias insurrecciones islamistas de Ingusetia contra Rusia.

La frontera con estos países hacía que los campos que visitábamos tuviesen un peligro potencialmente alto para la Delegación. Pudimos hablar con los refugiados que seleccionaron y eligieron los rusos. La misión se desarrolló sin incidentes.

Con la Asamblea Parlamentaria del Consejo de Europa, con delegaciones de trabajo, viajé a Rovaniemi y a Oulu, en Finlandia.

Rovaniemi limita con el círculo polar ártico. Como capital de Laponia, fue casi completamente destruida en la Segunda Guerra Mundial.

Oulu es la capital de Ostrobotnia del Norte. Tiene más de 200.000 habitantes, además de una magnífica universidad que visité y aprecié.

También visité Praga, Budapest y Palermo. A estas tres ciudades fui con Ana Mari. Me gustaba llevarla conmigo porque por entonces el *ductal infiltrante* estaba muy presente en nuestras vidas.

En Praga estuve con la diputada Estepova, mi colega socialista y jefa de la Delegación checa. Estepova también estuvo conmigo en Ávila, con la Subcomisión del Patrimonio Europeo que yo presidía. Le encantó nuestro lugar de trabajo, que fue la Iglesia Auditorio del Monasterio de Santa Ana, sede de la Delegación Territorial de la Junta de Castilla y León. La señora Estepova, que venía del frío, se paseó a las once de la noche por la calle Reyes Católicos en pleno mes de diciembre ¡en manga corta!

En Praga, Ana Mari compró varias figuritas del Niño Jesús de Praga y dos lámparas de Bohemia que trajimos en el vuelo de regreso a Madrid, después de diplomáticas gestiones por mi parte para su correcto transporte.

A Budapest fui varias veces, dos con Ana Mari. Nos alojamos en el hotel Atrium, al lado del Danubio. El diputado socialista español Miguel Ángel Martínez, que presidía la Asamblea Parlamentaria, organizó una cena en un barco navegando a lo largo del Danubio, lo que nos permitió contemplar la belleza de sus riberas, la belleza de Buda y de Pest, la magnificencia del Parlamento húngaro y de una maravillosa ciudad partida en dos por el puente de las Cadenas.

El motivo de nuestra visita a Palermo y a Agrigento eran los refugiados y desplazados por la guerra de los Balcanes.

Visitamos varios centros de acogida en Sicilia y la Asamblea Regional me distinguió con su metopa, metopa que conservo con mucho aprecio y cariño. Fue una visita plagada de entrevistas en medios de comunicación social.

En Agrigento, el espectáculo nocturno de los templos clásicos y el Viva Sant Caló completaron una jornada muy positiva.

Con la Comisión Política viajé a México City. Fue el 2 de enero del año 2002. El euro llevaba días circulando oficialmente en Europa y los niños que vendían recuerdos y baratijas en las pirámides de Teotihuacán ya querían y exigían el pago por sus productos en nuestra nueva divisa.

He visitado desde entonces y en distintas épocas Teotihuacán. La primera vez me calé hasta los huesos y casi tuve un grave accidente al resbalar descendiendo de la Pirámide de la Luna.

Los aztecas descubrieron la ciudad de Teotihuacán a finales del siglo XIII o principios del siglo XIV.

Visitando el Congreso y el Senado de los Estados Unidos Mexicanos, después de las jornadas de trabajo con las diferentes comisiones, conocí a un joven músico (un violonchelista) gracias a la insistencia de su abuelo por presentarme su currículo. Su nombre es Ariel. Contraté a Ariel para que actuase en Ávila y actuó en Ávila con notable éxito en el patio del Palacio de Polentinos. Actualmente, Ariel dirige la orquesta de Galicia.

El Senado de España y el Consejo de Europa me permitieron también visitar Ankara y Estambul. En Estambul me impresionó la majestuosa Mezquita Azul (también llamada allí Sultanahmed Camii), la Mezquita de Santa Sofía y el Gran Bazar. En la Gran Asamblea Turca debatimos sobre la cuestión kurda y mantuvimos una reunión con generales de las fuerzas armadas y del Consejo Nacional de Seguridad.

Abdullah Öcalan, el líder del Partido de los Trabajadores de Kurdistán (PKK), estaba condenado a cadena perpetua en la isla-prisión de Imrali, en el mar de Mármara.

Como se sabe, la cuestión kurda es muy compleja en Turquía; hay kurdos en la Gran Asamblea, hay kurdos —mayoría de la población— en Diyarbakir y en cinco países de la región.

Los kurdos son más del 20 % de la población en Turquía. Conviene recordar que los combatientes kurdos, los Peshmerga, fueron fuerza de choque y aliados de los Estados Unidos contra el Estado Islámico.

El Parlamento Europeo los recibió con un aplauso intenso y con el hemiciclo de Estrasburgo puesto en pie.

Peshmerga en lengua kurda significa «los que se enfrentan a la muerte». He visto a mujeres combatientes Peshmerga en plano de plena igualdad con los combatientes varones.

En Ankara cené con el embajador y visité el Mausoleo de Kemal Atatürk, que fue el primer presidente de la República de Turquía. Atatürk, general del ejército, personaje controvertido, fue, sin duda, el referente político turco más importante.

Viajé a Antalya, en la llamada costa turquesa. Playas y hoteles y reuniones de poca monta. Los turcos querían enseñarnos su infraestructura turística. Allí, con Jacques Baumel, un personaje especial en el mundo de la política francesa contemporánea, tuve multitud de debates y conversaciones que me enriquecieron mucho.

Baumel (Marsella, 6 de marzo de 1918-Rueil-Malmaison, 17 de febrero de 2006), que fue alcalde de la ciudad en la que murió, Rueil-Malmaison, desde 1971 hasta 2004, había sido miembro de la Resistencia francesa. Cuando yo le conocí, pertenecía a la Agrupación por la República (RPR). Antes había estado en la Unión de Demócratas por la República. Fue presidente del Consejo General Des Hauts-de-Seine, secretario de Estado, oficial de la Legión de Honor, Cruz de Guerra y Medalla de la Resistencia. En fin, como parlamentario estuvo cincuenta años en la Asamblea de la República y en el Senado de Francia. Yo le conocí en Estrasburgo, en las sesiones de nuestra Asamblea Parlamentaria. Era mucho mayor que yo, pero congeniamos muy bien. Hablaba de cualquier tema con conocimiento y autoridad.

Cuando supo que, además de senador, yo era alcalde de Ávila, se acercó mucho más a mí. Él, como he escrito, también era alcalde, el alcalde de Rueil-Malmaison, una ciudad muy cercana a Suresnes, la ciudad emblemática para el socialismo español.

Jacques Baumel me propuso un hermanamiento entre las ciudades de Ávila y Rueil-Malmaison. La ciudad francesa ya tenía en su haber muchos hermanamientos, pero le apasionaba Ávila, Santa Teresa, las murallas, San Pedro... No paró hasta conseguirlo. Y lo digo así ya que mi resistencia a la idea era porque Baumel no quería grandes actos ni protocolos y yo sí.

Pocos saben (Javier Sánchez y la corporación que presidí, sí) que un día se presentó Baumel en Barajas, me pidió un coche, se lo envié, llegó a mi despacho del Mercado Chico y me dijo: «Agustín, que vengo a hermanarme con Ávila, pero... ¿cómo?». Resumo. Improvisamos en mi despacho, pero formalizamos el hermanamiento que se hizo. Le invité a cenar y al día siguiente, después de una visita nocturna a la ciudad, se volvió a París.

Meses después, viajé a Rueil-Malmaison y en su Ayuntamiento, también sin excesivo protocolo, formalizamos el recíproco hermanamiento entre las dos ciudades. Baumel estaba de vuelta de la política y de la vida, pero quería el hermanamiento con Ávila y lo consiguió.

Viajé a Bakú, en Azerbaiyán. La primera vez, a las elecciones presidenciales y como observador internacional. El candidato era Heydar Aliyev, el padre del actual presidente, Ilham Aliyev. Las elecciones no soportaban los estándares democráticos europeos.

En una mesa que yo observé, al abrir las urnas, varias papeletas de votación aparecían juntas y dobladas entre sí, lo que indicaba que el voto no había sido personal. Interrogué al presidente de la mesa y me dio una respuesta sorprendente: «Aquí se permite la poligamia y [los miembros de] las familias votan juntos». Me pareció una respuesta excepcional y absurda, pero lo anoté como flagrante irregularidad en mi informe. Los Aliyev siguen gobernando en Azerbaiyán.

Con la Comisión de Asuntos Sociales y la Carta Social Europea viajé también a Limerick (Irlanda), donde, en mi hotel, tuve a un policía irlandés sentado en la puerta de mi habitación toda la noche.

También viajé dos veces a Kiev, a la querida Ucrania, tan duramente golpeada hoy por el dictador ruso. A Bergen, en Noruega, extraordinario país que no está en la Unión Europea pero sí en la OTAN. A Estocolmo, donde, como dije, visité el Museo de Arte y Arquitectura, obra de Moneo. A Lisboa, también con Ana Mari, y a Turín, con la Carta Social Europea.

Cuando dejé la Asamblea Parlamentaria del Consejo de Europa recibí un título que dice en inglés y francés: «Conseil de l'Europe a Agustín Díaz de Mera, en reconocimiento de los servicios rendidos a la causa europea, es nominado Asociado Honorario de la Asamblea Parlamentaria del Consejo de Europa y beneficiario de las prerrogativas, según la decisión del 13 de enero de 1988. El Presidente de la Asamblea Parlamentaria, Lluís de Puig». Lluís, diputado por Girona, falleció prematuramente.

Como dije anteriormente, voy a hacer una breve referencia a la Unión Europea Occidental (UEO), cuya Delegación española ante su Asamblea Parlamentaria yo presidí.

La Unión Europea Occidental (UEO) fue un intento de organización de defensa europea en la que estaban los Estados de la Unión Europea y los Estados europeos miembros de la OTAN. La UEO dejó de tener funciones y competencias en el año 2011. Fue creada por el Tratado de Bruselas de 1948 como una estructura de seguridad y defensa europea.

Los países fundadores fueron: Francia, Reino Unido, Bélgica, Países Bajos y Luxemburgo.

La UEO fue diluida por el segundo pilar de la Unión Europea y por el infinitamente mayor rol de la OTAN.

La Unión Europea Occidental anunció su disolución después de la entrada en vigor del Tratado de Lisboa.

Su estructura, como la del Consejo de Europa, estaba formada por el Consejo de Ministros, la Asamblea Parlamentaria y la Secretaría General, en la persona del alto representante para Asuntos Exteriores y de Seguridad de la Unión Europea.

Con la Comisión Aeroespacial de la Unión Europea Occidental viajé a Washington y a la base naval de Norfolk, Virginia, donde visitamos una fragata de última generación.

Después volamos a la costa oeste, al Pacífico, y en la ciudad de Seattle también visitamos las importantes fábricas de la Boeing, para seguidamente bajar hasta San Francisco y Los Ángeles, donde cursamos visita al Space and Missile Systems Center. Estas visitas constituyeron toda una experiencia para nosotros al contemplar los avances tecnológicos aeroespaciales más relevantes del mundo.

Toda una exhibición del poderío aeroespacial de los Estados Unidos en materia industrial de doble uso, civil y militar.

En Ávila, durante la constitución del Ayuntamiento, votando a la alcaldía.

Con Rafael Moneo en la inauguración de la obra de remodelación
de la plaza del Mercado Grande, El Grande, en Ávila.

Premio de las Letras Teresa de Ávila. Con el entonces presidente de la Junta de Castilla y León Juan Vicente Herrera y José Manuel Fernández Santiago.

Francisco Umbral durante el nombramiento como Hijo Adoptivo de Ávila del poeta José Hierro. (*Diario de Ávila*).

Junto al poeta José Hierro, en su nombramiento como Hijo Adoptivo de Ávila. (*Diario de Ávila*).

Junto a Fernando Arrabal, el día que se le entregó el Premio de las Letras Teresa de Ávila. (*Diario de Ávila*).

Junto al presidente Aznar con la cúpula policial del momento.

Mitin en Ávila con el entonces presidente de la Junta, Juan Vicente Herrera, Feliciano Blázquez, José Manuel Fernández Santiago y Antolín Sanz.

Jura como senador ante la expresidenta del Senado, Esperanza Aguirre.

En Ávila, en el Palacio de los Velada, junto al presidente
José María Aznar y Esteban González Pons.

Museo del Prado en Ávila (todavía sin concluir), con los entonces ministros Ángel Acebes y Eduardo Serra.

Con los cardenales Antonio María Rouco Varela y Manuel Monteiro de Castro, durante la concesión de la Cruz de la Orden de San Gregorio Magno.

En el Vaticano, con SS. Benedicto XVI y Hans-Gert Poettering.

Con mi hija Anita en el Mercado Medieval de Ávila.

TERCERA PARTE

La Dirección General de la Policía
Los días no tenían noches

1 5 2 1 4 *REAL DECRETO 796/2002, de 26 de julio, por el que se nombra Director General de la Policía a don Agustín Díaz de Mera y García Consuegra.*

A propuesta del Ministro del Interior y previa deliberación del Consejo de Ministros en su reunión del día 26 de julio de 2002, Vengo en nombrar Director General de la Policía, con rango de Subsecretario, a Don Agustín Díaz de Mera y García Consuegra.

Dado en Palma de Mallorca a 26 de julio de 2002.

JUAN CARLOS R.

El Ministro del Interior,
ÁNGEL ACEBES PANIAGUA

Título de DIRECTOR GENERAL DE LA POLICÍA expedido en favor del Ilmo. Sr. D. Agustín Díaz de Mera y García Consuegra.

D. Juan Carlos I Rey de España

Por cuanto por el Real Decreto 796/2002, de 26 de julio, atendiendo al mejor servicio de los intereses de la Nación, he tenido a bien nombrar a V. I. D. Agustín Díaz de Mera y García Consuegra

DIRECTOR GENERAL DE LA POLICÍA

Expido el presente Título, por el cual mando que se os preste el debido acatamiento en el desempeño de vuestras altas funciones, se os guarden todos los honores, preeminencias y prerrogativas que correspondan al cargo que ostentáis y se os satisfagan las retribuciones que legalmente estén señaladas para el mismo, todo el tiempo que los sirváis.

Dado en Madrid a 1 de agosto de 2002

Juan Carlos R.

D. Ángel Acebes Paniagua, Ministro del Interior

CERTIFICO: que en el día de hoy, el Ilmo. Sr. Don Agustín Díaz de Mera y García Consuegra, nombrado DIRECTOR GENERAL DE LA POLICÍA por Real Decreto 796/2002, de 26 de julio, ha tomado posesión de su cargo conforme a lo prevenido en la legislación vigente.

En Madrid, a 1 de agosto de 2002

La tarde del día 20 de julio, me llama el ministro del Interior, Ángel Acebes, y me dice: «Quiero proponerte al presidente Aznar como director general de la Policía. Dime mañana, como muy tarde, si aceptas o no». Sorpresa tremenda por mi parte. Yo estaba feliz en Ávila. La alcaldía me llenaba y me ilusionaba. El trabajo que estaba realizando con mi equipo de gobierno era muy satisfactorio.

Consulto, como siempre, con mi mujer Ana Mari, que quería mucho a Ángel Acebes, y me dice: «Difícil asunto, pero en política no puedes decir que no, y mucho menos a Ángel». Y añadió: «Háblalo con los hijos».

De mis cuatro hijos, dos son policías. Guillermo, el más joven, hoy inspector, me dice: «Acéptalo». El mayor, más reflexivo, hoy subinspector, me dice: «Piénsalo bien. Cuando ceses, nosotros seguiremos con nuestra vocación donde estemos. Pasaremos de ser los hijos del jefe, malo, a ser los hijos del exjefe, peor».

Tenía razón. Acepté y llamé al ministro. Al día siguiente, terremoto en Ávila.

El presidente Aznar dio el visto bueno a la propuesta de Ángel y yo solo pedí unos días más de permanencia en la alcaldía para poder inaugurar la gran propuesta de mi mandato: la plaza de Santa Teresa (el Mercado Grande) y el aparcamiento. La nueva obra se inauguró el día 30 de julio de 2002.

Diario de Ávila publicó en portada una foto maravillosa en la que aparecíamos Ángel Acebes, Rafael Moneo y yo, con la iglesia de San Pedro al fondo. Los titulares decían: «El nuevo Ministro del Interior, Ángel Acebes, y el futuro Director General de la Policía, Agustín Díaz de Mera, inauguraron la Plaza. El Grande se viste de largo». Y añadía que «el nuevo aspecto que presenta el [Mercado] Grande, para bien o para mal, no ha dejado indiferentes a los abulenses».

José Manuel Serrano Álvarez, el director del periódico, terminaba así su editorial: «Sin excedernos en los halagos y reconociendo que en toda obra humana existen fallos, hemos de admitir que Agustín Díaz de Mera ha sido uno de los más eficaces alcaldes de la ciudad de Ávila». ¡Muchas gracias, José Manuel!

El número 163 de la revista oficial de la Dirección General de la Policía me colocaba en su portada. En su página quinta se escribían detalles de mi currículum y así se indicaba:

> El nuevo Director General ha sido senador electo por Ávila en la IV y en la VI Legislatura y diputado en la V. Díaz de Mera acumula una dilatada trayectoria pública como presidente de la Comisión de Defensa del Senado, presidente de la Subcomisión del Patrimonio Europeo de la Asamblea Parlamentaria del Consejo de Europa y presidente de la Comisión de Migraciones, Refugiados y Demografía del Consejo de Europa. Natural de Daimiel (Ciudad Real) es licenciado en Historia, diplomado en Comunidades Europeas y profundo conocedor de la Defensa y de los Cuerpos de Seguridad del Estado. Díaz de Mera ha sido teniente de alcalde del Ayuntamiento de Ávila, ciudad de la que ha sido primer edil desde 1999 hasta el momento actual, que pasa a dirigir la Policía española.

El último domingo antes de tomar posesión, Juan Cotino, el anterior director general de la Policía, vino a verme a Ávila. Fuimos a misa a San Vicente, comimos en los Cuatro Postes y tomamos café en mi casa. Fue una visita de cortesía y de confidencias, confidencias sobre temas de seguridad y del personal que tendría a mis órdenes, confidencias que yo debía conocer y guardar. Sinceramente, agradecí mucho este gesto, que era necesario y que iba a completar y complementar los trámites de relevo legalmente establecidos.

De manera individual, antes de la toma de posesión, rogué a varios jefes policiales (recuerdo a Pedro Díaz Pintado, a Emilio Baos Arrabal, a Felipe Nieto y a José Soleto, entre otros) que me visitaran en Ávila para que me dieran opiniones e información que yo necesitaba antes de *aterrizar*.

Al acto de mi toma de posesión acudieron el vicepresidente del Gobierno, Javier Arenas, el ministro de Justicia, José María Michavila, el secretario de Estado, Ignacio Astarloa, Juan Cotino y muchos correligionarios y amigos abulenses.

Presidió el acto el ministro Acebes, que me dio la bienvenida institucional. Cuando el ministro finalizó su discurso, le dije: «¿Tengo que decir algo?». Me respondió, lacónico: «No». Empecé a comprender que estaba en el Ministerio del Interior y lo que ello significaba, es decir, hacer mucho y hablar poco.

Después, Juan Cotino nos llevó a Ana Mari y a mí a la casa oficial donde residiríamos, en el complejo del Ministerio del Interior.

Tuve un debut doloroso y trágico. El 4 de agosto, dos terroristas de ETA, Óscar Celaraín Ortiz, Peio, y Andoni Otegi Eraso, Iosu, colocaron un coche bomba con 100 kg de explosivos y metralla al lado del cuartel de la Guardia Civil de Santa Pola. Murieron don Cecilio Gallego Alaminos, que esperaba el autobús, y la niña Silvia Martínez Santiago, que jugaba en su casa dentro del cuartel.

Ahora, el juez García Castellón ha acordado citar como investigados a seis terroristas más por aquel atentado (Juan Antonio Olarra Guridi, Ainhoa Múgica Goñi, Félix Ignacio Esparza Luri, Mikel Albisu Iriarte, Ramón Sagarzazu Gaztelumendi y María Soledad Iparraguirre Guenechea).

Con el programa llamado Justicia Restaurativa, los asesinos Celaraín y Otegi gozan de beneficios penitenciarios (Celaraín está en la cárcel de Soria y Otegi en la de Logroño), veinte años después de sus horrendos crímenes y con condenas de 843 años de cárcel.

La madre de Silvia solo puede rezar por su hijita.

No podré olvidar, con tremendo dolor, la cajita blanca que acogía para siempre el cuerpecito de la niña asesinada. «¿Lo has visto?», me dijo Ángel, apenado. «Sí», le respondí.

LA ILEGALIZACIÓN DE BATASUNA

El Gobierno, por una parte, y el juez Baltasar Garzón, por otra, protagonizaron la ilegalización de Batasuna. Se daban todas las condiciones para que el Tribunal Supremo, en función de lo establecido en la Ley de Partidos, pudiese ilegalizar al partido de la ETA. El Gobierno remitió al fiscal general del Estado un exhaustivo informe con veintitrés argumentos. El vigésimo cuarto se refería a que Batasuna no condenó el atentado de Santa Pola, munición argumental para la demanda del Gobierno. Otegui, el Gordo, sin pudor ni vergüenza, el 5 de agosto, se atrevió a culpar a Aznar y amenazó con más acciones terroristas.

Arturo García Tizón, nuestro abogado del Estado, tuvo un papel muy importante en el informe al fiscal y en el proceso de ilegalización de Batasuna. Conservo en soporte papel el auto del juez Garzón (entonces titular del Juzgado Central de Instrucción Número 5), auto de fecha 26 de agosto de 2002, sumario 35/02Y. Garzón, con oportunismo, se subió a un tren que ya había puesto en marcha el Gobierno y notables instituciones del Estado. Se trataba de un auto de 375 páginas y que, como acabo de decir, conservo porque la resolución me concernía en su ejecución —en parte— en tanto que director general de la Policía, pues interesaba «requerir a la Unidad Central de Inteligencia de la Comisaría General de Información de la Policía Nacional y a la Policía Autonómica Vasca, la Ertzaintza».

El auto omitía a la Guardia Civil. Garzón ordenó el cierre de las sedes de Batasuna, suprimiendo sus actividades y cerrando también las *herriko tabernas*. Recibí su auto y con este la orden judicial de cerrar las sedes de Batasuna.

Mis asesores jurídicos y policiales me dijeron —con toda razón— que solo podríamos cerrar las sedes que estuviesen en territorio donde estaba desplegada la Policía Nacional. El cierre de las demás era tarea de la Guardia Civil y de la Ertzaintza.

Santiago López Valdivielso me consultó y le dije: «Tú en tu territorio y yo en el mío». Por desgracia, Santiago falleció prematuramente.

El jefe superior [de Policía] de Navarra, el comisario principal Alfonso Fernández Díez, cerró las sedes en Pamplona y no pasó nada. Los demás cuerpos hicieron lo mismo en sus respectivas jurisdicciones. Antes le habíamos dicho a Garzón que completase su auto, porque nosotros, la Policía Nacional, solo éramos competentes en el territorio en el que legalmente estábamos desplegados. El auto fue corregido en este aspecto.

Como he dicho ya, me estrené como director general de la Policía con el horrible atentado al cuartel de la Guardia Civil de Santa Pola. Fueron excelentes colaboradores míos Pedro Díaz Pintado, subdirector general Operativo, Gabriel Fuentes, subdirector general del Gabinete Técnico, Emilio Baos, comisario general de Extranjería y Documentación, José Losada, comisario general de Policía Judicial, Santiago Cuadro, comisario general de Seguridad Ciudadana, Carlos Corrales, comisario general de Policía Científica y Jesús de la Morena, comisario general de Información.

También guardo muy buen recuerdo de Felipe del Pozo, de Felipe Nieto y de Félix Simón.

Tuve la fortuna de tener excelentes profesionales como jefes superiores en todo el territorio nacional. Alfonso Fernández, en Navarra. Enrique Barón, en el País Vasco. Alejandro Valle, en Valencia. Antonio Bertomeu, en Andalucía occidental. Víctor Olmos, en Andalucía oriental. En Aragón, Miguel Rodríguez. En Asturias, Juan Carretero. En Baleares, Eduardo Pérez. En Canarias, Javier Ballesteros. En Cataluña, Miguel Ángel Fernández. En Castilla-La Mancha, Alejandro Espejo. Segundo Martínez, en Castilla y León. Antonio Moreno, en Galicia. En La Rioja, Manuel Álvarez. Juan Zurera, en Madrid. En Murcia, Juan Antonio González. En Extremadura, Eugenio Escribano Pascual.

Mención especial merecen, en el ámbito internacional, el comisario principal Jesús Espigares y el también comisario principal Mariano Simancas. Jesús Espigares fue presidente de Interpol en coincidencia temporal con el estadounidense —casado con una española— Ronald Noble, que era el secretario general. Bajo la dirección de ambos, en la ciudad de Benidorm celebramos la 72.ª Asamblea General de Interpol. Por su parte, Mariano Simancas fue subdirector de Europol y director en funciones en La Haya.

Florentino Villabona era el comisario de Málaga y más tarde sería el director adjunto operativo (DAO). Este gran profesional fue fundamental en el esclarecimiento del caso Tony Alexander King, el psicópata que asesinó a Rocío Wanninkhof y a Sonia Carabantes.

Con Pedro Díaz Pintado tuve una relación muy estrecha en ámbitos profesionales. Siempre se portó conmigo con una lealtad absoluta. Hoy mantengo con él una relación personal de amistad que nació y se forjó en tiempos duros y difíciles.

Con Gabriel Fuentes mantengo una relación de muy buena amistad, por su trabajo y por el de su equipo; ellos redactaban los apuntes al Gobierno para contestar iniciativas y preguntas parlamentarias que nos concernían.

Con Enrique García Castaño tuve una buena relación profesional y de amistad. Más tarde todo se torcería, porque la verdad no admite que se la mutile y menos aún interpretaciones y componendas falsas. Hoy sé que está muy enfermo y rezo por él. Le deseo salud y larga vida.

Mi jefe más directo y al que tanto quiero y admiro, sin demostrarlo, era Ignacio Astarloa Huarte-Mendicoa. No puedo decir mucho que no se sepa sobre él. Con un currículum impresionante, una cabeza sensata y muy bien equipada, con un criterio equilibrado y siempre certero en el análisis y en la toma de decisiones, mi secretario de Estado era un colaborador leal y eficaz para el ministro Acebes y una *red de seguridad* para mí y para todos los que trabajábamos a sus órdenes.

Con los sindicatos policiales mantuve también buenas relaciones. El Sindicato Unificado de Policía (SUP), que dirigía y lideraba José Manuel Sánchez Fornet, era el sindicato mayoritario, y tanto él como los demás líderes sindicales tuvieron abiertas las puertas de mi despacho para el diálogo, el acuerdo y la concertación. Sánchez Fornet y yo mantuvimos siempre una lealtad recíproca; los compromisos eran serios, rigurosos y fiables: «Palabra dada, palabra cumplida». Guardo muy buen recuerdo de él.

Los días para mí no tenían noches, como era, es y será para todos los directores generales de la Policía que me han precedido y sucedido.

El servicio a España desde lo público, si se ejerce con honestidad, es gratificante y meritorio, pero desde la Dirección General de la Policía es especial; sentir el peso y la responsabilidad de la seguridad del Estado y de los ciudadanos es un gran honor y una carga extraordinaria.

Yo declaro, sin complejos ni titubeos, mi amor al Cuerpo Nacional de Policía, a esas mujeres y a esos hombres de azul que ponen en juego lo más sagrado que tienen para protegernos y proteger nuestras instituciones democráticas. Por eso siempre proclamé y procuré la profesionalidad del Cuerpo, que mi Gobierno siempre mantuvo, rechazando cualquier atisbo de politización.

Como he escrito antes en otro apartado, dos de mis cuatro hijos visten y viven de azul y estoy orgulloso de ellos.

Buenos momentos. Malos momentos. Entre los primeros, cito el esclarecimiento, después de diez años de investigaciones, de los crímenes de Valdepeñas (Gustavo Romero estranguló a la joven Rosana Maroto y arrojó el cadáver a un pozo, ocultándolo de tal manera que la joven pasó a ser una desaparecida más en España. Cinco años antes, Gustavo Romero había asesinado a una pareja de novios valdepeñeros sin que se hubiese logrado detener al autor). O la detención en Puertollano de Alfredo Galán Sotillo, conocido como el «asesino de la baraja», que arrastraba seis asesinatos.

Entre los peores momentos está el dolor que me produjo el asesinato de Bonifacio Martín Hernández y de Julián Embid Luna, los funcionarios del Cuerpo Nacional de Policía que pertenecían a un grupo móvil de expedición del DNI que fueron asesinados en Sangüesa por una bomba lapa que los asesinos de ETA colocaron bajo su coche. La familia de Bonifacio me era conocida y cercana. Estuve con Ana Mari en el funeral y entierro de Bonifacio en el pueblecito de la sierra de Ávila del que era natural, Sanchorreja.

En resumen, fueron muchos los buenos momentos derivados de exitosas operaciones policiales: esclarecimientos de crímenes, operaciones antinarco, recuperación de valiosas obras de arte (como las que fueron robadas a Esther Koplowitz), operaciones contra la banda terrorista ETA...

Pero como he escrito más arriba, también hubo malos momentos, peores momentos.

LOS GEO. EL VALOR Y LA ENTREGA

Menciono aquí a los GEO porque he conocido y admirado su altísima preparación, profesionalidad y patriotismo, su convivencia con el riesgo y el peligro extremos, su heroicidad acreditada, sus heridos y muertos en acto de servicio. Fui testigo de la muerte cruel de

Francisco Javier Torronteras Gadea que murió en Leganés, en la calle Martín Gaite, 40, 1.º 2, a consecuencia del suicidio con explosivos del grupo terrorista que estaba localizado y sitiado en este domicilio, después de los ataques del 11-M, a los que me referiré más adelante. Francisco Javier Torronteras Gadea estaba casado y tenía dos hijos.

En el 11-M, en ese horrible suceso, los GEO, por su valentía, medida y dirigida por su jefe, el comisario Rafael González Cachinero, no pudieron evitar muchos daños personales. Rindo homenaje a todos ellos. Rindo homenaje al subinspector don A. R. C., evacuado y en box en el hospital Severo Ochoa de Leganés. A don F. V. C., oficial, que fue trasladado a la habitación número 209 del hospital 12 de Octubre de Madrid. A don A. C. D., subinspector, evacuado y hospitalizado en la habitación número 306 del hospital de Getafe. A don G. G. G., a don J. A. B. B., a don C. B. M., a don T. B. M., a don J. M. I. C., a don P. G. P., a don U. A. P. y a don S. R. V., todos ellos policías inmediatamente trasladados, tratados y dados de alta tras estudio médico en este hospital.

En este operativo intervinieron también don F. S. R., subinspector, don M. O. C., oficial, don M. A. C., policía, don F. C. A., oficial, don T. B. L., policía, don F. C. A., policía, don J. J. P. G., oficial, don S. R. B., policía, y don A. U. P., policía. Rindo homenaje a todos ellos, reitero.

Visité a todos los heridos y estuve en permanente contacto con el comisario Cachinero. Estos valientes merecen un lugar prevalente en la historia del Cuerpo Nacional de Policía y yo les saludo y rindo homenaje permanente de gratitud por su servicio a España.

Los terroristas que se suicidaron en Leganés y cuyos cuerpos quedaron destrozados fueron: Abdelmajid Bouchar (marroquí), Abdennabi Kounjaa (marroquí), Asrih Rifaat Anouar (de Tetuán y en situación ilegal en España), Jamal Ahmidan (el Chino) y Serhane Ben Abdelmajid Fakhet (el Tunecino). Yo vi con mis ojos restos de los cuerpos de los terroristas esparcidos y en la piscina del inmueble. Uno de esos cuerpos era un amasijo de carne decapitado.

Todo lo que acabo de relatar procede de mis notas personales, inmediatas, notas tomadas a mano según mi propia visión de los hechos y de la información que iba recibiendo.

Mis ideas sobre el GEO, mi pensamiento sobre este heroico cuerpo, a los dieciocho meses de iniciado mi mandato, está escrito en una entrevista publicada en el número 177 de la *Revista oficial de la Dirección General de la Policía* correspondiente a noviembre de 2003, artículo en el que hablo también de la percepción social del Cuerpo, del plan de lucha contra la delincuencia, de la lucha contra ETA y el terrorismo, de la cooperación internacional y con Francia, de la lucha contra las mafias y las redes de inmigración clandestina, de presupuestos, de los nuevos retos y de las relaciones con los sindicatos policiales. Además, ponía énfasis en la aportación del Cuerpo Nacional de Policía en la defensa de la Constitución y sus valores, al cumplirse los veinticinco años de su vigencia. Y en este sentido, me parece importante reproducir aquí la carta que nos envió el presidente Suárez por tal motivo:

CARTA DE ADOLFO SUÁREZ

> Al cumplirse los 25 primeros años de vigencia de nuestra Constitución, todos los españoles de buena voluntad debemos congratularnos por ello. En ese cuarto de siglo, España ha experimentado la transformación más importante de nuestra Historia moderna y ha protagonizado un progreso material y social, jurídico y cultural desconocido hasta nuestros días.
>
> Los grandes objetivos de la Transición política: la democracia, las libertades, las Autonomías, el ingreso en la Unión Europea y la presencia de nuestro país en las más importantes organizaciones mundiales, se han convertido en realidades concretas y tangibles en las que los españoles vivimos y actuamos con la misma naturalidad que respiramos. Es cierto que, en estos años, ha habido tensiones y problemas, pero hasta hoy se han podido superar y encauzar. Solo los golpes de terrorismo y las pretensiones secesionistas que intentan romper el marco jurídico público que nuestra Constitución determina constituyen un serio problema al que hay que hacer frente con los medios que proporciona el Estado de Derecho.
>
> Si todos los españoles merecen una felicitación ancha y profunda, las Fuerzas y Cuerpos de Seguridad del Estado y, en especial el Cuerpo Nacional de Policía, lo merecen de modo eminente. Ellos se han convertido en los mayores defensores de nuestros derechos, de nuestras libertades, de nuestra seguridad y de nuestra unidad, basada en el respeto a la identidad de las nacionalidades y regiones que constituyen España. Ellos son los guardadores de nuestra paz y nuestro progreso. Pienso que esa felicitación especial debe ser proclamada y reconocida.

La España de todos tiene quien la defienda. Esa es nuestra seguridad y nuestra confianza. Sirvan estas palabras como testimonio de mi gratitud, como ciudadano y como Presidente del Gobierno en los años difíciles de la Transición, al Cuerpo Nacional de Policía.

Adolfo Suárez
Presidente del Gobierno de España (1977-1981) en la etapa constituyente y primer Presidente del Gobierno tras la aprobación de la Constitución.

En el artículo citado relato también la cooperación policial en el ámbito internacional, que fue fructífera y eficaz. Colaboramos con asiduidad, diaria y puntualmente, con Interpol. Como he escrito, presidía entonces Interpol el comisario principal español Espigares Mira y era el secretario general de la organización el estadounidense Ronald K. Noble.

En La Haya dirigía la colaboración con Europol el alemán Jürgen Storbeck y el subdirector era el comisario principal español Mariano Simancas. En Europol, como es sabido, mantenemos un elenco de magníficos profesionales del Cuerpo Nacional de Policía y de la Guardia Civil. Colaboramos muy eficazmente con la policía francesa y con sus dirigentes (con Michel Gaudin, director general, con Pierre Mutz, director general de la Gendarmería, con Pierre Dartout, prefecto de los Pirineos Atlánticos, con Ives Bertrand, director general de Renseignements généraux, con Gérard Girel, director general de la Policía Judicial y con Gilles Leclair, jefe de la UCLAT). Nuestra Comisaría General de Información venía manteniendo contactos significativos con multitud de servicios de información en todo el mundo. Cito unos cuantos, todos ellos vinculados a operaciones exitosas o a investigaciones en el ámbito de la prevención y la información recíproca, en definitiva, en el ámbito de la cooperación policial: el MOSSAD israelí. UCIGOS, de Italia. La CIA, de Estados Unidos. La VSSE belga. El BND alemán. El SÄPO sueco. El NIS, de Noruega. El SIS/MI6, del Reino Unido o el ASIS, de Australia. Estos servicios y la policía española concretaron investigaciones y detenciones como las que se produjeron con ocasión de la Operación Dátil, en noviembre de 2001, antes de mi mandato, en el transcurso de la cual fueron detenidos once activistas de Al Qaeda, entre ellos Imad Eddin Barakat, Abu Dahdah.

Más tarde, en abril de 2002, en el marco de la misma operación, se detuvo al responsable de la célula, Galeb Kolaje, alias Abu Talha, que era el encargado de las finanzas y reclutamientos para Osama bin Laden.

También resultaron exitosas otras operaciones en colaboración con la Dirección General de Seguridad Exterior francesa (DST), con el Servicio de Seguridad Británico (BSS/MI5), o fruto de la frecuente y eficaz cooperación con la Oficina Federal de Investigación Criminal alemana (BKA).

Tras el ataque a las Torres Gemelas el 11 de septiembre de 2001, la policía española siguió colaborando con las citadas agencias de todo el mundo (especialmente con la CIA y el FBI, con la DST francesa, con los británicos MI5 y MI6 y con la BKA alemana).

Tuve buena relación con el director de la policía tunecina, Ali Tunsi, que me dijo que los imames de las mezquitas los ponían ellos (los atentados de Yerba estaban en su subconsciente), y que el credo de la yihad era combatir, recaudar, captar y rezar.

EL 11 DE MARZO DE 2004. LA TRAGEDIA. MUERTE Y DOLOR

Todo está contado y juzgado con sentencias firmes. O quizá no todo, porque todo es técnicamente imposible. Yo diré aquí lo que sentí y siento, sin matizar ni mucho menos corregir o complementar una resolución judicial. Diré algo sobre aspectos no conocidos y que viví directamente.

Día 11 de marzo de 2004, día letal para tantos y tantos inocentes, día letal para tantas víctimas. Día de dolor infinito. Día de lágrimas. Día de oración. Día de rabia. Día de muerte. El terror golpeó fuerte y duro. ¿Quién fue?

Prioridades inmediatas: 1.- Socorrer a los heridos. 2.- Identificar a los muertos. 3.- Lanzar una potente investigación nacional e internacional, con ayuda de las agencias amigas. 4.- Proteger a los doce millones de españoles que se manifestaron en toda España rechazando y condenando el horrible atentado, solidarizándose con las víctimas. Tuvimos que hacer todo esto casi en coincidencia temporal.

El día 11 de marzo de 2004, muy temprano, viajaba con Pedro Díaz Pintado hacia el aeropuerto. Íbamos a inaugurar una comisaría en Gijón. Mercedes Fernández, Chelines, la delegada del Gobierno en Asturias, nos esperaba. No llegamos a salir de la sala de autoridades de Barajas. Mi amigo Ricardo Larrainzar Zabala me llamó para decirme que desde su habitación estaba contemplando los efectos de una tremenda explosión en las vías de Atocha. Como he escrito antes, todo o casi todo está contado y juzgado.

Recibí pocos días después de los ataques dos llamadas que, curiosamente, coincidieron en su contenido. Una la recibí estando en la calle Martín Gaite de Leganés. Me llamaba el presidente de la Audiencia Nacional, Carlos Dívar. La otra llamada, desde Washington, fue del director del FBI. Las dos llamadas con un mismo mensaje: «Rezo por usted».

Si duro y terrible fue todo lo que sucedió el día 11 de marzo de 2004, lo que iguala en conducta a los terroristas y a sus cómplices con las bestias y alimañas del monte fue la profanación de la tumba de Francisco Javier Torronteras Gadea, el héroe de los GEO que había caído con valor y con dolor infinito para nosotros en el operativo del GEO en la calle Martín Gaite de Leganés.

Prometí a mi querida esposa y a mis hijos no hacer declaraciones sobre estos dolorosos episodios que ellos sufrieron conmigo. Después de tanta tragedia, desde entonces, cada día, rezo por las VÍCTIMAS INOCENTES.

El día 22 de julio del 2004, siendo ya diputado europeo, comparecí en la Comisión de Investigación del Congreso de los Diputados (Diario de Sesiones del Congreso de fecha 22 de julio de 2004, NÚM. 9). En sede parlamentaria conté lo que sabía entonces por mis responsabilidades policiales y contesté a las preguntas que me formularon los diputados representantes de los diferentes grupos, que fueron los señores Del Burgo Tajadura (PP), Jané i Guasch (CIU), Puig i Cordón (ERC), Llamazares Trigo (IU-ICV), Labordeta Subías (CHA), Rascón Ortega (Grupo Parlamentario Socialista) y la señora Uría Etxebarría (EAJ-PNV). La señora Uría Etxebarría demostró en su intervención que desconocía el asunto y mintió descaradamente al adjudicarme declaraciones sobre la Autonomía Vasca que yo jamás había pronunciado. Aproveché el debate para recriminárselo y para poner de manifiesto mi respeto y consideración por la Autonomía Vasca.

MI COMPARECENCIA ANTE LA COMISIÓN 11-M

INTRODUCCIÓN

Deseo tener la posibilidad de hacer una introducción, que fijo en torno a unos cinco minutos, y que comienzo con el permiso del señor presidente.

Señor presidente, señoras y señores diputados, acudo con deseos sinceros de leal colaboración a la llamada que me formulan en aras a contribuir desde el conocimiento directo de los hechos a responder a las preguntas que se plantea la Comisión en torno a los terribles atentados terroristas del pasado 11 de marzo y con el propósito de ser de utilidad para todos ustedes, pero sobre todo con el afán de contribuir a que los españoles conozcan sin interferencias toda la verdad. Permítanme que mi primera palabra sea para las víctimas y sus familiares. Se trata de una palabra solidaria, llena de cariño, de compasión y de ofrecimiento personal sin límites. En segundo lugar, quiero referirme al Cuerpo Nacional de Policía. La Policía española, columna vertebral del Estado democrático y de su seguridad, ante los horribles atentados terroristas, ha respondido con honor, con profesionalidad y con una eficacia tan elevada que ha sido alabada y reconocida por todos los países europeos y las agencias de seguridad de todo el mundo. A ellos, a las mujeres y a los hombres del Cuerpo Nacional de Policía, quiero ofrecer el testimonio de mi cariño, de mi admiración y de mi compromiso con ellos de por vida; y en tercer lugar me quiero referir al presidente Aznar. Quiero dejar claro ante todos los españoles que él, que ha sido víctima del terror, también ha sido el político que con más determinación democrática lo ha combatido. Él se merece, en puridad y justicia, gratitud y reconocimiento.

Entrando en el fondo del asunto que convoca, señor presidente, lo primero que quiero proclamar es que los únicos responsables del atentado son los terroristas. Nadie más. Los terroristas son los únicos responsables y nadie honorable y con conocimiento de causa del fenómeno terrorista puede poner en duda esta afirmación categórica. Mi Gobierno, señor presidente, informó a la opinión pública con veracidad. Mi Gobierno dijo lo que le dijimos, y le dijimos lo que sabíamos en cada momento. Mi Gobierno prefirió la transparencia a la opacidad informativa, haciéndolo a veces en contra de cualquier criterio convencional establecido en la práctica policial para el seguimiento razonable de una investigación. Mi Gobierno, señor presidente, utilizó muchos instrumentos de prevención, como ha quedado acreditado a través de los testimonios aportados por los funcionarios comparecientes de las Fuerzas y Cuerpos de Seguridad del Estado. Pero la previsión ante el terror indiscriminado unas veces produce éxitos y otras, lamentablemente, no. El integrismo terrorista islámico, señor presidente, es y era una amenaza identificada y compartida por todos los policías, por todos los Estados democráticos del mundo. Los instrumentos legales de prevención, los judiciales, los policiales, las reformas legislativas supranacionales, la armonización de los códigos penales, la vigilancia de los poderes públicos, las autoridades de inteligencia común, la colaboración ciudadana y la colaboración internacional, son, como digo, señor presidente, instrumentos de prevención y represión, que tienen que funcionar con la agilidad y el dinamismo que deriva de una amenaza de tanta potencia. Los terroristas, señor presidente, en mi opinión, volverán a atacarnos. La evaluación de la amenaza a la que me refiero está perfectamente identificada por las autoridades policiales de la Unión Europea.

Mi Gobierno, ante el atentado de mayor envergadura de nuestra reciente historia, actuó con solvencia y eficacia. El ministro del Interior identificó en momentos críticos tres prioridades: la atención y el auxilio a las víctimas, evitar otros ataques terroristas y poner en marcha una potente maquinaría de investigación que nos permitiera detener a los culpables. Al mismo tiempo, en secuencias solapadas, durante los días 11, 12, 13 y 14, tuvimos que proteger el derecho de libre manifestación de doce millones de españoles. También tuvimos que actuar con prudencia en los episodios que conculcaron la legalidad en la jornada de reflexión y amparar y proteger el derecho de voto de los ciudadanos el 14 de marzo. Todo esto, señor presidente, con solvencia y con eficacia, lo hizo la Policía, lo hicieron las Fuerzas y Cuerpos de Seguridad del Estado, a las órdenes de un ministro del Interior honesto, responsable y capaz de producir una respuesta crítica ante una situación compleja e igualmente crítica.

Para ir terminando, señor presidente, quiero dar a SS. SS información muy acreditada sobre la amenaza, información que comparto plenamente y que creo que ustedes conocen y deben tomar, a mi juicio, muy en consideración. La amenaza terrorista en Europa se considera alta. Ello es debido a la combinación de las amenazas regionales y las de toda la Unión Europea. En ciertas regiones los grupos terroristas domésticos son un serio problema de larga duración, como en nuestro caso. La amenaza terrorista islámica ha aumentado en los últimos años y puede ser considerada como la más seria para los Estados de la Unión. Por tanto, señorías, para nosotros a ETA se suma ahora la amenaza acreditada letalmente del terrorismo islámico. Antes del 11-M, la Unión era un campo fértil para el reclutamiento de la Yihad Islámica, que actuaba fuera de la Unión Europea en zonas críticas o que atacaba los intereses de los Estados Unidos en esas áreas. Esto se puso de manifiesto con la célula de Marruecos que intentó atacar barcos en el estrecho de Gibraltar y el buque Limburgo, como recordarán, en las aguas del Yemen. Desde mediados de los años noventa, los Estados de la Unión han presenciado un aumento de la actividad y de los extremistas islámicos en su territorio. Las investigaciones posteriores al 11 de septiembre revelaron que casi todos los Estados miembros habían identificado seguidores de la Yihad en sus fronteras y que estaban llevando a cabo apoyos logísticos y actividades de reclutamiento. Las policías europeas han logrado evitar varias acciones terroristas deteniendo, como se sabe, a sus operativos. Hasta ahora, los procedimientos favoritos para los ataques suponen la utilización de armas convencionales y explosivos, pero creemos que podrían estar interesados en ataques no convencionales mediante armas químicas o mediante el uso de toxinas. Las investigaciones realizadas en el Reino Unido y en Francia y ciertas detenciones producidas en Jordania así lo avalan. En la planificación de los ataques se eligen objetivos de alto impacto, con la finalidad de crear resultados de muerte masiva o problemas económicos que tengan un gran impacto político y social. Los transportes públicos, en todas sus formas, continúan siendo un objetivo preferido, como se ha puesto fatalmente de manifiesto en los atentados a los trenes de Madrid. Debemos centrarnos en las células asentadas en las comunidades locales. Estos grupos ahora tienden hacia su autosuficiencia y tienen la capacidad de financiarse en sus propias comunidades. Los activistas de estas células tienen la tendencia a evitar las mezquitas y cualquier asociación con elementos radicales conocidos dentro de su comunidad. Un avance siniestro es la ausencia de aviso, como fue el caso de Madrid, donde no se recibió ningún aviso previo. Sin embargo, como saben, fueron recibidos tras los atentados varios comunicados enviados a agencias de noticias en España y en el extranjero, unos con más fiabilidad que otros.

En resumen, se debe entender que Europa se ha convertido en una de las áreas de actuación de la Yihad. Sus activistas pueden aprovechar la falta de controles fronterizos dentro de Europa, pero muchos de sus seguidores están ya establecidos en la Unión y son capaces de actuar de forma regional. No necesitan una estructura formal o jerárquica y se inspiran en varias fuentes. La Yihad es un fenómeno global y no puede ser visto como un fenómeno restringido a algunas zonas concretas. La Yihad no hace distinciones entre Estados y se dirige contra los intereses occidentales y contra los principios democráticos. La Unión, como parte del mundo occidental, es, por tanto, un objetivo para los terroristas y el nivel de amenaza a Europa y a sus intereses sigue siendo alto.

Finalmente, señor presidente, deseo, libremente y con subordinación al Reglamento de la Cámara y al articulado que da cobertura a esta Comisión, centrar mi comparecencia. En congruencia con lo que acabo de decir, ha quedado perfectamente establecido ante los ciudadanos, señor presidente, que el Gobierno del Partido Popular dijo escrupulosamente la verdad con referencia al asunto de la furgoneta Kangoo y, en consecuencia, fueron otros los que mintieron y contaminaron la opinión de los ciudadanos para influir en la elección del día 14. Nada se sabía de detonadores en la mañana del 11 y nada se sabía de cintas en la mañana del 11. Ha quedado perfectamente establecido que no hubo ningún suicida en los ataques terroristas a los trenes y que fueron otros los que mintieron para influir en la conciencia ciudadana a la hora de emitir el voto el 14 de marzo. Ha quedado perfectamente establecido que la línea de investigación referida al integrismo islámico no solo cobró fuerza objetiva el día 13, después de las detenciones, sino sobre todo después de visionar y de analizar la cinta reivindicativa de los terroristas.

Señor presidente, quiero que mi última palabra en esta introducción sea de recuerdo, emocionado y agradecido, a la memoria del subinspector del GEO don Francisco Javier Torronteras Gadea, que dio su vida por las libertades públicas el 3 de abril en Leganés, y a su esposa y a sus hijos, que tuvieron que sufrir doblemente la pérdida de un ser humano tan extraordinario. Y los que profanaron su tumba, señor presidente, siguen en libertad. Hay que seguir investigando no solo por arriba y por abajo, hay que seguir investigando por el norte y por el sur, sin descanso y sin límites; por el norte y por el sur y ver si hay algún punto siniestro de encuentro.

Muchas gracias. Estoy a la disposición de sus señorías.

Tres años después, en el año 2007, fui objeto de críticas, persecuciones y amenazas por unas declaraciones que hice en la Cadena COPE relativas a un «informe policial» y que tuvieron como consecuencia mi comparecencia como testigo en el macrojuicio que, presidido por el juez Javier Gómez Bermúdez, se celebró en la Casa de Campo. El juez Bermúdez me impuso una multa de mil euros por negarme, en ese momento, a desvelar la fuente que me había informado con detalle sobre la existencia del referido informe relativo a la autoría de ETA. El juez Bermúdez, ante mi insistente negativa, suspendió la sesión por unos minutos y me citó en su despacho, proponiéndome de buena fe, creo, soluciones inadmisibles para que desvelara la identidad de mi fuente informativa. Como yo era aforado por ser diputado en el Parlamento Europeo, el juez decretó deducir testimonio y elevar el asunto al Tribunal Supremo, por lo que me parece importante ahora hacer referencia al Auto de la Sala de lo Penal del Tribunal Supremo que decreta el archivo de las actuaciones por no ser los hechos constitutivos de ilícito penal alguno. Omito, intencionadamente, los cuatro razonamientos jurídicos que avalan la Parte Dispositiva del Auto (que restableció mi honor cuestionado y mi honorabilidad, que había sido mancillada), destacando, por su importancia, dos párrafos de esos razonamientos: «... habiendo procedido [quien esto escribe] antes de finalizar el Juicio Oral a contestar a la cuestión que le había sido planteada (esto ocurrió el día 3 de abril y mi carta al juez Bermúdez está fechada el día 1 de abril), [...] llegándose en todo caso a la conclusión de la IRRELEVANCIA PENAL de la conducta puesta en conocimiento de este Tribunal mediante testimonio de actuaciones».

ATS (SALA DE LO PENAL, número de recurso 20409/2007, 5 de noviembre de 2007, Magistrados Excmos. Sres. D. Juan Saavedra Ruiz, D. Andrés Martínez Arrieta, D. Julián Sánchez Melgar, D. Perfecto Andrés Ibáñez, D. Juan Ramón Berdugo Gómez de la Torre; siendo ponente el Excmo. Sr. D. Juan Saavedra Ruiz y secretaria de la Sala la Ilma. Sra. Dña. María Antonia Cao Barredo).

ANTECEDENTES DE HECHO

1.- Con fecha 6 de julio pasado, tuvo entrada en el Registro General de este Tribunal testimonio de particulares, expedido por el Presidente de la Sala de lo Penal de la Audiencia Nacional, por el presunto delito de desobediencia grave a la autoridad, al amparo del artículo 716 de la Ley de Enjuiciamiento Criminal, cometido por D. Agustín Díaz de Mera García Consuegra, con ocasión del desarrollo del Juicio Oral en la Sección Segunda de la Causa Sumario 20/2004 del Juzgado Central de Instrucción número 6, rollo de Sala 2/2005, causa seguida por el atentado de Madrid denominado 11-M. Dicho testimonio se ordenó por el Presidente de la Sala en la sesión celebrada en fecha 28 de marzo de 2007 y durante la comparecencia del Sr. Díaz de Mera García Consuegra, que lo hizo en calidad de testigo, y quien ostenta la condición de diputado del Parlamento Europeo, debidamente acreditada mediante certificación del Secretario General de dicho Parlamento obrante en Autos.

2.- Formando rollo en esta Sala número 3/20429/2007, por providencia de ese mismo día y formando Sala de cinco Magistrados de conformidad con lo previsto en el artículo 198 de la Ley Orgánica del Poder Judicial y las vigentes normas de reparto de esta sala, se designó Ponente, para conocer de la presente Causa y conforme al turno previamente establecido, al Presidente de esta Sala, Excmo. Sr. D. Juan Saavedra Ruiz, y se remitieron las actuaciones al Ministerio Fiscal para informe sobre competencia y fondo.

3.- El Ministerio Fiscal, en trámite correspondiente, evacuó traslado con fecha 27 de septiembre de 2007 en el que DICE estar acreditada, mediante certificación del Secretario General del Parlamento Europeo obrante en el testimonio remitido al folio 9, la condición de Diputado del Parlamento Europeo de D. Agustín Díaz de Mera García Consuegra, en tanto se dirige contra él, cabe afirmar la competencia de esa Excma. Sala para conocer de esta Causa, a tenor de lo dispuesto en el artículo 57.1.2 de la Ley Orgánica del Poder Judicial, en relación con el artículo 10 del Protocolo sobre los Privilegios e Inmunidades de las Comunidades Europeas de 8 de abril de 1965, y el artículo 2 del Reglamento del Parlamento Europeo de 26 de marzo de 1981, así como de conformidad con el criterio de esa Excma. Sala expresado entre otros en AATS de 28 de abril de 1999 (recurso 340/1999) y de 23 de enero de 2003 (recurso 70/2002), se interesa que la Excma. Sala que, tras asumir la competencia para el conocimiento de la presente Causa, conforme a lo dispuesto en el artículo 269 de la Ley de Enjuiciamiento Criminal PROCEDE EL ARCHIVO DE LA DENUNCIA CONTENIDA EN EL TESTIMONIO DE PARTICULARES POR NO APRECIAR EN LA CONDUCTA CARACTERES DE INFRACCIÓN PENAL.

[...]

PARTE DISPOSITIVA

La Sala ACUERDA:

1.º Declarar la competencia de esta Sala para la Instrucción y el enjuiciamiento de los hechos puestos en nuestro conocimiento mediante testimonio de particulares del procedimiento ordinario 20/2004, dimanante del Juzgado Central de Instrucción Número 6, con referencia de rollo de Sala 5/2005.
2.º DECRETAR EL ARCHIVO DE LAS ACTUACIONES POR NO SER LOS HECHOS CONSTITUTIVOS DE ILÍCITO PENAL ALGUNO.

Así lo acuerdan, mandan y firman los Excmos. Señores que han formado Sala para ver y decidir la presente, de lo que como Secretaria certifico.

En Madrid, a 5 de noviembre de 2007

Las elecciones generales se mantuvieron no sin que opiniones muy autorizadas, como la de Jaime Mayor Oreja, entre otras, pidiesen su aplazamiento.

El Cuerpo Nacional de Policía y la Guardia Civil abrieron diligencias en relación con los numerosos incidentes ocurridos el 13 de marzo, la jornada de reflexión, muy especialmente por las convocatorias y concentraciones delante de las sedes del Partido Popular y de instituciones públicas. La Policía Nacional, que yo todavía dirigía, actuó con arreglo a la encomienda que tienen las Fuerzas y Cuerpos de Seguridad del Estado al amparo del artículo 11 de la Ley Orgánica 2/1986, de 13 de marzo, de Fuerzas y Cuerpos de Seguridad.

También la Policía cumplimentó las diligencias ordenadas por el Ministerio Fiscal y por la autoridad judicial. Según los datos que nos remitían las distintas jefaturas de Policía, los incidentes y las concentraciones tuvieron lugar en todo el territorio nacional. Todo está documentado.

INCIDENTES Y CONCENTRACIONES ILEGALES LA JORNADA DE REFLEXIÓN

En todo el territorio nacional incidentes y concentraciones. En Aragón, ante la sede del Partido Popular, en la calle Verónica. En Oviedo, ante la sede del Partido Popular, en la calle Manuel Pedregal, con el lema «Nuestros muertos, vuestra guerra». En Gijón, ante la sede del Partido Popular, en la Plaza del Instituto. En Mieres, en la calle Teodoro Cuesta, ante la sede del Partido Popular. En Avilés, en la Plaza de España, ante la sede del Partido Popular. En La Rioja, ante la Delegación del Gobierno. En Baleares, en la ciudad de Palma de Mallorca, ante la Delegación del Gobierno. En Ibiza, ante la sede del Partido Popular. En Mahón, ante la sede de la Dirección Insular. En Ciudadela, ante la sede del Partido Popular. En Sevilla, ante la sede del Partido Popular, en la calle San Fernando. En Ciudad Real, ante la sede del Partido Popular, en la Plaza de Cervantes. En Guadalajara, ante la sede del Partido Popular. En Albacete, en la calle del Muelle, ante la sede del Partido Popular. En Badajoz, delante de la Delegación del Gobierno y posteriormente frente al Ayuntamiento, la protesta se realizó en forma de *cacerolada*. En Mérida, ante la sede del Partido Popular. En Cáceres, ante la sede del Partido Popular. En Coruña, ante la oficina electoral del Partido Popular.

En el Ferrol, ante el edificio de la Xunta de Galicia, en la Plaza Camilo José Cela. En Santiago de Compostela, ante la sede del Partido Popular. En Lugo, ante la sede del Partido Popular y en la Subdelegación del Gobierno. En Pontevedra, ante la sede del Partido Popular, con *cacerolada*. En Vigo, ante la sede del Partido Popular, donde una persona fue detenida por agredir a un militante del PP. En Villagarcía de Arousa, ante la sede del Partido Popular, «reclamando información». En Orense, ante la sede del Partido Popular y ante la Subdelegación del Gobierno; las pancartas decían «RIP PP asesinos»; y a través de una emisora local se difundieron comunicados para convocar a los ciudadanos ante la Subdelegación del Gobierno. En Pamplona, ante la sede de UPN, en la Plaza Príncipe de Viana, había pancartas con el lema «PP manipuladores, asesinos y terroristas». En Las Palmas de Gran Canaria, en la calle Albareda, también hubo concentraciones ante la sede del Partido Popular, como también las hubo en La Laguna, en la Avenida Trinidad. En Valladolid, ante la sede del Partido Popular. En Salamanca, ante la sede del Partido Popular, en la calle Echegaray. En Burgos, ante la sede del Partido Popular, en la calle Laín Calvo; ante la Subdelegación del Gobierno y también ante edificios militares. En León, ante la sede del Partido Popular, en la calle Reyes Leoneses. En Palencia, ante la sede del Partido Popular. En Segovia, ante la sede del Partido Popular, en la Plaza Mayor. En Soria, ante la sede del Partido Popular, en la Plaza de Herradores. En Valencia, en la Plaza de San Agustín, las pancartas decían: «NO a la guerra», «PP terrorista», «golpe de Estado informativo del Gobierno»; y ante la sede del Partido Popular, las pancartas pedían ilegalizar el PP y decían: «Vuestra guerra, nuestros muertos» (el texto de esta última pancarta fue reproducido literalmente en otras en varios puntos de España). En Alicante, ante la sede del Partido Popular, en la calle Juan Bautista Lafora, con pancartas idénticas a las de Valencia: «Vuestra guerra, nuestros muertos». En Castellón, ante la sede de la Subdelegación del Gobierno y ante el Ayuntamiento. En Ceuta, pequeña concentración ante la sede del Partido Popular, en la Calle Real. En Bilbao, frente a la Subdelegación del Gobierno, concentración contra el Partido Popular y la guerra de Irak. Lo mismo sucedió en Vitoria y en San Sebastián. En Cataluña, la Junta Electoral de Zona prohibió la manifestación convocada para el día 13 en Barcelona, en la Rambla de Canaletas; a pesar de la prohibición, se produjeron incidentes; las pancartas decían: «Els morts son els nostres, las guerres son vostres»; después los manifestantes se desplazaron hasta el edificio de la Delegación del Gobierno; también hubo concentraciones ante la sede del Partido Popular, en número superior a las 1500 personas; las pancartas también decían: «PP assassíns», «Pute PP», «Les vostres guerres son els nostres morts», «No al terrorisme de Espanya»; cortaron el tráfico en la confluencia de las calles Sant y Premiá; también hubo agresiones y lanzamiento de objetos contra la policía; un grupo de más de 100 personas se dirigió a la Conselleria de la Gobernación con una pancarta que decía: «Aznar, Bush, Blair, culpables». En Murcia se concentraron en las cercanías de la sede del Partido Popular y después, en la Plaza de Santo Domingo, se manifestaron con una *cacerolada*. En Granada, se concentraron ante la Subdelegación del Gobierno, ante el Ayuntamiento y ante la sede del Partido Popular; las pancartas decían: «NO a la guerra, mentiroso Aznar». En Málaga, se concentraron más de 200 personas en la Plaza de la Constitución, muy cerca de la sede del Partido Popular. También hubo concentraciones ante la sede del Partido Popular en Almería y en Jaén. En Madrid, se concentraron ante la sede del Partido Popular y en la calle Ferraz, con una pancarta que decía: «Aznar 200 muertos, culpable», y a través de megáfonos convocaban una concentración en la Puerta del Sol para las 00:00 horas (acudieron a la convocatoria alrededor de 3500 personas; más tarde, según cálculos policiales, la cifra de asistentes superó las 8000 personas; después, un grupo de manifestantes se dirigió al Congreso de los Diputados, volvieron a la Plaza de Alonso Martínez y otro grupo estuvo hasta las 2:45 h ante la sede del Partido Popular).

La Guardia Civil dio cuenta de incidentes parecidos en las localidades de Miguelturra, Calzada de Calatrava, Oria, Marmolejo, Villanueva de Córdoba (en esta localidad el PSOE colocó tres pancartas en una vivienda y surgieron *discrepancias* entre el PSOE y el PP sobre su retirada; el mensaje de una de las pancartas era «PSOE, vota PSOE», y la otra decía «Nos gusta Europa PSOE». El representante del Partido Socialista en esta localidad fue requerido para retirar las pancartas y se negó a cumplir el tal requerimiento, instruyéndose diligencias en el Juzgado de Instrucción de Pozoblanco) y Chiclana de la Frontera (aparecieron pintadas en la fachada de diez colegios electorales: «PP asesinos»). En Huarte-Araquil, concentración cerca del Ayuntamiento; la ilegalizada Batasuna se manifestó con el lema «Euskal Herrian eta munduan elkarrizketa da bidea»; fueron denunciados por infracción de la LOREG. En Estella, pintadas contra el Partido Popular y un grupo repartiendo propaganda electoral de la ilegalizada Batasuna. En El Portazgo, un grupo de personas arrojó gasolina en la puerta de entrada de la sede del Partido Popular provocando un incendio. En Ponteareas, el grupo NOS-UP se concentró con pancartas cerca de la sede del Partido Popular y luego recorrieron las calles de la localidad: se abrieron diligencias. En La Orotava, se manifestaron ante la sede del Partido Popular con pancartas que decían «Aznar terrorista» y «Esta dictadura acabará mañana», abriéndose diligencias...

La LOREG prohíbe la difusión de propaganda electoral o la realización de actos de campaña el día inmediatamente anterior al de las elecciones, el día de reflexión, aunque la ley no lo cita con esta expresión (artículo 50.4 y artículo 53). El artículo 51 de la LOREG, en sus apartados 2 y 3, establece que la campaña electoral «dura quince días (artículo 51, apartado 2) y termina, en todo caso, a las cero horas del día inmediatamente anterior a la votación (artículo 51, apartado 3)», castigándose el incumplimiento de estas disposiciones con una multa pecuniaria (artículo 153.1 LOREG).

He pormenorizado y documentado las flagrantes violaciones de lo previsto en la legislación correspondiente para la jornada de reflexión habidas el 13 de marzo (el 14 incluso, pues hasta las 3:00 h de la madrugada de este día, el día 14, el día de la votación, hubo) porque quiero incidir en un hecho fundamental que ya nadie puede discutir: la influencia que tuvo este cúmulo de irregularidades en el resultado de las elecciones del día 14 de marzo, que dieron la victoria a José Luis Rodríguez Zapatero.

Yo nunca discutí la legalidad del proceso electoral. Lo que cuestioné fue la legitimidad, porque la cantidad de infracciones legales que se produjeron el día 13 de marzo y que obedecían a consignas y directrices orquestadas, como puede verse por la mimética reproducción de mensajes iguales o muy parecidos en todo el territorio nacional, así lo atestiguan y lo ponen de manifiesto a los ojos de cualquier observador medianamente objetivo.

Mayor Oreja, a mi juicio, tenía razón: las elecciones del día 14 de marzo debieron aplazarse para que la ciudadanía hubiese podido votar con tranquilidad, con absoluta independencia de criterio y sin estar contaminado el voto por unos hechos horribles y por su instrumentalización intencionada.

Debe quedar claro, con independencia de mi reflexión, que nunca cuestioné la legalidad de la victoria electoral de Rodríguez Zapatero.

MI VIAJE A MOSCÚ, 23 Y 24 DE ABRIL DEL AÑO 2003. ANTES DEL ATENTADO, PROSPECTIVA

En este viaje a Moscú, como director general de la Policía, participé en el II Encuentro de Responsables de Servicios de Seguridad y Policía. El tema que nos reunía se denominaba «El terrorismo internacional».

Comí con los americanos fortaleciendo, creo, las buenas e históricas relaciones entre nuestra policía y las diferentes agencias de los estadounidenses.

Se habló en el encuentro de la *fanatización* de las conexiones entre grupos terroristas, de la necesidad de una potente base económica que conlleva la progresiva ósmosis y capilaridad con otras formas de delincuencia organizada para financiar estructuras de terror y planificación de ataques. Las corrientes fanáticas fueron clasificadas como siguen: Islamista Radical, Palestina Radical, Étnico-Independentista y Antisistema. Se puso de manifiesto la posible proliferación de atentados suicidas sobre objetivos civiles. En el capítulo que denominamos «Ampliación intensiva del terror», se situaba la búsqueda de acceso a armas de destrucción masiva, la utilización destructiva de herramientas no agresivas como aviones comerciales o el ciberespacio.

Seguimos debatiendo sobre territorios, conexiones para blanqueo de capitales, negocios con apariencia legal, armas y también con el funcionamiento en red y con la independencia de las células terroristas. Consideramos una yihad mundial descentralizada y sin líder único. Aspectos discutibles para darles categoría de generalizados fueron la vinculación con la inmigración clandestina (aunque me parece que sí pueden ser posibles las conexiones financieras con las mafias que trafican con personas) y dar categoría de financiación del terror al negocio que ocasionalmente puede derivar de ese tráfico ilícito.

La segura tendencia del terror hacia la privatización de la guerra parece, a mi juicio, un análisis más certero.

Continuando con la financiación del terror, parecía evidente su imbricación con el crimen organizado (drogas, prostitución, contrabando), la conexión con organizaciones caritativas y la financiación por las diásporas.

Se puso mucho énfasis en la investigación y seguimiento de trazas financieras con amplísima y necesaria cooperación de servicios policiales y de seguridad.

En términos de prospectiva, el error fue notable dado que en una de las conclusiones del encuentro se decía que «el gran ataque es menos probable». No fue así. En cambio, sí hubo acierto al afirmar: «Se esperan ataques convencionales altamente probables, difíciles de prevenir totalmente». Terminaban las conclusiones con dos aseveraciones: «A corto plazo se requiere reforzar la cooperación y la represión. A largo plazo debe incidirse más en la prevención».

BULGARIA. BOIKO BORISOV...

Viajé como director general de la Policía a Bulgaria acompañado del subdirector del Gabinete Técnico, Gabriel Fuentes, y de mi asesora,

Carla Bello. Boiko Borisov vino a recibirme al aeropuerto con un coche blindado que le habían regalado los británicos —según me dijo— y disfrutaba conduciéndolo personalmente y dirigiéndose a los viandantes a través de micrófonos exteriores que tenía instalados el citado vehículo.

Mi viaje tenía por objeto fortalecer las relaciones en el ámbito de la cooperación policial con Bulgaria. Boiko Borisov llegó a ser alcalde de Sofía, fundador del GERB (Ciudadanos para el Desarrollo Europeo de Bulgaria) y dos veces primer ministro.

Me presentó al entonces primer ministro, Simeón de Sajonia-Coburgo y Gotha (que había sido el último rey de Bulgaria), y cuando se dirigió a él para hacer las presentaciones, le llamó majestad. Esta curiosa anécdota la conté y un periodista la publicó en el diario *El Mundo*.

Boiko Borisov colaboró eficazmente con España en la lucha contra el crimen organizado. Era séptimo Dan de Judo y todo el mundo le reconocía y asediaba haciéndole fotos cuando paseaba conmigo por las calles de Sofía. Llegó a ostentar el grado de teniente general. Su colaborador más cercano era Tsvetan Tsvetanov y relato una historia curiosa de la que me siento, humildemente, protagonista. Mariya Gabriel, la que fue comisaria europea de Innovación, Investigación, Cultura, Educación y Juventud, es una buena amiga mía. Trabajamos juntos en la Comisión de Libertades Públicas, Justicia y Asuntos de Interior en el Parlamento Europeo. Borisov me invitó a participar en un congreso del GERB en Sofía y, ante más de tres mil personas, hice un canto a la profesionalidad y buen trabajo de Mariya Gabriel (antes de casada Mariya Nedelcheva), la colega búlgara. Pues bien, en la siguiente legislatura, como primer ministro, Borisov la propuso y la puso como comisaria europea.

A Boiko Borisov lo condecoramos en la Asamblea de Interpol que celebramos en Benidorm con la Cruz Roja al Mérito Policial por su eficaz colaboración con nosotros en la lucha contra el crimen organizado, como tengo dicho. Merecía la condecoración. Lamentablemente, terminó mal su paso por la política, ya que fue acusado en su país por casos de corrupción. Ojalá salga bien parado.

MANILA. INTERPOL. 16 DE MARZO DE 2004

Ese día dio comienzo en Manila la XVIII Conferencia Regional Asiática de Interpol, con la lucha antiterrorista como principal asunto a tratar, cinco días después de los ataques terroristas de Madrid.

Se incidió mucho en la cooperación internacional en materia antiterrorista y en el reforzamiento del sistema I-24/7, que se creó en el año 2003 y que permite a los Estados miembros de Interpol acceder a una base de datos de criminales a través de internet.

El secretario general, el Sr. Noble, anunció que Interpol había comenzado a emplear el sistema de alertas internacionales «rojas» para el arresto de terroristas.

España había sido el primer país en utilizar el referido sistema. Naturalmente, en Manila fue muy comentado y debatido el ataque del 11-M en Madrid. No pude estar allí. El señor Noble afirmó: «Estos ataques de Madrid han servido de recordatorio a la comunidad internacional para estar preparados ante la amenaza terrorista». Como se sabe, Interpol contaba entonces con 181 Estados miembros, lo que sitúa a la organización como la segunda más numerosa después de Naciones Unidas.

Como he dicho y reitero, fue para mí un inmenso honor servir al Cuerpo Nacional de Policía desde su Dirección General.

Para completar información no muy conocida por el lector, el subsecretario director general de la Policía era, además, el presidente de la Junta de Gobierno de la Dirección General de la Policía. El presidente de la Comisión Mixta Central de Coordinación de Seguridad Privada. Vocal de la Junta Interministerial para el Comercio y Control del Material de Defensa y Tecnologías de Doble Uso. Vocal del Consejo Rector de la Gerencia de Infraestructuras y Equipamientos de la Seguridad del Estado. Vocal del Consejo Superior de Política de Inmigración y vocal del Consejo de Administración de Europol. En todos esos ámbitos y responsabilidades me impliqué por imperativo legal y con gran dedicación.

Las estructuras de seguridad mundiales y europeas se reforzaron mucho a raíz de los atentados de Madrid, implementando las que se llevaron a cabo después de los ataques a las Torres Gemelas, el 11 de septiembre de 2001 (11-S).

A modo de letal recordatorio cabe señalar que ese fatídico día, el 11-S, el terror utilizó cuatro aviones de pasajeros pirateados para cometer atentados terribles en territorio de los Estados Unidos de América (el vuelo 11 Boston-Los Ángeles de American Airlines, estrellado contra la Torre Norte del World Trade Center de Manhattan; el vuelo 175 Boston-Los Ángeles de United Airlines, contra la Torre Sur del World Trade Center de Manhattan; el vuelo 77 Washington-Los Ángeles de American Airlines, contra El Pentágono; el vuelo 93 Newark, Nueva Jersey- San Francisco de United Airlines, desviado a Pensilvania y cuyo destino fallido era probablemente estrellarlo contra la Casa Blanca o el Capitolio).

Así, las alertas mundiales de seguridad se activaron con la necesaria solidaridad para buscar a los culpables intelectuales y para evitar nuevos atentados indiscriminados en cualquier otro Estado. Un ejemplo de lo que digo —hubo más— se dio bajo la presidencia irlandesa de la Unión Europea: reforzar la capacidad operativa de la Task Force (TF) de jefes de Policía de la Unión Europea.

La agenda de trabajo de la reunión que tuvo lugar en la sala número 35.4 del edificio Justus Lipsius de Bruselas (Rue de la Loi, 175), el día lunes, 10 de mayo de 2004, a las 10:00 h, fue la que sigue:

- Borrador del informe sobre las bombas de Madrid.
- Revisión [de la cuestión] sobre cómo la capacidad operativa de la Task Force (TF) puede ser reforzada.
- Centrarse en la inteligencia proactiva.

La propuesta irlandesa, definitiva, incluía una ilustrativa introducción, desde el origen de la TF de jefes de Policía (punto 44 de las conclusiones del Consejo Europeo de Tampere), que planteaba «el establecimiento de una TF de Jefes de Policía Operativa que intercambiara, en colaboración con Europol, experiencias, mejores prácticas e información sobre redes actuales dedicadas al crimen transnacional y que contribuyera a la preparación de acciones operativas».

El Consejo Europeo del 24 y 25 de marzo de 2004 había ordenado a la Task Force, y «para coordinar medidas operativas como respuesta y prevención de actos de terrorismo, asumir dos tareas básicas: 1.- revisar cómo su capacidad operativa puede ser reforzada y centrarse en una inteligencia proactiva; y 2.- elaborar, con la ayuda de los expertos de los servicios de inteligencia y de Europol, un informe acerca de los atentados terroristas de Madrid».

La TF cumplía por entonces su quinto año de existencia y en ese periodo de tiempo había conseguido mucho. «Sin embargo, es evidente que se podrían haber conseguido mayores éxitos, especialmente en el área de la lucha contra el terrorismo, mediante una mayor continuidad en su trabajo y centrándose más en esa materia». Estamos en presencia de una crítica necesaria y que se produjo sobre las fragilidades de la TF en materia antiterrorista.

La presidencia irlandesa propuso un texto al Consejo que revisaba el papel de la TF: «El papel de la TF está basado en los análisis presentados por Europol y en la información que procede de los Estados miembros; a nivel estratégico, planificar, decidir, coordinar y ejecutar operaciones de inteligencia lideradas por la policía contra el terrorismo internacional y el crimen transfronterizo». También se pedía enviar al Consejo el Plan para una Estrategia Operativa, el Plan Cospol, en inglés The Cospol Project (Comprehensive Operational Strategic Planning for the Police). El texto que comento habla de los miembros de la TF; de un único punto de contacto; de cuestiones más ordinarias como la frecuencia de las reuniones de la TF, del Comité Director y de la creación de una Unidad de Apoyo Operativo (Operational Support Unit) que se encargaría, entre otros asuntos, de preparar, coordinar y ejecutar las operaciones decididas por la TF, además de preparar, seguir y evaluar el Plan Cospol. Asigna un rol importante a la Secretaría del Consejo y termina diciendo que las conclusiones de las sesiones plenarias de la TF de jefes de Policía de la Unión Europea se elevarán al Consejo para su conocimiento.

LA CONDECORACIÓN DEL VATICANO

Como jefe de la policía española recibí una alegría inmensa el día 1 de septiembre del año 2003. Fechada ese día, Mons. Manuel Monteiro de Castro, arzobispo titular de Benevento, nuncio apostólico de Su Santidad san Juan Pablo II, me escribió una carta que decía:

> Recientemente la Santa Sede le ha distinguido con una alta condecoración pontificia, signo del vivo aprecio por la destacada labor

generosamente realizada por Usted en la preparación y desarrollo de la visita de Su Santidad Juan Pablo II a España, el pasado mes de mayo.

Con estas breves letras, me es grato manifestarle por mi parte profundos sentimientos de enhorabuena, felicitándole por la prestigiosa distinción pontificia que le ha sido otorgada por el Santo Padre.

Con renovadas expresiones de agradecimiento y con un particular recuerdo en la oración, aprovecho la oportunidad para presentarle las seguridades de mi más alta consideración y estima.

El título de concesión en pergamino dice:

... IOANNES PAVLVS II PONT. MAX.

PRECIBVS NOBIS ADHIBITIS LIBENTI ANIMO CONCEDENTES E QVIBVS TE ACCEPIMVS DE ECCLESIAE REIQVE CATHOLICAE BONO ATQVE INCREMENTO BENE MERITVM ESSE, VT PATENS GRATAE NOSTRAE VOLVNTATIS TESTIMONIVM PROMAMVS, TE

Augustinum Díaz de Mera y García Consuegra
e Natione Hispanica

EQVITEM COMMENDATOREM ORDINIS SANCTI GREGORII MAGNI E CLASSE CIVILI MAGNO CVM NOMISMATE ARGENTEO ELEGIMVS, FACIMVS AC RENVNTIAMVS, TIBIQVE FACVLTATEM TRIBVIMVS PRIVILEGIIS OMNIBVS VTENDI, QVAE CVM HAC DIGNITATE SVNT CONIVNCTA.

DATVM ROMAE, APVD S. PETRVM, DIE XXIV mensis Julii, anno MMIII

Fdo. A Cardenal Sodano
Secretarius Status

La enorme tristeza, para contrarrestar la gran alegría, es que la apreciada condecoración ha desaparecido de su estuche y de mi casa. Sinceramente, dolorosamente, creo que me la han robado. Sospecho quién ha sido, pero no lo puedo probar. Suplicaría a mi obispo y a la Nunciatura una reproducción que pagaría con gusto. Naturalmente, acreditaría mi petición con el aporte de la carta de Mons. Monteiro de Castro, el título de la concesión y la fotografía de la entrega, fotografía en la que también, y junto al nuncio, aparece Mons. Rouco Varela. Con este fin, con fecha 19 de mayo de 2023, escribo una carta al hoy nuncio apostólico, Mons. Bernardito C. Auza, en la que le comunicó, con profundo pesar, lo sucedido: la desaparición de su estuche de la condecoración de Comendador de la Orden de San Gregorio Magno, la distinción pontificia que me había sido otorgada en 2003 en reconocimiento de mi destacada participación, como director general de la Policía Nacional, en la organización de la Quinta Visita Apostólica de San Juan Pablo II a España. Mons. Bernardito C. Auza me responde al respecto en carta fechada en Madrid, a 28 de junio de 2023. En esta carta, el nuncio apostólico, «cumpliendo las indicaciones dadas por la Secretaría de Estado, [me] hace saber que al otorgar las distinciones pontificias la Secretaría de Estado ya no incluye más las condecoraciones, por lo que podría encontrar cuanto solicita en los puntos de venta, de los cuales se adjuntan algunos a modo de ejemplo en el documento anexo. Sería oportuno, si no necesario, que, en el momento de adquirir la referida distinción pontificia, presentase el documento de concesión de la misma en la tienda»... Así lo hice, y gracias a la tantas veces valorada intervención de mi querido obispo don Jesús García Burillo, he vuelto a tener la preciada condecoración.

Como es natural, de mi paso por la Dirección General de la Policía podría escribir un libro monográfico, pero ni quiero ni debo.

Concluyo este capítulo reiterando mi respeto y admiración por este glorioso cuerpo al que me siento tan vinculado de por vida.

CUARTA PARTE

El Parlamento Europeo La gran ventana abierta a Europa y al mundo

Habíamos perdido las elecciones generales que se celebraron el día 14 de marzo de 2004, después de los ataques terroristas del 11-M.

Recuerdo perfectamente que una mañana de abril, circulando aún con mis escoltas por el paseo de la Castellana, sonó mi teléfono móvil: «Hola, soy Mariano Rajoy. Agustín, vas en la lista al Parlamento Europeo en puesto de salida». Agradecí mucho, como pude, la confianza que depositaba en mí mi presidente, y tardé un poco tiempo en reponerme. Llamé inmediatamente a Ángel Acebes, que, con su natural modestia, quitó importancia a su protagonismo en este asunto, y lo cierto es que lo tenía y muy grande.

Conseguimos veinticuatro diputados; era una lista magnífica, de pesos pesados del partido, políticos de acreditada trayectoria que había que situar porque habíamos perdido las generales de marzo. Jaime Mayor, liderando la lista, Luisa Fernanda Rudi, de número dos, y Ana Mato, Cristóbal Montoro, García-Margallo, Pilar del Castillo, Luis de Grandes, Carlos Iturgaiz, Tono López Istúriz… Además, había que mantener a los que con reconocido merecimiento ya estaban como diputados europeos en la anterior legislatura.

Empezamos con mal rollo, como se dice ahora. Solo la capacidad de liderazgo tranquilo y la bonhomía de Jaime, junto a los muy buenos y acreditados oficios de Pilar Ayuso —siempre circulando con luces largas y de fidelidad contrastadísima a nuestras siglas—, hicieron posible, en poco tiempo, la necesaria concordia.

Loyola de Palacio, íntima de Pilar Ayuso, dejaba la vicepresidencia de la Comisión Europea, y también sembró, antes de marcharse, para el fortalecimiento de las buenas relaciones.

Recuerdo una cena que organizó en Estrasburgo, en la Petite France, convocada, seguramente, con ese propósito. Loyola, con su enorme prestigio y su curiosidad por saber, era el animal político más potente que yo he conocido. No paraba de interrogarme pidiendo detalles sobre los dolorosos ataques terroristas del 11-M. Yo le relataba cuestiones irrelevantes, pero ella insistía, insistía, insistía.

Aprovechando los plenos de Estrasburgo, Pilar Ayuso empezó a organizar cenas —cenas que yo llamo de concordia— en un restaurante que colonizábamos en su planta superior llamado Chez Ivonne. Allí acudíamos siempre Pilar —la anfitriona—, Jaime, Luisa, Margallo, Paco Millán, Nacho Salafranca, Fernando, Ana Mato, Cristóbal, Esther, Luis Herrero, Pilar del Castillo, Tono López Istúriz y yo. No recuerdo que Alejo viniera alguna vez. En fin, que hicimos argamasa gracias a los oficios y silente labor de Pilar Ayuso, a la que tanto quiero y respeto.

Tuve una relación fraternal con Carmen Fraga, con Luisa Fernanda Rudi y con Ana Mato.

En esta mi primera legislatura en el Parlamento Europeo, la VI, me apliqué, como titular y con trabajo prioritario, en la Comisión de Libertades Públicas, Justicia y Asuntos de Interior.

Trabajé mucho y duro, como después se verá, en tareas legislativas. Tuve una magnífica asistente sevillana, trabajadora y eficaz, Esperanza Zambrano. Y una asesora del Grupo, prudente, inteligente, competente y trabajadora, que hoy es una amiga a la que quiero mucho: hablo de Mercedes Alvargonzález. Mercedes se casó con Margaritis Schinas, que coincidió por un tiempo como diputado conmigo y luego, como se sabe, fue el portavoz de la Comisión Europea en el mandato Juncker. Actualmente, Margaritis es comisario y vicepresidente en el mandato de Ursula von der Leyen. De nacionalidad griega, había sido el eficaz jefe de gabinete de Loyola de Palacio. Yo considero que España tiene un comisario más con Margaritis Schinas. Cada vez que voy a Bruselas me reúno con Mercedes.

Mercedes llegó a ser la persona de máxima confianza del presidente del Grupo Popular en el Parlamento Europeo, Manfred Weber. Manfred fue varias veces traicionado, sin merecerlo, por su jefa, la canciller Angela Merkel. Terminó apartado de la candidatura del Partido Popular Europeo a la presidencia de la Comisión Europea, a pesar de haber sido elegido democráticamente en el congreso de

Helsinki, en presencia y con la participación de la propia canciller alemana. Yo estuve allí.

Pablo Casado tuvo una intervención ante el Pleno, con la actual presidenta del Parlamento Europeo, la maltesa Roberta Metsola. Hoy, Manfred Weber, por componendas que no viene al caso citar, es el presidente del Partido Popular Europeo. Conviene decir que, cuando en el año 2014, en la VIII Legislatura, Esteban González Pons —un grande de la política— llegó al Parlamento Europeo, enseguida fue conocido y elegido vicepresidente primero del Grupo Parlamentario Popular, y se convirtió en el diputado español de la máxima confianza de Manfred Weber. También Esteban asumió el liderazgo de la Delegación española en el Parlamento al acceder Miguel Arias Cañete a la condición de comisario europeo. Yo, en la VII Legislatura, había competido con Manfred por la portavocía popular de la Comisión de Libertades Públicas, Justicia y Asuntos de Interior y perdí por tres votos por la traición de un colega chipriota y de otro británico (los conservadores británicos entonces estaban en nuestro grupo). A mí me apoyaron casi todos los países mediterráneos, liderados por un viejo y acreditado político griego, Ioannis Varvitsiotis, que le tiró los tejos a Ana Mato, sin éxito. Era Varvitsiotis un mediterráneo atractivo, pero por su edad (había nacido en Atenas el día 2 de agosto de 1933) podría haber sido el abuelo de Ana. A mí me recordaba —y se parecía físicamente— a Aristóteles Onassis. Acreditaba una larga experiencia política (había sido ministro de Exteriores en Grecia), y cuando ocurrió lo que cuento, era el jefe de la Delegación de su país. Pertenecía al partido hermano Nea Dimokratía (Nueva Democracia). Ioannis Varvitsiotis siempre me apoyó frente al *lobby* alemán.

El Parlamento Europeo es el foro político más apasionante que existe en el planeta. No se puede comparar con ningún otro parlamento democrático en el mundo. Citaré algunos ejemplos de su importancia y plural cometido: para empezar, el Parlamento legisla, pero no en solitario, pues lo hace con el Consejo, esto es, colegisla. Se expresa, en sus debates y en sus documentos, en veintitrés lenguas oficiales. Sus textos legislativos o de otra índole se escriben en tres alfabetos: el latino, el griego y el cirílico. Sus intérpretes son los mejores del mundo y traducen a los diputados que se expresan en su lengua materna. Existe, además, un cuerpo de traductores que plasman igualmente la tarea legislativa en las lenguas oficiales. También hay un cuerpo de juristas lingüistas que se encarga de adecuar los textos del Parlamento a las legislaciones nacionales para su correcto tratamiento, debate o aprobación en los parlamentos y en los Estados de la Unión.

El Parlamento Europeo, a diferencia de los nacionales, no tiene la iniciativa legislativa. Es la Comisión Europea la que presenta una propuesta legislativa al Consejo y al Parlamento, propuesta que es enviada a los parlamentos nacionales y, en algunos casos, aunque no siempre, también al Consejo Económico y Social y al Comité de las Regiones.

La complejidad legislativa del Parlamento Europeo enriquece el debate y alarga su dimensión democrática, puesto que en el proceso de tramitación de una norma —Directiva o Reglamento— hay que intentar poner de acuerdo a tres instituciones: al Consejo, a la Comisión y al propio Parlamento. Este proceso es conocido como «trílogos». En esta fase (presentación de la propuesta legislativa por la Comisión al Consejo y al Parlamento), el ponente del Parlamento y los «ponentes en la sombra» fijan sus posiciones ante el Consejo y ante la Comisión. Insisto en que la mayor complejidad de los trámites dota de una mayor legitimidad a cualquier acto legislativo porque los dos actores principales, el Consejo y el Parlamento, representan a los Gobiernos, en el primer caso, y a los ciudadanos, en el segundo.

Resumidamente, aunque reconozco que es un empeño complicado, trataré de explicar el procedimiento legislativo. Como he indicado, la Comisión presenta la propuesta legislativa. El Parlamento nombra al ponente y los grupos políticos a los ponentes en la sombra. Se entra en la fase de estudio, debate y presentación de enmiendas. Entonces, el Consejo aprueba o no aprueba el nuevo texto con las modificaciones introducidas por el Parlamento. En el primer caso, el procedimiento legislativo se da por concluido y el texto es aprobado en primera lectura, pero si el Consejo modifica la propuesta que ha enmendado el Parlamento, el siguiente paso es el que se denomina segunda lectura. En segunda lectura, el Parlamento debe considerar la propuesta de enmienda del Consejo, y la puede aprobar, no aprobar o modificar. Si la aprueba, finaliza el procedimiento; si la rechaza, el texto queda definitivamente rechazado; si lo modifica, el texto vuelve al Consejo que lo tiene que valorar de nuevo.

Y llegados a este punto, si el Consejo acepta el nuevo texto enmendado, se aprueba. Si lo vuelve a rechazar, nos encontramos ante la última fase del procedimiento, fase que se denomina conciliación. En la fase de conciliación se nombra una comisión con representantes del Parlamento y del Consejo para intentar llegar a un acuerdo... y vuelta a empezar: si no hay acuerdo, el texto se rechaza; si hay acuerdo, el texto acordado en conciliación se devuelve al Parlamento y al Consejo para que se pronuncien. El procedimiento aún no se ha agotado, mas llegamos ya —¡menos mal!— al final de este farragoso —aunque no siempre— camino legislativo. Si el Parlamento y el Consejo aprueban el texto de conciliación, entonces queda adoptado, pero si lo rechazan, la propuesta legislativa decae definitivamente. En la mayor parte de las ocasiones, las propuestas legislativas de la Comisión se aprueban en primera o segunda lectura.

Los trílogos son excelentes foros, foros muy intensos, foros muy adecuados para alcanzar, a través de los debates, los necesarios acuerdos para sacar adelante una directiva o un reglamento. Yo, con mis equipos de asistentes y colaboradores, en multitud de ocasiones, tras horas y horas de debate, he alcanzado acuerdos con los grupos políticos de la Cámara —ponentes en la sombra—, con el Consejo y con la Comisión. He establecido complicidades y alianzas, con unos y con otros, en los foros institucionales, pero, sobre todo, en multitud de conversaciones privadas con propuestas y contrapropuestas. Insisto: la complejidad de la tarea legislativa solo es comparable con su riqueza democrática, dotándola, como he dicho, de una enorme legitimidad ante la ciudadanía europea.

Pero el Parlamento Europeo no solo colegisla. El Parlamento Europeo es también un enorme instrumento de diplomacia parlamentaria ante los parlamentos del mundo. Es el adalid y primer defensor de los derechos humanos. Se expande y proyecta en Misiones de Observación Electoral por todo el planeta. Ha creado el Premio Sájarov a la libertad de conciencia y de pensamiento. Recibe en sesiones plenarias a presidentes y primeros ministros, a líderes opositores en el exilio, a víctimas de abusos de poder, a papas y a personalidades mundiales de todas las creencias. Lucha contra las desviaciones de poder. Propugna y practica la igualdad entre mujeres y hombres. Defiende al colectivo LGTBI. La libertad, la ley y el derecho son su mayor patrimonio, y la Carta de los Derechos Fundamentales su derecho primario. Organiza exposiciones y conciertos y financia viajes para conocer la institución. Envía delegaciones a los Estados miembros o fuera de la Unión, a petición de los Estados concernidos, para conocer sobre conflictos y emitir informes de enorme peso político. Acredita a más de 15.000 *lobbies* y, además, es una fuente inagotable de relaciones personales con diputados, asistentes, asesores, diplomáticos...

Financié y apoyé la magnífica edición de dos libros de artista prologados por los presidentes Pöttering y Tajani, el primero titulado *Europeos* (Ángel Sardina y José María Muñoz Quirós tuvieron un protagonismo especial), y sobre la obra de Agustín Ibarrola, el segundo.

Organicé una exposición en la sala principal del Parlamento Europeo sobre artistas plásticos abulenses.

Durante mi mandato europeo visitaron el Parlamento, bajo mi patronazgo, más de mil ciudadanos de diversos colectivos de Ávila.

En el Parlamento Europeo desarrollé una ingente tarea que se puede ver y escuchar en sus archivos informatizados. Resumiré mis competencias y actividades en esta querida institución. Así, tuve los siguientes cargos en mis quince años como diputado europeo (VI, VII y VIII Legislatura):

- Miembro de la Comisión de Libertades Públicas, Libertades Civiles, Justicia y Asuntos de Interior, durante quince años.
- Miembro suplente de la Comisión de Mercado Interior y Protección del Consumidor.
- Miembro de la Comisión de Agricultura y Desarrollo Rural.
- Miembro titular de las Delegaciones en las Comisiones Parlamentarias y de Cooperación UE, Armenia, Azerbaiyán y Georgia.
- Miembro titular en la Delegación para las Relaciones con Irán.
- Miembro suplente —muy activo— en la Delegación para las Relaciones con la República Popular China.
- Miembro del Comité Especial sobre Delincuencia Organizada, Corrupción y Blanqueo de Capitales.
- Miembro suplente de la Comisión de Peticiones.
- Miembro en la Delegación para las Relaciones con el Mercosur.
- Vicepresidente de la Delegación en la Asamblea Parlamentaria Euro-Latinoamericana.
- Miembro de la Delegación para las Relaciones con los Países de la Comunidad Andina.
- Miembro de la Comisión Especial sobre Terrorismo.

- Miembro suplente en la Comisión de Desarrollo.
- Miembro suplente en la Delegación de la Comisión Parlamentaria Mixta UE-México.
- Miembro suplente en la Delegación de la Asamblea Parlamentaria ACP-UE-África, Caribe, Pacífico.
- Miembro en la Delegación Parlamentaria Mixta UE-Chile.

Como ponente, intervine en la Recomendación sobre el proyecto de Reglamento que establece un programa en materia de intercambios, asistencia y formación para la protección del euro contra la falsificación (Programa Pericles 2020). Lo hice el 3 de marzo de 2014. Se trataba, básicamente, de la ampliación del Pericles a raíz de las evaluaciones de 2004 y de 2011. Ampliamos el Programa Pericles a países como Irlanda y Reino Unido y cambiamos los sistemas de financiación para que fuera más eficaz. Los billetes de menor valor facial eran —y son— más fácilmente falsificables y, entre ellos, los de veinte y cincuenta euros.

Fui ponente sobre el Reglamento de la Agencia de la Unión Europea para la Cooperación Policial y la Formación en Funciones Coercitivas (Reglamento Europol, de 7 de febrero de 2014). Se trataba de la renovación de la Decisión del Consejo para proveer a Europol de un marco jurídico más potente como es un Reglamento. En efecto, dotamos a Europol de una arquitectura más robusta en materia de protección de datos, mejoramos su gobernanza, intensificamos los intercambios de información y se creó un mecanismo de control parlamentario JPSG, esto último lo más importante para mí y que fue lo más debatido. Con presidencia luxemburguesa se introdujo, al final del proceso legislativo, un instrumento esencial, el *EU Internet Referral Unit* (EU IRU), que era y es la unidad de contenidos de internet, esencial para combatir el crimen organizado y el terrorismo. Conviene añadir que en la VI Legislatura (2004-2009) ya me impliqué con Europol como ponente en la sombra con un informe por el que se modificaba la lista de terceros países, Estados y organizaciones con los que Europol establecería acuerdos de cooperación, añadiendo a la citada lista países como Brasil, Georgia o México.

En la VIII Legislatura (2014-2019) fui ponente en el Informe sobre el Proyecto de Decisión de Ejecución del Consejo por el que se aprobaba la celebración, por parte de Europol, del Acuerdo de

Cooperación Operativa y Estratégica entre el Reino de Dinamarca y Europol. El 3 de diciembre del año 2015, Dinamarca celebró un referéndum sobre su exclusión voluntaria en materia de asuntos de justicia e interior. Tras ese referéndum, se propuso, por parte de Dinamarca, asociarse a Europol a través de un acuerdo de cooperación operativa y estratégica. Las negociaciones con el Gobierno danés fueron duras y difíciles, puesto que ellos tenían que subordinarse al resultado del referéndum, que perdieron, pero no querían, a pesar de ello, desvincularse de Europol.

Finalmente, encontramos el encaje jurídico para salvaguardar lo uno y lo otro. Nos situamos en el mes de abril del año 2017.

Siguiendo con mi tarea legislativa, fui ponente del Reglamento de Entradas y Salidas (Entry Exit System). Este informe, por su indudable importancia, fue objeto de muy duras y muy complicadas negociaciones, diurnas y nocturnas, pero como me pedía la Comisión Europea, en un tiempo récord —en tres meses—, se llegó a un acuerdo bajo presidencia maltesa en 2017.

Fui ponente también en el Informe sobre la Gestión de Flujos de Migrantes y Refugiados y el papel de la Acción Exterior de la Unión Europea. En este informe tuve como coponente a la diputada socialista Elena Valenciano. Fue un informe polémico y de largo recorrido. Elena y yo fuimos alcanzando acuerdos hasta llegar a un consenso necesario.

Mi grupo, el Grupo Popular, estaba muy dividido. Tuve que hacer una intervención, solo ante los míos, dura y realista. Les hablé de la posición al respecto de un jefe de Estado que vestía de blanco en el Vaticano. Los socialistas europeos también estaban divididos, al igual que el resto de la Cámara. Los alemanes, capitaneados por la señora Monika Hohlmeier, estaban en contra. Me apoyó, con fuerza y argumentos, la señora McGuiness, que gozaba —y goza— de gran prestigio en la Cámara. Toda la Delegación irlandesa y toda la Delegación española me apoyaron sin fisuras. María Espegel y Jorge Cánovas, mis eficaces asistentes, tomaron opinión en muchos despachos de diputados e hicimos conteos. Cuando llevamos el informe a votación en sesión plenaria, Elena Valenciano me dijo que si yo estaba de acuerdo en retirarlo porque íbamos a perder.

La Delegación socialista española apoyaba también el informe, pero —como dije— no había seguridad de obtener la mayoría de los votos de la Cámara. Mis números eran positivos, pero por poco, de modo que le dije a Elena que seguíamos adelante. Se produjo la votación y nuestro informe ganó por diecisiete votos de diferencia. Por su importancia, y para que quede clara mi posición sobre la cuestión migratoria, sobre la gestión de los flujos de migrantes y refugiados, y sobre el papel de la acción exterior de la Unión Europea, citaré textualmente mi intervención ante el Pleno.

Reglamentariamente, las Comisiones que trataban sobre el fondo del asunto eran la de Asuntos Exteriores y la de Desarrollo, Comisiones que, como he señalado, nos tenían a la señora Valenciano y a mí como ponentes (también opinaron la Comisión de Presupuestos y la de Libertades Civiles, Justicia y Asuntos de Interior). Este procedimiento está amparado por el artículo 55 del Reglamento de la Cámara. La propuesta de resolución es muy completa y extensa. Refleja claramente la voluntad y la posición de los dos ponentes. Mi intervención fue la que sigue:

> Señor presidente, en primer lugar, quiero agradecer a la señora Valenciano su cooperativo y riguroso trabajo y su espíritu de consenso.
>
> Quiero comenzar enfocando correctamente la cuestión. Nos referimos a los retos que plantean los flujos de migrantes y refugiados y al papel exterior de la Unión. No es, por tanto, un informe que se centre fundamentalmente en la dimensión interior, también se trata de la dimensión exterior.
>
> Señor presidente, es de capital importancia, para hacer frente a la migración irregular, abordar sus causas profundas, como quedó subrayado en la Cumbre de La Valeta y en los últimos Consejos Europeos.
>
> La migración es un poderoso instrumento de DESARROLLO y, por ende, puede contribuir al progreso socioeconómico, como ha ocurrido históricamente. Además, [la cuestión] debe ser abordada como una oportunidad única para transformar la migración en un factor clave de desarrollo sostenible e inclusivo. Por eso considero fundamental que se emplee una narrativa positiva que promueva una comprensión auténtica y objetiva de la cuestión y de los beneficios comunes asociados. Por ello, apoyo muy sinceramente la campaña «JUNTOS» puesta en marcha por Naciones Unidas para reducir la percepción y las actitudes negativas hacia los refugiados y hacia los migrantes. Pido a las instituciones de la Unión que cooperen plenamente con Naciones Unidas en apoyo de esta campaña.

Quiero subrayar que la Unión debe respetar sus valores y principios en todas las políticas comunes y promoverlos en sus relaciones exteriores, tal y como establece el artículo 21 del Tratado de la Unión, [artículo] que voy expresamente a citar, ya que lo considero de máxima importancia para nuestro propósito: «La acción de la Unión en la escena internacional se basará en los principios que han inspirado su creación, desarrollo y ampliación, y que pretende fomentar en el resto del mundo: la democracia, el Estado de Derecho, la universalidad e indivisibilidad de los derechos humanos y de las libertades fundamentales, el respeto a la dignidad humana, los principios de igualdad y solidaridad y el respeto de los principios de la Carta de las Naciones Unidas y el Derecho Internacional».

Pues sí, lo que está en crisis es la gestión y lo que está en crisis es la solidaridad. He querido mencionar específicamente la solidaridad de la Unión y de todas sus políticas para enfatizar que la ayuda y la cooperación de la Unión deben ser incondicionales y estar concebidas para lograr el desarrollo y el crecimiento en terceros países, fomentando también el crecimiento en el seno de la propia Unión Europea, y tanto más cuanto que la Unión es el mayor donante mundial. Es cierto que el sistema de ayuda humanitaria se encuentra absolutamente desbordado y que, por tanto, necesitamos un enfoque integral y más duradero sobre la migración que incluya la promoción de vínculos más estrechos entre los ámbitos humanitarios y del desarrollo para abordar este desafío, sin olvidar que el objetivo prioritario de la ayuda humanitaria es la ERRADICACIÓN DE LA POBREZA.

También quiero recalcar la potenciación del papel de la mujer y su mayor participación en los procesos de toma de decisiones en todas las etapas migratorias. Además, pido una mayor protección para los más vulnerables, como las mujeres, los menores, las personas con discapacidad, las personas mayores, las personas LGTBI y, en particular, que se les conceda a todos una ayuda singular y una mayor protección humanitaria, y que se les facilite el acceso al estatuto de residente y a los servicios básicos, incluidas la atención sanitaria y la educación.

Siguiendo la doctrina de las Naciones Unidas en la Cumbre de Alto Nivel de septiembre, considero esencial que se consiga una migración segura, ordenada y regular. Para ello hay que intensificar nuestra cooperación con las Naciones Unidas dando un papel fundamental al ACNUR y al nuevo Programa de Reasentamiento de la Unión Europea. También es necesario que luchemos contra los traficantes que se lucran de la vulnerabilidad de los migrantes y es importante una mayor protección de las fronteras exteriores de la Unión.

> Quiero condenar las terribles cifras de muertos en el mar; quiero expresar mi preocupación por los niños desaparecidos; y [quiero] exigir a la Unión y a los Estados que asuman su responsabilidad para alcanzar una respuesta global y multilateral basada en la cooperación internacional y las sinergias para responder a estos retos presentes y futuros.

Como he escrito en otras páginas de este libro, en quince años de diputado en el Parlamento Europeo, realicé una amplia tarea legislativa y que estoy intentando resumir.

Voy a continuar haciendo referencia a textos legislativos en los que fui ponente en la sombra:

- Fondo Europeo para los Refugiados para el periodo 2008-2013.
- Normas mínimas para los solicitantes de asilo.
- Solicitud de protección internacional presentada en uno de los Estados miembros de la Unión por un tercer país o por un apátrida.

También participé activamente en el debate sobre la creación de un Sistema Eurodac para la comparación de huellas dactilares.

Muy importante fue mi compromiso en el debate sobre una Oficina Europea de Apoyo al Asilo (EASO), y particularmente relevante fue mi participación en el debate sobre el doloroso naufragio de migrantes en el Mediterráneo, cerca de las costas de Libia.

Fijé postura en el debate sobre normas comunes para el retorno de los nacionales de terceros países que se encuentren irregularmente en territorio comunitario.

Con respecto a la inmigración llamada ilegal —yo la llamo irregular—, debatimos sobre la acción exterior de la Unión Europea —como antes he comentado—, sobre el papel de Frontex y en el debate anual sobre los progresos realizados en el espacio de libertad, seguridad y justicia, según los artículos 2 y 39 del Tratado de la Unión Europea.

Cientos de intervenciones, en fin, que me cuesta resumir. A propósito del Reglamento de la Oficina Europea de Policía (Europol), ya mencionado, de políticas de lucha contra la inmigración clandestina, de planes en materia de políticas para la migración legal, de intercambios de información sobre registros de antecedentes penales (en este debate puse énfasis en la fragilidad de la UE en la falta de información sobre antecedentes penales de delincuentes y cité la facilidad con la que había actuado en territorio español el asesino Tony Alexander King, con antecedentes en el Reino Unido, en el caso Sonia Carabantes y Rocío Wanninkhof)…

En otro orden, participé muy activamente en debates sobre la dimensión exterior de la Unión en la lucha contra el terrorismo, en la necesidad de los equipos de intervención rápida en nuestras fronteras, sobre la fallida y nunca conseguida política común de inmigración, sobre la lucha contra la falsificación del euro, sobre multitud de temas relacionados con políticas de integración de migrantes en la UE o sobre cuestiones migratorias no resueltas a día de hoy por la insolidaria posición de unos o de otros (en este sentido cité y critiqué la posición de los países del llamado Grupo de Visegrado o V4 —Polonia, Hungría, República Checa y Eslovaquia—, países que en este importante asunto y en otros han actuado como orquestilla que tocaba al margen de las políticas comunes).

Con la Comisión de Libertades Civiles, Justicia y Asuntos de Interior, visité y comprobé la dureza de numerosos centros llamados Centros de Retención Administrativa (CRA, CTP, CIE o CETI) en Francia, en Polonia, en España y en Italia.

En Francia me llamó poderosamente la atención el centro, es decir, las mazmorras infrahumanas de los bajos del Palacio de Justicia, al lado del Sena. En una entrevista con el señor Sarkozy, que era el ministro del Interior, y al que yo antes había conocido en una comida en la Embajada de Francia en Madrid, le dije: «El Centro de Retención Administrativa de mujeres, junto al Sena, es una afrenta para Francia y los llamados valores republicanos. Ciérrelos, son inhumanos». Lloré al ver el espectáculo que nos ofrecía la República. Sarkozy, al poco tiempo, clausuró ese horrible CRA. La cuestión de estos centros sigue sin resolverse en la Unión Europea y en España.

Viajé a Lampedusa en septiembre del año 2005 formando parte de una Delegación del Parlamento Europeo para investigar las denuncias que llovían sobre los CTP (Centros de Permanencia Temporal). La visita tuvo lugar años antes de la tragedia del mes de octubre del año 2013, cuando murieron en el mar más de doscientas personas, eritreos y somalíes, al naufragar una embarcación cerca de las costas de Lampedusa.

Componían la Delegación, entre otros colegas y además de quien esto escribe, la señora Martine Roure, Patrick Gaubert, Claudio Fava y Giusto Catania, y actuaba como secretaria Cristina Castagnoli.

La visita fue un desastre, una tomadura de pelo del Gobierno italiano. Cuando llegamos al CTP, el centro estaba vacío: éramos más los miembros de la Delegación que los inmigrantes allí *acogidos*. El centro tenía una capacidad para doscientas personas y llegó a albergar más de mil, pero lo vaciaron antes de nuestra llegada. Giusto Catania me invitó a abrir los grifos de los lavabos de las asquerosas instalaciones del CTP y me dijo: «Moja tu dedo y llévatelo a la boca». Lo hice y comprobé que lo que salía por los grifos era agua salada, era agua de mar. Las ventanas no tenían cristales, tenían plásticos rotos por el viento mediterráneo. Estábamos en el segundo Gobierno de Silvio Berlusconi, en la XIV Legislatura italiana.

En la VII Legislatura (2009-2014), el 27 de febrero de 2014 participé en el debate sobre los requisitos de visado para nacionales de terceros países y el futuro de la política de visados de la Unión Europea.

El 11 de marzo de 2014, en el debate sobre la información que acompaña a las transferencias de fondos (prevención del uso del sistema financiero con fines de blanqueo de dinero y financiación del terrorismo).

El 2 de abril de 2014, participé en el debate sobre la revisión intermedia del Programa de Estocolmo.

Y continúo resumiendo. Fui ponente sobre la Recomendación sobre el Proyecto de Reglamento del Consejo que amplía a los Estados miembros no participantes en la aplicación del Reglamento (UE) 2012 por el que se establece un programa en materia de intercambios, asistencia y formación para la protección del euro contra la falsificación (hablamos del Programa Pericles para el 2020, que ya he citado). Igualmente, fui ponente sobre la propuesta de Reglamento del Parlamento Europeo y del Consejo por el que se modifica el Reglamento (UE) número 539/2001 del Consejo y por el que se establecen la lista de terceros países cuyos nacionales están sometidos a la obligación de visado para cruzar las fronteras exteriores y la lista de terceros países cuyos nacionales están exentos de esa obligación.

Como ponente en la sombra me impliqué en la Recomendación sobre el Proyecto de Decisión del Consejo sobre la celebración del Acuerdo Marco de Asociación y Cooperación Integral entre la Unión

Europea y sus Estados miembros, por una parte, y la República de Indonesia, por otra, en lo que respecta a asuntos relacionados con la readmisión. También fui ponente en la sombra sobre el Informe del Proyecto de Decisión del Consejo por el que se modifica la Decisión 2009/935JAI en lo que respecta a la lista de terceros Estados y organizaciones con los que Europol celebra acuerdos.

En lo que concierne a propuestas de resolución, intervine en la Moción de Resolución sobre el futuro de la política de visados de la Unión Europea, en la Moción de Resolución sobre la suspensión del Acuerdo SWIFT como resultado de la vigilancia de la Agencia de Seguridad Nacional de los Estados Unidos de América y también en la Moción Conjunta de Resolución sobre la Seguridad Jurídica de las Inversiones Europeas fuera de la Unión.

En preguntas parlamentarias con respuesta oral, destaco tres: una el 18 de noviembre de 2013 sobre vehículos eléctricos, otra sobre derecho de familia, realizada el 4 de diciembre de 2013, y la tercera, sobre medidas de empleo juvenil y sistemas de simplificación, realizada también el 4 de diciembre de 2013.

Participé en multitud de declaraciones conjuntas escritas. Destaco una sobre la nominación de la cultura del vino como parte del patrimonio mundial e inmaterial de la humanidad, del 20 de mayo de 2013.

Durante la VIII Legislatura destaco intervenciones plenarias relativas a la necesidad urgente de una lista negra de la Unión Europea de terceros países en consonancia con la Directiva contra el blanqueo de capitales (debate de fecha 12 de marzo de 2019), a la Guardia Europea de Fronteras y al código de visados (debate este que tuvo lugar el 17 de abril de 2019).

Fui ponente de un informe sobre el proyecto de decisión del Consejo sobre la puesta en vigor de determinadas disposiciones del acervo Schengen relacionadas con el sistema de información de visados en las Repúblicas de Bulgaria y Rumanía. También fui ponente de otro informe sobre el proyecto de decisión de ejecución del Consejo por el que se aprueba, por parte de la Oficina Europea de Policía (Europol), el acuerdo entre Bosnia y Herzegovina y Europol en materia de cooperación operativa y estratégica (3 de diciembre de 2015) y ponente, igualmente, del muy importante informe sobre el proyecto de decisión de ejecución del Consejo por el que se aprueba la celebración, por parte de Europol, de un acuerdo entre los Emiratos Árabes Unidos y Europol en materia de cooperación estratégica en la lucha contra la delincuencia grave y el terrorismo (3 de diciembre de 2015).

Como ponente en la sombra o ponente alternativo, intervine en varias opiniones, entre las que cito una de 12 de noviembre de 2015 sobre la situación en el mar Mediterráneo y la necesidad de un enfoque integral de la Unión sobre la migración. Y otra sobre la lucha contra la corrupción y el seguimiento de la resolución de la Comisión CRIM (Comisión Especial sobre la Delincuencia Organizada, la Corrupción y el Blanqueo de Dinero), esta de 25 de abril de 2016.

En cuanto a propuestas de resolución, intervine en una sobre la situación de Venezuela, a 30 de enero de 2019, y, también sobre Venezuela, en una resolución común sobre la situación de emergencia en este país (25 de marzo de 2019).

Entre las preguntas orales destaco una sobre la lucha contra la desaparición de menores migrantes en Europa y otra relativa a la interoperabilidad de los sistemas de información e interconexión de todas las bases de datos de la Unión Europea para la lucha contra delitos graves y el terrorismo.

Merece la pena citar, en cuanto a explicaciones de voto por escrito, la siguiente declaración de la Delegación Española del Grupo Parlamentario Popular relativa a condiciones y sistemas penitenciarios:

> La Delegación Española del Grupo Parlamentario Popular está de acuerdo con la idea sustantiva de la Resolución del Parlamento Europeo sobre Condiciones y Sistemas Penitenciarios, pero los apartados 21 y 29 no los podemos aceptar porque el acercamiento de los presos es una historia vinculada al sufrimiento de muchas víctimas inocentes del fenómeno terrorista en España. Tampoco podemos olvidar que la política de dispersión de presos ha jugado un papel crucial para la derrota de la organización terrorista ETA.

Destaco algunas preguntas escritas que tienen dimensión regional o nacional, como la relativa al cierre de la planta de la empresa Vestas en León y, también sobre esta empresa danesa, la referida a la responsabilidad social empresarial (ambas de fecha 19 de septiembre de 2018) o la pregunta sobre los aranceles de los Estados Unidos de América a la aceituna de mesa.

Por lo que a las declaraciones por escrito respecta, menciono las que siguen:

- Declaración sobre la lucha contra el odio y el extremismo en internet, con otros (12 de septiembre de 2016).
- Declaración sobre la necesidad urgente de incrementar los precios de intervención para frenar la crisis del sector lácteo, con otros (12 de septiembre de 2016).
- Declaración sobre la instauración del Día Europeo de la Fruta, conjunta (2 de diciembre de 2016).

Intervine en el pleno de la Cámara más de 250 veces.

Mi actividad como vicepresidente de la Asamblea Parlamentaria Euro-Latinoamericana (EuroLat) fue muy intensa y positiva. Llegué a presidir la Comisión Política y los Grupos de Trabajo Migraciones, Terrorismo y Crimen Organizado. Tanto en Comisión como en Grupos de Trabajo, las presidencias eran compartidas: un presidente europeo y un presidente latinoamericano. Trabé una gran amistad con el senador Jorge Pizarro, con el que compartí presidencias. Pizarro llegó a presidir el Senado chileno y además fue jefe de campaña del presidente Eduardo Frei. Jorge Pizarro tenía una casa maravillosa, que visité en alguna ocasión, al lado de la cordillera de los Andes.

Siempre he considerado imprescindible —hoy más que nunca lo es— el hacer pedagogía de Europa, de sus instituciones y de sus símbolos políticos, tarea esta a la que me he aplicado con insistencia y rigor, consciente de su gran importancia. Con tal propósito, el 30 de abril del año 2015 pronuncié el discurso que reproduzco a continuación en tanto que pieza de cultura pedagógica europea:

LA UNIÓN EUROPEA

La Unión Europea nació con el anhelo de acabar con los frecuentes y cruentos conflictos entre vecinos que habían culminado en la Segunda Guerra Mundial. En los años 50, la Comunidad Europea del Carbón y del Acero es el primer paso de una unión económica y política de los países europeos para lograr una paz duradera.

Y aquel deseo de paz se ha convertido hoy en una realidad, tan es así que en 2012 la Unión Europea recibió el Nobel de la Paz por su contribución al avance de la paz, la reconciliación, la democracia y los derechos humanos en Europa. La Unión Europea decidió destinar la dotación del premio (93.000 €) a los niños que no tienen la oportunidad de poder crecer en un país en paz, y duplicó el importe hasta alcanzar los dos millones de euros. De ese modo, más de 28.000 niños pudieron beneficiarse de cuatro proyectos educativos de emergencia. A partir del 2012, la Unión Europea seguirá aplicando estos proyectos, que constituirán una herencia política perdurable del Nobel de la Paz y un instrumento para la educación en zonas de conflicto.

El día de Europa y sus símbolos

Las ideas en las que se asienta la Unión Europea se expusieron por primera vez el 9 de mayo de 1950 en un discurso pronunciado por el entonces ministro de Asuntos Exteriores francés Robert Schuman. Esta es la razón por la que el 9 de mayo se celebra una fecha clave para la Unión Europea.

Existen cuatro símbolos fundamentales que representan la unidad e identidad de la Unión Europea en su más amplio sentido, que son: la bandera, el lema, el himno y el día de Europa.

Teniendo en mente la imagen de la bandera, [esta] está formada por 12 estrellas doradas dispuestas en un círculo sobre fondo azul. Las estrellas simbolizan los ideales de solidaridad y armonía entre los pueblos de Europa. El número 12 simboliza la perfección, lo completo, la unidad, como los doce apóstoles o los doce meses del año. Este número nada tiene que ver con el número de Estados miembros, que en la actualidad son veintisiete y que, con la próxima adhesión de Croacia, nos convertiremos en veintiocho. Por lo tanto, la bandera no cambia con las ampliaciones de Estados. De ahí que los errores más frecuentes a la hora de representar la bandera de la Unión Europea suelen consistir en la adición de un mayor número de estrellas al conjunto debido a la falsa creencia de que cada estrella representa a un Estado. Esta creencia se debe a la influencia de la bandera de Estados Unidos, en la que el número de estrellas sí representa [el número de] los estados del país. Fue diseñada en 1955 por Arsène Heitz, un pintor de Estrasburgo, y aprobada el 8 de diciembre de ese mismo año por el Consejo de Europa. Tras la Expo de 1958 en Bruselas, la bandera diseñada por Arsène Heitz se popularizó y el Consejo de Europa presionó a otras organizaciones europeas para que adoptasen la bandera como símbolo de unidad. El Parlamento Europeo tomó la iniciativa en la búsqueda de una bandera para que fuese adoptada por las comunidades europeas. Poco después de las primeras elecciones directas, en 1979, se presentó un proyecto sobre el tema que proponía tomar como bandera la del Consejo de Europa, y el 11 de abril de 1983 fue aprobado por el Parlamento Europeo. Tras la autorización del Consejo de Europa, las comunidades empezaron a utilizarla a partir de 1986, instalándose por primera vez en la sede de la Comisión Europea el 29 de mayo de 1986. La Unión Europea, que sustituyó con la firma del Tratado de Maastricht, en 1992, a las comunidades europeas y sus funciones, también adoptó definitivamente la bandera. Se reconoce y asocia claramente la bandera con la Unión Europea debido al fuerte uso de la enseña que ha hecho desde su aprobación, incluyéndose en las instituciones, actos y documentos oficiales. Aunque tras la aprobación del Tratado de Lisboa los símbolos de la Unión Europea no son jurídicamente vinculantes para los países miembros, dieciséis países pertenecientes a la UE, entre ellos España, han declarado su lealtad a estos símbolos, en una declaración anexa al documento, comprometiéndose a su utilización en actos públicos.

Otro de los símbolos de la Unión es el lema, que es «Unidos en la diversidad». Se refiere a la manera en que los europeos se han unido, trabajando a favor de la paz y la prosperidad, beneficiándose al mismo tiempo de la gran diversidad de culturas, tradiciones y lenguas del continente. En 1998, ya teníamos los europeos una bandera y un himno, y estaba a punto de ponerse en marcha el euro; sin embargo, carecíamos de un lema, y de aquí que se decidiera iniciar la búsqueda. Ya en el año 2000, se eligió tras ser buscado en un concurso en el que participaron estudiantes de los quince países que entonces formaban parte de la Unión Europea. A diferencia de lo que sucede con la mayoría de los símbolos, el lema no proviene del Consejo de Europa.

El tercer símbolo sobre el que me gustaría que se prestara atención, y que, como la bandera y el lema, viene vinculado al sentimiento que todos los ciudadanos de los Estados miembros tenemos por formar parte de esta unión, es su himno, la «Oda a la alegría» de la *Novena Sinfonía* de Beethoven. Es un himno que fácilmente nos expresa a todos sentimientos positivos, de alegría y celebración, por lo que plasma correctamente el sentimiento que tuvieron todos los padres fundadores de la Unión al comienzo de este largo camino. Este himno, según la Unión Europea, no sustituye a los himnos nacionales de los países miembros, sino que «celebra los valores que todos ellos comparten». En 1972, el Consejo de Europa convirtió el tema «Oda a la alegría» en su himno. En 1985 fue adoptado por los dirigentes de la UE como el himno oficial. Sin letra, en el lenguaje universal de la música, este himno es la expresión de los ideales europeos de libertad, paz y solidaridad.

Los padres fundadores eran un grupo variado de gente que tenía los mismos ideales: una Europa pacífica, unida y próspera. Gracias a estos líderes visionarios vivimos en la Unión Europea en la que vivimos hoy. Sin su energía y motivación no viviríamos en la esfera de paz y estabilidad que tomamos por descontada.

Para expresar y demostrar esta unidad y solidaridad entre países, desde luego los símbolos escogidos no podrían representar de mejor manera los ideales de sus padres fundadores, que, junto a Winston Churchill, estaban convencidos de que solamente una Europa unida podía garantizar la paz. Y así ha sido.

Los premios Nobel de la Paz: la lucha por la justicia y la libertad

El presidente de Costa Rica, Óscar Arias, fue Premio Nobel de la Paz en 1987. José Ramos-Horta, presidente de Timor-Leste, fue Premio Nobel de la Paz en 1996, junto con el obispo Carlos Felipe Ximenes Belo. Juan Manuel Santos, presidente de Colombia, fue Premio Nobel de la Paz en 2016.

Visité al presidente Arias en su domicilio particular de San José. También en su domicilio particular de Dili, en Timor, visité al presidente Ramos-Horta. En su despacho de Casa Nariño, el Palacio Presidencial de la República de Colombia, visité dos veces al presidente Santos.

El presidente Arias fue protagonista excepcional en la pacificación de los conflictos armados en América Central en los años 80. Fue contrario al apoyo que ofrecieron los Estados Unidos de América en las luchas de los contras. Presidente de su país, Costa Rica, entre los años 1986 y 1990, nos recibió en su casa con amabilidad y hospitalidad exquisitas. Era un gran conocedor de los conflictos regionales y nos informó, orientó e ilustró con conocimiento de causa y con argumentos sólidos.

Nuestra Delegación del Parlamento Europeo visitaba Costa Rica y Nicaragua. En Costa Rica gobernaba Laura Chinchilla, que también nos recibió antes de visitar el Parlamento costarricense. Laura Chinchilla pertenecía al Partido Liberación Nacional y fue presidenta de su país entre los años 2010 y 2014.

El objeto de nuestra visita era, entre otros, conocer de primera mano el conflicto que enfrentaba a Ticos y Nicas sobre la Isla Calero y la boca del río San Juan, un problema territorial y de límites fronterizos.

Durante la visita a los dos países recibimos explicaciones y vimos muchos mapas y muchos planos que nos mostraban para sostener las pretensiones de unos y de otros... Harbour Head está a tres kilómetros de Isla Calero y como tierra fluvial tiene aproximadamente 15.000 hectáreas. Resumiendo: lo más complejo, lo más contundente que enfrentaba a los dos países se produjo del año 2010 al año 2015.

En Nicaragua, en Managua, tuvimos varias reuniones con el oficialismo sandinista, pero no llegamos a ver ni a Daniel Ortega ni a su esposa, la señora Rosario Murillo. El primer día de nuestra estancia allí, en una temprana sesión, y después de una grandilocuente exposición sobre el asunto de límites por parte de un ministro —no recuerdo su nombre— y su séquito, intervine dándole un varapalo, cortés en las formas, pero durísimo en el fondo. Mi intervención iba dirigida a censurar al régimen Ortega-Murillo, que ya mostraba al mundo su dictadura y su falta de respeto a la democracia, al Estado de derecho y a los derechos humanos.

Ante mis palabras, Juan Salafranca, nuestro eficaz y riguroso asesor, no se pudo contener y exclamó: «La primera en la frente». Todo el mundo lo oyó, pero nadie dijo nada. El sandinista, el dictador Daniel Ortega, y su dictadora esposa, Rosario Murillo, embarraron el asunto de los límites de modo tal que hasta llegaron a nombrar a Edén Pastora, el comandante Cero, otrora opositor, comisionado para el conflicto (es muy probable que el comandante Cero fuese además *amigo* de ETA). En el conflicto intervino, como es sabido, el Tribunal Penal Internacional. Nicaragua envió tropas a la zona en litigio con el pretexto de la presencia de narcos y de agresiones medioambientales. La mediación de la OEA (Organización de los Estados Americanos) resultó ser un fracaso y Daniel Ortega se negó a aceptar las resoluciones del Tribunal Penal Internacional que, en el año 2015, ratificó la soberanía de Costa Rica sobre Isla Calero, en el río San Juan.

Viajé a Timor-Leste como observador electoral del 5 al 9 de julio del año 2012. El presidente de nuestra Delegación era mi amigo portugués Nuno Melo. También formaban parte de la misma Juan Fernando López Aguilar, Csaba Sógor, Ana Miranda, Anna Rosbach y Ana Gomes (antes de haber sido elegida diputada en el Parlamento Europeo, Ana había sido embajadora de Portugal en Indonesia).

El premio Nobel, el Dr. don José Ramos-Horta, actual presidente desde mayo del año 2022, había ejercido antes el mismo cargo presidencial, desde el 2007 al 2012. En su dilatada carrera, había sido primer ministro y ocupado también la cartera de Exteriores. Nuestra tarea como observadores electorales fue para las segundas elecciones legislativas desde la independencia de Timor Leste en el 2002, con el *paréntesis* del 2007.

El programa de la Delegación fue intenso. Antes del día de las elecciones visitamos al presidente en ejercicio, Taur Matan Ruak. Después, al Nobel Ramos-Horta, a Tomás Cabral, que era el director técnico del Secretariado para la Administración Electoral (SEAE), a observadores nacionales e internacionales (CPLP —Comunidade dos Países de Lingua Portuguesa—, ASEAN —Asociación de Naciones de Asia Sudoriental—, IRI —International Republican Institute—) y como parte importante, por el rol desempeñado para la independencia de Portugal y la pacificación de Timor desde la invasión de Indonesia, en representación de la Iglesia católica, al arzobispo de Dili, monseñor Alberto Ricardo Da Silva.

Las elecciones se celebraron el 7 de julio de 2012 en un clima pacífico y en una atmósfera libre de intimidaciones. El proceso electoral fue transparente. Las mujeres jugaron un papel muy importante, en el proceso mismo y en el voto. El presidente de nuestra Delegación, Nuno Melo, en rueda de prensa dijo que todo había sido transparente y democrático. La participación fue del 74,78 % y de los 65 escaños en juego, el Congreso Nacional de Reconstrucción de Timor (CNRT), de Xanana Gusmão, obtuvo 30, el histórico Frente Revolucionario para la Independencia de Timor Este (FRETILIN), 25, el Partido Democrático (PD), 8, y el Frente Mudança, 2.

En una nueva intervención ante los medios de comunicación de nuestro presidente de Delegación, Nuno Melo, exagerando un poco —a lo portugués—, afirmó que las elecciones habían sido un ejemplo para el mundo. El periodo poselectoral tuvo algunos incidentes de la mano del FRETILIN, que perdió las elecciones legislativas.

En los centros en los que desarrollé mi labor de observador vi algo original: los candidatos aparecían con su nombre y su fotografía en enormes papeletas de votación, y en las cabinas de voto había un clavo enorme atado a una rústica cuerda para que los electores que no sabían leer perforaran con el clavo la fotografía de sus candidatos preferidos y después depositaran la papeleta así *agredida* en la urna.

Visitamos el palacio presidencial de Taur Matan. En la entrada principal había un guardia con taparrabos, el torso desnudo y, por toda indumentaria defensiva, unos sables o machetes que colgaban de su cintura.

En las playas cercanas a manglares, vi y leí letreros que alertaban a los escasos bañistas del peligro de cocodrilos que procedían de los enormes y cercanos manglares. Los niños, descalzos, jugaban al fútbol en espacios embarrados y llenos de basura.

Invité a comer a unos guardias civiles que estaban en Timor en misión de Naciones Unidas (uno de ellos había padecido por dos veces el dengue), y después me llevaron a un mercadillo llamado de Tais, donde compré pulseras de plata muy rudimentarias y unos magníficos tapices tejidos a mano. También tuvo la Delegación una cena en un palafito-restaurante sobre el océano. Resultó que tocaba allí una orquesta de Filipinas. Juan Fernando López Aguilar se acercó a los músicos, se puso a tocar con el conjunto y lo hizo tan bien que lo querían contratar.

La visita a la magnífica casa del premio Nobel, el presidente Ramos-Horta, fue muy ilustrativa y didáctica sobre los avatares y sucesos acaecidos en la isla durante la colonización portuguesa y la invasión por parte de Indonesia.

La casa del presidente Ramos-Horta es un lujoso y exótico jardín donde armonizan maderas nobles y vegetación exuberante. Tomamos té y frutas deliciosas mientras él hablaba y hablaba. Ramos-Horta fue premio Nobel de la Paz «por trabajar hacia una solución justa y pacífica del conflicto en Timor Oriental». Estudió en la Universidad de Columbia, en la Academia de Derecho Internacional de La Haya, en el Instituto Internacional de Derechos Humanos de Estrasburgo, en la Universidad Antioch de Yellow Springs, Ohio, y en el St. Anthony's College de la Universidad de Oxford. Fue profesor en Sídney y permaneció algún tiempo en Portugal —su padre era portugués—. Se había casado con Anna Pessoa, abogada que trabajaba en Maputo, la capital de Mozambique. Con Anna tuvo un hijo. Separado de su esposa, se ordenó sacerdote en el año 1980. Después prosiguió su intensa actividad política.

Antes de salir de Dili visité el Museo Mario Soares, imprescindible para conocer, de manera didáctica y rigurosa, la historia convulsa de la isla.

Mis encuentros con el presidente Santos los relato en el capítulo «Viajes por el mundo», cuando me refiero al viaje a Colombia.

Nombres propios. Mis referentes

ÁNGEL ACEBES PANIAGUA
UN AMIGO DE VERDAD

Nació en Ávila el 3 de julio de 1958. Está casado con mi amiga Ana Pérez y tiene dos hijos, Ángel y Anita.

Tiene un currículo impresionante. Fue alcalde de Ávila (1991-1995). Senador y diputado por Ávila. Ministro de Administraciones Públicas (1999-2000), de Justicia (2000-2002) y del Interior (2002-2004) y desde el 2 de octubre de 2004 al 21 de junio de 2008, secretario general del Partido Popular. Este su impresionante currículo ya era brillante, pues antes había sido coordinador general del PP, portavoz del Grupo Parlamentario Popular en el Senado, diputado y concejal en el Ayuntamiento de Ávila, donde, el 30 de junio de 1987, como edil, había comenzado su muy exitosa carrera política.

Posee la Gran Cruz de la Orden de Carlos III y la Gran Cruz de San Raimundo de Peñafort.

El 14 de junio del año 2011 renunció a su escaño en el Congreso de los Diputados.

Fue mi ministro del Interior, el que me propuso al presidente Aznar y el que me puso para ejercer el cargo como director general de la Policía.

Obtuvo notables éxitos en la lucha contra ETA y propició la reforma del Código Penal, la de la Ley del Menor y la de la Ley de Enjuiciamiento Criminal.

La gestión informativa de los ataques terroristas del 11-M le hizo daño político, como me pasó a mí. Hoy ejerce la abogacía en un prestigioso despacho.

El 29 de septiembre de 2020 fue ABSUELTO de un supuesto delito por el que injustificadamente estaba imputado en el llamado «caso Bankia». No conocían la honradez acreditada y a prueba de fuego de Ángel Acebes. La Sala competente de la Audiencia Nacional dijo, literalmente:

> RESULTARÍA ABSOLUTAMENTE INSOSTENIBLE ASIGNAR ALGÚN TIPO DE REPROCHE PENAL a la actuación desarrollada y NO EXISTE LA MÁS MÍNIMA CONSTANCIA de que Acebes, en el cumplimiento de los cometidos inherentes a su cargo de presidente del Comité de Auditoría y Cumplimiento (CAC) de BFA, hiciera dejación de funciones, impidiendo los quehaceres del auditor externo, ni consciente ni voluntariamente ni inconscientemente, más bien todo lo contrario.

Pero por si existía algún reparo de gente mal intencionada, LA SALA de la Audiencia Nacional REPROCHA A LAS ACUSACIONES LA IMPUTACIÓN, CALIFICÁNDOLA DE «INESPERADA Y SORPRESIVA», que situaba a Ángel y a los otros acusados «sin posibilidad alguna de al menos poder intentar la prueba —diabólica— de la inexistencia del extraño acuerdo fraudulento del que fueron acusados».

Ángel Acebes es una persona capaz, un hombre trabajador, honesto, humilde, ayuno de protagonismos, fiable. Nunca daba codazos para salir en las fotos. Su norma, que practica, es la razón, la moral del creyente y el compromiso con responsabilidad en todas las tareas públicas que ha desempeñado.

Fiel a España, a Ávila, a Aznar y a Rajoy, Ángel es un patriota y yo tengo el privilegio de considerarme amigo suyo. En mi vida pública me ayudó. En el Ayuntamiento de Ávila, siendo él el alcalde más joven de España, fui yo su portavoz. Y en el Senado, en recesos de la Cámara, preparábamos los plenos del Ayuntamiento.

Muchas gracias, querido amigo.

MAITE PAGAZAURTUNDÚA

María Teresa Pagazaurtundúa Ruiz, Maite Pagaza, nació en Hernani (Gipuzkoa) el 11 de febrero de 1965. Está casada y tiene dos hijas.

Diputada Europea, fue portavoz de Unión Progreso y Democracia (UPyD) y presidenta de la Fundación Víctimas del Terrorismo. Antes, había sido concejal de Urnieta (Gipuzkoa) y miembro del Parlamento Vasco. Ahora está integrada en la Delegación de Ciudadanos en el Parlamento Europeo como independiente. Maite es una activista comprometida con la verdad, con la justicia y con las víctimas del terrorismo. Su hermano Joseba fue asesinado por ETA. La vida pública de Maite es la libertad y los derechos humanos, es una enemiga letal del terror y del fanatismo. Obtuvo, con todo merecimiento, reconocimientos y gratitudes muy justificadas como el Premio Sájarov a los Derechos Humanos, en el año 2000, como miembro de ¡Basta Ya!, y la Orden del Mérito Constitucional Español. En el año 2005 estuvo presente en la candidatura colectiva al Premio Nobel de la Paz.

Maite es filóloga. Escribe muy bien y habla muy bien. Los policías que quieran pasar un buen rato deben leer *Operación cochinillo*, libro que relata las aventuras de un inspector jefe en la comisaría de Segovia, con la fiesta del patrón y ETA de por medio.

En febrero del año 2018 llevó a imprenta una obra extraordinaria que dedica principalmente a la reina Letizia, titulada *Libro blanco y negro del terrorismo en Europa*. Datos y situación de las víctimas. Defensa de la libertad y la seguridad frente al fanatismo del siglo XXI.

Maite me concedió el privilegio de presentar esta obra con ella en la Escuela Nacional de Policía de Ávila. Además, en la revista *Yo Dona* —suplemento de *El Mundo*— de fecha 8 de junio de 2019, escribió un artículo titulado «Agustín» en el que decía:

> ... por los pasillos del Parlamento van y vienen los veteranos. Los que llegan y los que se despiden. Agustín Díaz de Mera vuelve a casa, a su querida ciudad de Ávila.
>
> Hace cinco años, en algún lugar de los recodos por donde nos tropezamos literalmente los que poblamos este curioso universo, me regaló los consejos del hombre bueno y sabio. Y lo hizo de forma generosa y delicada, porque sabía que aquello era grande y difícil para una novata. Tuve la suerte de que durante estos años lo siguió haciendo. Ya de retirada, en los últimos tiempos prestó un postrero servicio a nuestro país. Y lo hizo como si no le costara pese a lo duro y difícil que resultó pelear por lo que era justo por ley y por historia. Por la

> brecha que abrió con su valentía pasamos a hacer la brega los demás, y él, el hombre discreto, fue el más valiente y el más firme cuando resultó necesario serlo. Es grande. Es bueno...

Comprenderán ustedes que mi amor y cariño por Maite solo compite con la admiración y el respeto que siento por ella. Buena, sensata, rigurosa, incansable...

Viajamos a Canadá. También venía con nosotros Juan Fernando López Aguilar. Yo era el jefe de la Delegación. Las calles estaban llenas de nieve y Juan Fernando se paseaba en mangas de camisa. Los canadienses tienen un sistema ejemplar para acoger, proteger, integrar y emplear a inmigrantes, refugiados y desplazados. Las familias de acogida reciben dinero público para ocuparse, durante un tiempo adecuado, de los acogidos bajo su custodia, y asumen tareas que van desde el alojamiento y la comida hasta el aprendizaje de la lengua y la búsqueda de un empleo.

Maite, Juan Fernando y yo, rentabilizamos al máximo las experiencias y enseñanzas canadienses. No regresamos a casa sin antes visitar las huellas que dejó el ataque terrorista al Parlamento canadiense el 22 de octubre de 2014: un terrorista islamista llamado Michael Zehaf-Bibeau fue identificado como el responsable del ataque que dejó un muerto, un soldado que se ocupaba de la vigilancia en el National War Memorial de Ottawa. El terrorista después se refugió en el Parlamento y protagonizó un tiroteo que causó varios heridos.

ESTEBAN GONZÁLEZ PONS

Esteban González Pons nació en Valencia el 21 de agosto de 1964.

Es abogado, doctor en Derecho Constitucional y tiene un brillante *cursus honorum*, como ahora detallo. Desde abril del año 2022 es vicesecretario de Acción Institucional del Partido Popular. Diputado en el Parlamento Europeo desde julio de 2014, portavoz de la Delegación española del Grupo Popular en el Parlamento Europeo, vicepresidente del Grupo Popular en el Parlamento Europeo y vicepresidente del Partido Popular Europeo, antes enriqueció su currículo político en su tierra al ser diputado en las Cortes Valencianas (desde junio del año 2007 a abril del año 2008) y tres veces *conseller* de la Generalitat Valenciana.

Conoce muy bien, como acredita en su último libro, *El escaño de Satanás*, el Congreso de los Diputados, donde ha sido parlamentario por la circunscripción de Valencia desde abril del año 2008 a julio del año 2014. Senador por Valencia en la V, VI y VII Legislatura, en la Cámara Alta presidió la Comisión de Internet y fue portavoz del Grupo Popular desde 1999 al 2003. También ha sido vicesecretario general de Estudios y Programas (nombrado en el Congreso del Partido Popular celebrado en Sevilla en febrero de 2012). Escritor de notable éxito, tiene títulos como *Camisa blanca*, *Tarde de paseo*, el ya citado *El escaño de Satanás*, *Autobiografía*, *Poemas*, *Un diario político* y *Ellas*.

Como ya he dicho, Esteban es un político de verdad, un político de raza; y además tiene una gran formación. Escribe muy bien y habla muy bien. Como mediterráneo puede decir, como su paisano Blasco Ibáñez, eso de «al viento le digo», y el viento entiende perfectamente todo lo que dice Esteban. Puede ser culterano como Góngora o conceptista como Quevedo.

Es responsable, trabajador y tiene un gran sentido del humor. Ni en los peores momentos pierde la calma. Es leal con sus amigas y amigos. Lo he conocido bien y lo admiro y respeto mucho. Ayuda a los que necesitan ayuda y no se da importancia ni lo pregona.

En La Wantzenau, cerca de Estrasburgo, en un hotelito llamado Le Relais de la Poste, nos alojamos durante cinco años Esteban, Rosa Estarás, Verónica Lope Fontagné, Esther Herranz y yo. Allí forjamos una sólida y sincera amistad. Los más madrugadores éramos Esteban y yo.

Esteban se toma muy en serio su trabajo: poco improvisar, aunque siempre reaccionar oportunamente, y preparar estudiando bien todos los asuntos. Es muy brillante en los debates parlamentarios. El presidente Alberto Núñez Feijóo tiene muchas virtudes y muchas cualidades. También tiene buen ojo, sabe identificar bien (los gallegos saben mucho de estas cosas), y por eso ha puesto su dedo poderoso en el corazón de Esteban.

Te quiero mucho, hermano.

¡Ah! Esteban pudo ser presidente del Parlamento Europeo, pero desde España no lo dejaron. Creo que se entiende bien lo que digo.

Desde una calle de Madrid que tiene nombre de ciudad italiana dijeron no. En la calle que digo hay un gran edificio que quisieron vender —ya no— y en su fachada hay dos letras iguales y muy grandes que nos vinculan a Esteban y a mí de por vida.

DAVID GISTAU

Al escribir esta página leo: «Juan Claudio de Ramón, ganador del Premio David Gistau de periodismo 2022».

Cuando sufrí tanto acoso por el juicio del 11-M, una pluma extraordinariamente limpia, independiente y vertical, publicó un artículo en el periódico *El Mundo* que se titulaba «Un hombre de honor». Nunca conocí a David, pero mil veces lo escuché y mil veces lo leí. Era un hombre que siempre tenía cosas que decir y las decía con su estilo único y atractivo. Escribía como vivía, libre, y aunque circulaba en moto, siempre caminó por la vida en posición vertical. Gracias, David.

MIS ASISTENTES PARLAMENTARIOS

Todos fueron buenos profesionales y magníficos colaboradores: Esperanza Zambrano, Juan Enrique Roda, María Espegel, Jorge Cánovas, María del Mar Herráez, Patricia Guijosa y Aurora Gallo. A todos les debo gratitud por su trabajo y su lealtad y su gran aprecio. Hoy todos son mis amigos y para siempre.

Hago mención especial a María del Mar, mi leal colaboradora en el partido, en el Ayuntamiento de Ávila, en la Dirección General de la Policía y en el Parlamento Europeo. El Partido Popular de Ávila, cuando yo decidí dejar la vida pública, no se portó bien con ella.

Ávila en el Parlamento Europeo

El interés y la preocupación por la viabilidad de la planta de Nissan en Ávila motivaron el que formulase varias preguntas parlamentarias sobre la cuestión, iniciativas de las que la prensa se hizo eco y dio cuenta en noticias publicadas en varios periódicos, cuyo literal reproduzco a continuación.

En *Diario de Ávila* apareció la noticia redactada así:

> Europa advierte a Nissan de que deberá devolver los fondos Feder si se muestra el incumplimiento.
>
> La Comisión Europea respondió al eurodiputado Díaz de Mera sobre las ayudas concedidas a Nissan vinculadas a su plan industrial.
>
> Si se comprueba la «irregularidad» y España se negara a corregirla, se podría iniciar un procedimiento para reducir los fondos. Solo si España lo impugnara, podría acabar en el Tribunal de Justicia Europeo.
>
> La Comisión Europea (CE) ha advertido de que Nissan deberá devolver los «fondos Feder correspondientes» si finalmente se confirma que existe un incumplimiento de las obligaciones asociadas a dichas ayudas, las recibidas en el periodo 2007-2013. Así respondió Europa, a través de Corina Crețu, comisaria de Política Regional, a las preguntas parlamentarias formuladas en febrero por el eurodiputado del PP Agustín Díaz de Mera sobre la multinacional. Ante la incertidumbre existente sobre el futuro de la fábrica, el abulense planteó si, con independencia de la devolución de fondos que pudieran haber sido indebidamente empleados, se contemplaba recurrir al Tribunal de Justicia de la Unión Europea si se confirmaban los hechos denunciados, en este caso el incumplimiento del plan industrial acordado en 2010.
>
> La Comisión Europea responde ahora que el asunto solo podría acabar ante ese organismo «si España impugnase la decisión de

corrección financiera», esto es, el proceso que iniciaría la Comisión si las autoridades se negaran a corregir la «irregularidad» detectada en las ayudas a Nissan, llegado el caso.

En concreto, la Comisión Europea confirma que la fábrica de Nissan de Ávila recibió entre 2007 y 2013 financiación procedente del Fondo Europeo de Desarrollo Regional (Feder), cuya gestión la comparten la citada Comisión y las autoridades nacionales.

También explica que las autoridades españolas informaron que están llevando a cabo «controles sobre el terreno» para comprobar si la inversión y el empleo vinculados al proyecto «están en consonancia con las obligaciones establecidas en la decisión de concesión de ayuda». En caso de que esas acciones mostrasen el «incumplimiento», la Comisión avisa que «podría considerarse una irregularidad» que España debería corregir y, en consecuencia, «Nissan debería devolver los fondos Feder correspondientes». Si las autoridades españolas se negaran, la Comisión «podría iniciar un procedimiento de corrección financiera» que podría desembocar en la decisión de este mismo órgano de «reducir los fondos asignados al programa». En cualquier caso, añaden, «el asunto solo podría acabar ante el Tribunal de Justicia de la UE si España impugnase la decisión de corrección financiera».

En relación con las medidas para asegurar la responsabilidad social empresarial, otra de las cuestiones de Díaz de Mera, la Comisión apunta que este proceso «es voluntario» en la UE y que se aborda la conducta empresarial responsable mediante la estrategia de la Unión en esta materia, la cual seguirá adhiriéndose a principios mundiales y directivas de la OCDE. «La UE espera que las empresas se ajusten a los principios internacionales de responsabilidad social empresarial, a las Directivas de la Unión y al derecho nacional, con independencia de si operan en la UE o no».

Por su parte, el diario *El Mundo* reflejó la noticia del modo que sigue:

La UE avisa a Nissan de que deberá devolver fondos Feder si incumple el plan industrial.

España investiga si el nivel de empleo de la empresa está en consonancia con las ayudas recibidas.

La Comisión Europea ha puesto negro sobre blanco, lo que supone algo más que una advertencia sobre su actuación en la factoría de Nissan en Ávila respecto al cumplimiento del plan industrial.

A raíz de las preguntas formuladas a principios de febrero por el eurodiputado del PP Agustín Díaz de Mera, la comisaria de Política Regional, Corina Creţu, advierte de que si los controles que llevan a cabo las autoridades españolas en torno a las ayudas procedentes de los fondos FEDER demuestran que «se han incumplido las obligaciones establecidas en la decisión de la concesión de ayuda», la multinacional deberá devolver el dinero recibido.

Creţu se refiere a la financiación procedente del Fondo Europeo de Desarrollo Regional en el periodo comprendido entre 2007 y 2013, tal y como confirma la propia comisaria, quien aclara que la gestión de ese dinero corresponde a esta institución y a las autoridades nacionales, tal y como corresponde al «principio de gestión compartida».

La responsable europea de Política Regional señala en su respuesta que las autoridades españolas están realizando los controles de estos fondos para comprobar «si la inversión y el nivel de empleo vinculados a dicho proyecto están en consonancia con las obligaciones establecidas en la decisión de concesión de ayuda».

De no ser así, comprobándose que Nissan ha incumplido las «obligaciones» ligadas a las ayudas, se podría considerar «una irregularidad que las autoridades españolas deberían corregir y, en consecuencia, Nissan debería devolver los fondos del FEDER correspondientes».

La comisaria aclara que si las autoridades españolas no dieran este paso para corregir la «irregularidad», la Comisión «podría iniciar un procedimiento de corrección financiera que podría desembocar en la decisión de la Comisión de reducir los fondos FEDER asignados al programa».

Respecto a la cuestión sobre la posibilidad de recurrir al Tribunal Superior de Justicia de la Unión Europea, Creţu apunta que esa situación solo sería posible «si España impugnase la decisión de corrección financiera».

Misiones de Observación Electoral

Como miembro de la Asamblea Parlamentaria del Consejo de Europa y como diputado durante quince años en el Parlamento Europeo, participé en varias Misiones como observador electoral. Algunas ya las he relatado a propósito de comentarios de mi vida en capítulos concretos. Sin ánimo de pormenorizar y solo con ánimo de enumerar, cito algunas de ellas: Albania, Bosnia, Ucrania, Azerbaiyán, Malí, Timor Oriental, Haití, Honduras, Colombia, Ecuador, Venezuela, Guatemala, Perú o Bolivia.

Hay mucha doctrina y literatura sobre la observación electoral. En síntesis, la observación pretende la pureza y transparencia de los procesos electorales convocados por la oficialidad.

En la Unión Europea, las Misiones de Observación Electoral (MOE) son de larga duración y de corta duración. El Parlamento Europeo participa en Misiones cortas, aunque suele ser un diputado el que dirige las MOE de larga duración, que dependen del Servicio de Acción Exterior de la Unión Europea. Cada Misión concluye con un informe que legitima o pone reparos —incluso rechaza— en el proceso, en su totalidad o en parte. Además, en el informe se hacen recomendaciones para que futuros procesos electorales sean más acordes con los estándares democráticos.

Vigilamos los procesos para legitimar y para evitar fraudes electorales con la convalidación o con la denuncia. En los procesos electorales participan como observadores muchos organismos internacionales (Unión Europea (UE), Organización para la Seguridad y la Cooperación en Europa (OSCE), Organización de los Estados Americanos (OEA)...) y también organizaciones no gubernamentales.

Participé en una veintena de Misiones. Ello me permitió conocer y debatir con líderes mundiales, candidatos en tal o cual proceso. En algunos casos fui —fuimos— recibido en los colegios electorales con hostilidad y en otros con aplausos. En un proceso electoral albanés (Fatos Nano *contra* Sali Berisha), nuestro colegio fue ametrallado: fue intimidación, sin víctimas. En Venezuela fuimos aplaudidos en muchos colegios y en otros no.

Todo este relato sobre el Parlamento Europeo es un enorme resumen de mi intensa actividad allí. Fueron quince años maravillosos. Trabajé mucho, aprendí mucho y viajé mucho por los cinco continentes.

Yo podía haber seguido. Voté a Pablo Casado. Estas cosas, desgraciadamente, constituyen *mérito* en los partidos políticos. Me refiero a la clientela y la fidelidad al líder, elementos que sustituyen al mérito y a la capacidad. Así es. Pero decidí voluntariamente poner fin a mi larga vida pública porque mi esposa me necesitaba. No me he arrepentido. Y aunque sin cargos, permanezco activo y me moriré siendo político.

Durante la fiesta de los Ángeles Custodios, en el Mercado Grande, con Ignacio Astarloa y mi mujer, Ana Mari.

Con el presidente Aznar, el exministro Ángel Acebes y el comisario Pedro Díaz Pintado.

Durante la exposición «Victimas del terrorismo» con Mari Mar Blanco, en el Auditorio Municipal de San Francisco.

Con el GEO, en el Ayuntamiento de Guadalajara con el alcalde José María Bris.

Junto a Rob Wainwright, director de EUROPOL.

Escoltado por Caballeros Legionarios con el Cristo de la Buena Muerte al fondo.

Ofrenda legionaria con el general Rodríguez de Austria.

Junto al general Carvajal en Bosnia.

Con el general Lambert en Bosnia.

Con el comisario británico de Seguridad, Sir Julian King
y Antoine Cahen, secretario de la Comisión LIBE.

Con Maite Pagazaurtundúa y Teresa Jiménez Becerril,
víctimas del terror de ETA y azote de los asesinos.

Hemiciclo de Estrasburgo con Tania Fallon y Dimitris Avramópoulos.

Con Ana Mari ante la gran Esfinge de Giza.

En Sofía (Bulgaria) durante el debate con los daneses sobre su estatus en EUROPOL.

En Nairobi, durante la Asamblea de África, el Caribe y el Pacífico.

En el Parlamento Europeo.

QUINTA PARTE

Mis viajes por el mundo. La experiencia como fuente de conocimiento

AMÉRICA CENTRAL
EL TRÁNSITO ENTRE DOS CONTINENTES

Visité Guatemala, Honduras, El Salvador, Nicaragua y Costa Rica. En otro espacio ya he escrito sobre algunos episodios importantes en mi conocimiento de la zona.

En Guatemala fui observador electoral. Conocí e interrogué a Otto Pérez Molina, presidente de la República desde enero del año 2012 hasta septiembre del año 2015. Fue condenado a ocho años de prisión por corrupción. Quiso legalizar las drogas.

También conocí y pregunté sobre temas electorales y de política guatemalteca al que fue también presidente, Álvaro Colom. Ejerció el cargo desde el 2008 al 2012.

Le sucedió en la presidencia el antes mencionado Otto Pérez Molina. Los Estados Unidos le incluyeron en la llamada Lista Engel de «actores corruptos y antidemocráticos». Álvaro murió de cáncer de esófago.

En Guatemala también conocí el culto al santo hermano Pedro de San José de Betancur, culto que comparto con mi hija Ana. El santo hermano Pedro, natural de Tenerife, es objeto de gran devoción en el país. Su tumba se encuentra en la ciudad de Antigua y es un lugar de peregrinación.

A Honduras me llevó otra MOE, otro proceso electoral. La jefa de Delegación era mi amiga Pilar Ayuso.

Tuve el honor y el privilegio de conocer al padre Patricio, un español de Granada, un hombre bueno y activo que acogía, alimentaba y educaba a muchos niños y adolescentes para sacarlos de la calle y del crimen (un muchacho de su confianza había sido marero y tenía, en su corta biografía, delitos de sangre). El padre Patricio nos mostró *sus* instalaciones (cocina, comedor, dormitorios, aulas…). Asistí, en las afueras de Tegucigalpa, a su misa y quedé muy muy impresionado del fervor y alegre participación de sus fieles.

Cuando terminó nuestra Misión de Observación Electoral, al padre Patricio le regalamos los ordenadores de la MOE. Conocí al presidente Porfirio Lobo Sosa, que dejaba el cargo, y a su sucesor, el luego presidente Juan Orlando Hernández, que gobernó del año 2013 al año 2017. Más tarde fue extraditado por el Gobierno de los Estados Unidos bajo acusaciones de narcotráfico.

A El Salvador fui con una Misión de Eurolat. Presidí el Grupo de Trabajo sobre Seguridad, Terrorismo, Crimen Organizado y Blanqueo de Capitales. Al empezar la reunión de trabajo, y siguiendo instrucciones, ordené abrir todas las puertas y ventanas porque había amenaza de actividad sísmica. No pasó nada. Con mis colegas y amigas Pilar Ayuso y Verónica Lope Fontagné visité las ruinas mayas del parque arqueológico de Tazumal y la pirámide Tolteca.

Por la noche, invitados por el Gobierno salvadoreño, asistimos a una cena al borde del Pacífico, aunque por una lluvia torrencial quedó deslucida.

En julio de 2016, volando de Washington a Lima, hice una escala en el aeropuerto de San Salvador y compré cuatro cruces de madera multicolores típicas de la artesanía de la región.

En Washington me reuní, entre otras agencias estadounidenses, con la DEA.

Cuando llegué a Lima, invité a cenar a Luis de Grandes y a su esposa Loreto en La Rosa de los Vientos, que es un restaurante-palafito sobre las aguas del nada pacífico océano.

Ya he contado en otro apartado de este libro mi visita a Costa Rica y a Nicaragua. Tuve el privilegio de ser recibido en su casa de San José por el expresidente y Premio Nobel Óscar Arias y por la presidenta Laura Chinchilla. Mantuve muchos encuentros con el sandinismo y visité Managua a propósito —especialmente— del conflicto de soberanía entre los dos países sobre la Isla Calero, en el río San Juan (este litigio, la disputa territorial que mantenían Costa Rica y Nicaragua por un humedal en la desembocadura del río San Juan, en el extremo este de la frontera de ambos países, en la costa del Caribe, conocido como Isla Portillo o Isla Calero, este litigio decía, hizo intervenir a la Corte Internacional de Justicia).

Ahora yo tengo una nieta norteamericana, pero de origen nicaragüense.

Como ya he dicho, nunca conocí ni a Daniel Ortega ni a Rosario Murillo, tiranos que sobreviven a costa del sufrimiento de su maravilloso pueblo.

Me gusta mucho hablar con mi amigo, el poeta José María Muñoz Quirós, sobre la vida, la obra y la familia española del gran poeta nicaragüense Rubén Darío.

Visité Panamá en tres ocasiones. La primera, con mis colegas Esther Herranz y Verónica Lope Fontagné, acompañándonos una amiga de Esther que vivía en Panamá City, fuimos a ver el trasiego de los barcos en el viejo Canal y cenamos en un restaurante desde el que contemplábamos el vaciado y el llenado de las esclusas y el lentísimo transitar de los buques arrastrados por pequeños y potentes remolcadores.

El motivo de la segunda visita fue el que sigue: Eurolat organizó y celebró las reuniones de sus Comisiones Permanentes en Panamá. Estuvo con nosotros Antonio Tajani, presidente del Parlamento Europeo, y tuvimos la oportunidad de visitar las obras en fase final del nuevo canal. Fue un privilegio recorrer su lecho casi terminado en varios coches todoterreno. La historia del Canal es sabida y contada, como la del propio Panamá, primero colombiano y luego vendido a los Estados Unidos, país que proyectó y ejecutó la mayor obra de ingeniería conocida hasta entonces, el originario Canal de Panamá. Por eso omito detalles históricos. Mi última visita a Panamá me llevó al Parlatino de la Ciudad de Panamá, y tuvo lugar entre los días 3 y 6 de abril del año 2018 (reunión Eurolat, siendo el presidente europeo Ramón Jáuregui y el americano Elías Castillo). No pude ver el lago Gatún, esencial para las obras de ingeniería antiguas y modernas en el Canal. Hoy, con sus cinco esclusas (Pedro Miguel, Agua Clara, Miraflores, Gatún y Cocoli), son un paso obligado para comunicar los dos océanos.

ARGENTINA
REFLEJO DE EUROPA

Viajé a Buenos Aires para intervenir en el Grupo de Trabajo sobre Migraciones, Grupo que yo presidía junto al presidente del Senado chileno, Jorge Pizarro.

La sesión de la Mesa comenzó con cuestiones reglamentarias, para pasar inmediatamente a un intercambio de puntos de vista sobre el reciente terremoto en Chile. El copresidente, Ignacio Salafranca, se refirió a la Declaración del Parlamento Europeo de 1 de marzo, donde los 75 miembros europeos dimos el pésame a las familias de las víctimas y expresamos nuestra solidaridad con todos los afectados, con el pueblo chileno, con su Gobierno y Congreso. En esa Declaración se contemplaba, además, un mandato a las instituciones y Estados miembros de la Unión a fin de cooperar con urgencia y por todos los medios, incluidos los presupuestarios, a las tareas de emergencia y reconstrucción. Después, pasamos a informar y debatir sobre el Grupo de Trabajo sobre Migraciones que, como he dicho, yo presidía.

Nuestro Grupo estaba integrado por doce diputados, seis americanos y seis europeos. La de Buenos Aires era nuestra cuarta sesión. Ya habíamos trabajado en reuniones conjuntas en Bruselas y Madrid. Invité al embajador Francisco Javier Elorza Cavengt a intervenir, y lo hizo con una excelente exposición relativa a los fenómenos migratorios a ambos lados del Atlántico. Yo ya había invitado antes, en Bruselas, al prestigioso embajador, pero quise que los latinoamericanos lo escucharan en Buenos Aires, y así fue. El currículum del embajador Elorza es impresionante. En el momento que comento, era secretario general de Asuntos Consulares y Migratorios.

Como anécdota local abulense, cuento que, por intervención mía, ayudó a resolver trámites reglamentarios en materia de su competencia para que dos hermanas carmelitas croatas, muy queridas por mí, pudiesen venir legalmente a España, al convento de San José. Se trata de las hermanas Mikaela y Gabriela. La madre Julia de la Madre de Dios, priora entonces de San José de Ávila, a la que tanto quiero, me había pedido ayuda para resolver lo de las dos hermanas croatas.

Es conocido que el embajador Elorza había sido representante permanente de España ante la Unión Europea desde 1995 al 2000, embajador en la Federación de Rusia, en la India, en Nepal, en Bután, en Sri Lanka, en Italia…

Viajé a Buenos Aires con mi hijo Jorge. Él tenía un amigo allí, piloto de helicóptero, Efrén, que es de Ávila. Nos citó en el barrio de El Tigre, donde estaba su base. Y nos invitó a un vuelo extraordinario. Primero sobrevolamos la cancha del Boca Juniors, luego la de

River Plate, para adentrarnos después en la enorme desembocadura del Río de la Plata (o Río de Solís, pues fue Juan Díaz de Solís su descubridor y así lo bautizó Magallanes en su *paseo* circunvalando el mundo con Elcano, precisamente en homenaje a Díaz de Solís, su descubridor). El Plata no tenía nada de plateado, que era turbio y negruzco. Nuestro vuelo nos llevó a Colonia del Sacramento, en territorio uruguayo. Tomamos tierra, cumplimos los trámites fronterizos y recorrimos la zona turística de Colonia. Allí compré recuerdos y los invité a comer. Luego, regresamos a Buenos Aires.

El día 30, a la hora de desayunar en el hotel en Recoleta, oí una voz de mujer, aguda y familiar, que me llamaba insistentemente. Me volví y me fundí en un largo y emocionado abrazo con mi querida amiga Isabel Carrasco, entonces presidenta de la Diputación y del Partido Popular de León. Isabel también era buena amiga de mi hija Anita. Habían viajado juntas a Nueva York para asistir a la boda de Arenales Serrano, otra querida amiga. Isabel fue brutal y cruelmente asesinada el 12 de mayo del año 2014. Yo estuve en su funeral, en plena campaña de las elecciones europeas. Isabel murió antes de ir a Valladolid para asistir a un mitin electoral en el que yo iba a participar como candidato del Partido Popular al Parlamento Europeo. En el momento de nuestro encuentro en el hotel de Buenos Aires, me dijo que estaba allí porque la colonia leonesa era importantísima y quería conocerlos y empatizar con ellos. Sentí muchísimo la muerte de Isabel. La noche de este día 30 de marzo, Juan Salafranca, mi hijo Jorge y yo, fuimos a Puerto Madero a cenar a Cabaña Las Lilas.

Volví a Buenos Aires años después. Me dirigía a Uruguay, el país vecino de Argentina, para asistir a una reunión de la Asamblea Eurolat. Esther Herranz, mi amiga diputada riojana, me pidió que viajáramos dos días antes, vía Buenos Aires, porque quería conocer la ciudad. Acepté y, como un cicerone ocasional, le enseñé sitios emblemáticos del Gran Buenos Aires. En el barrio de La Boca compró un montón de recuerdos. Volví a atravesar el gran río de Solís, el Plata, pero esta vez en barco, para llegar a Colonia del Sacramento, donde atracó el buque. Después tomamos un autobús y recorrimos las verdes y hermosas praderas uruguayas hasta llegar a Montevideo. Allí nos esperaba Teresa Giménez Becerril. Terminados nuestros trabajos parlamentarios, alquilamos un taxi y Esther, Teresa y yo nos fuimos a comer a Punta del Este.

BENÍN Y KENIA
DESAFÍOS: CAMBIO CLIMÁTICO, MIGRACIONES Y SEGURIDAD ALIMENTARIA

República de Benín, 27 de noviembre al 3 de diciembre de 2018.

Viajé a Benín para asistir a la quincuagésima segunda sesión de la Asamblea Parlamentaria ACP (África, Caribe, Pacífico)-UE (Unión Europea) y a la trigésima sexta sesión de la Asamblea Parlamentaria Paritaria ACP (África, Caribe, Pacífico)-UE (Unión Europea).

Mis amigas Rosa Estarás y Esther Herranz y yo volamos desde Madrid a Rabat y desde Rabat a Porto Novo, la capital de Benín. En realidad, la capital oficial, donde está la sede del Gobierno, es Cotonú, famosa por tantas reuniones y tantos acuerdos. Nos alojamos en un hotel desproporcionadamente lujoso en comparación con la pobreza del país. Las reuniones tuvieron lugar en Cotonú. En el Palacio de Congresos nos encontramos con Javier Nart, que también asistió a las sesiones de la Asamblea. La sesión de apertura tuvo lugar con un discurso del presidente Patrice Talon. Yo intervine en el Pleno de la Asamblea.

Benín, la República de Benín, es una cuña de territorio vertical que desciende hasta el océano, donde está situado Porto Novo y Cotonú. Su extensión es pequeña comparada con la de otros países africanos (un poco mayor que la de Castilla y León, 18.000 km más, aproximadamente). Allí viven trece millones y medio de personas. Viven, fundamentalmente, de la agricultura y los jóvenes emigran, con preferencia, a Nigeria.

En Benín conviven varias creencias. La religión más numerosa es la católica, además del islamismo y el vudú. En el ámbito de sus relaciones internacionales, Benín es miembro de Naciones Unidas, de la Organización Internacional de la Francofonía (OIF), de la Unión Africana (UA), de la Comunidad de Estados Sahelo-Saharianos (CEN-SAD) y de la Autoridad de la Cuenca del Níger, entre otras.

Su idioma oficial es el francés, y su moneda, el franco CFA de África occidental.

Sus costas fueron testigos del tráfico de esclavos en los siglos XVIII y XIX. Benín entonces era Dahomey. Francia estableció un protectorado sobre el territorio de Dahomey en 1893 y este consiguió su independencia en 1960.

Cerraba 2018 con este viaje a Benín. Algunos meses antes, en abril, yo ya había estado en África, en Kenia, para asistir a la 15.ª Reunión Regional de África del Este de la Asamblea Parlamentaria Conjunta ACP-UE que tuvo lugar los días 11, 12 y 13 de abril de ese año en Nairobi. Reproduzco a continuación el literal de la nota de prensa del Partido Popular Europeo en el que se informa en detalle de mi intervención:

> Agustín Díaz de Mera pide mayor cooperación con los países de África Oriental «para afrontar los retos del presente», durante la celebración de la 15.ª Reunión Regional de África del Este de la Asamblea Parlamentaria Conjunta UE-ACP que está teniendo lugar en Nairobi los días 11, 12 y 13 de abril.
>
> El eurodiputado popular Agustín Díaz de Mera ha pedido hoy estrechar la cooperación entre la Unión Europea y los países de África del Este durante la decimoquinta reunión UE-ACP en Nairobi (Kenia) «para poder afrontar los retos del presente y los que se avecinan en un futuro más cercano» tales como la seguridad ciudadana.
>
> Durante la sesión de trabajo en la capital keniata, Díaz de Mera recordó que tales desafíos, como el cambio climático y la migración, son «problemas transfronterizos que deben resolverse juntos», ya que «las causas y consecuencias no son exclusivas de un país o región».
>
> Según el eurodiputado popular abulense, resulta «indispensable identificar y trabajar sobre las prioridades de emergencia, pero también es fundamental basarse en los acuerdos y programas establecidos entre nuestras regiones», en referencia al Marco Estratégico de la UE 2011 para el Cuerno de África, al Plan de Acción Regional 2015 y a los Acuerdos de Cotonú.
>
> «De los pilares que sustentan dichos acuerdos, la cooperación política es fundamental, pues a partir de esta se pueden afrontar los desafíos, como la seguridad alimentaria, el desarrollo de infraestructuras o la gobernanza y la seguridad ciudadana», ha dicho, porque «solo así podremos proteger a las personas que cada día se ven obligadas a abandonar sus hogares por causas como el terrorismo o los efectos del cambio climático».

BOLIVIA
EVO MORALES
Mi vida, de la Orinoca al Palacio Quemado

Viajé a Bolivia en el año 2009, en una Misión de Observación Electoral (MOE) con el Parlamento Europeo.

En el año 2005, Evo Morales había sido elegido presidente de la República con casi el 54 % de los votos, convirtiéndose en el primer presidente de origen indígena. Revalidó su mandato presidencial en el año 2009, pero ya como presidente del *nuevo* Estado Plurinacional de Bolivia.

En la Misión del Parlamento Europeo íbamos, entre otros, los españoles Izaskun Bilbao, José Manuel García-Margallo, Willy Meyer y yo. Llegamos al aeropuerto de El Alto, que es también el aeropuerto de La Paz, situado, haciendo honor a su nombre, a 4601 m de altura. En la ciudad del mismo nombre, El Alto, viven más de 1.100.000 personas y está situada a unos 15 km de la capital del Estado. Allí los buses y los taxis van equipados con botellas de oxígeno para asistir a viajeros afectados por el mal de altura y que nunca son bolivianos. Actualmente, existe un magnífico teleférico de tecnología austriaca (entonces, en el año 2009, no) con tres líneas (azul, roja y amarilla) que resuelve con acierto los problemas de tráfico y facilita, por muy poco dinero, el transporte y desplazamiento de ciudadanos y turistas que superan, gracias a este medio, las diferencias de nivel en La Paz y entre La Paz y El Alto.

La MOE del Parlamento Europeo se desplegó sobre el territorio boliviano y a Willy Meyer y a mí nos correspondió Santa Cruz de la Sierra, que es la ciudad más desarrollada y poblada de Bolivia. Tiene casi 2.000.000 de habitantes y está situada a la orilla del río Piraí. Seis municipios conforman la región metropolitana de Santa Cruz de la Sierra. El departamento de Santa Cruz es el departamento boliviano más extenso, tiene casi 4.000.000 de habitantes y es, sin duda, el motor, la locomotora que tira de la economía de Bolivia. En Santa Cruz de la Sierra hicimos nuestro trabajo de observación sin mayores problemas.

Antes, en La Paz, habíamos mantenido una reunión con el presidente Evo Morales y con el vicepresidente Álvaro García Linera. Álvaro nos recibió con un abrigo que le llegaba a los pies. Lo anecdótico, en todo caso, es lo que sigue. Evo nos citó a las 5 *a. m.* en el Palacio Quemado, la sede de la Presidencia.

Cuando bajamos al vestíbulo del hotel, nos entretuvimos tomando una infusión de hoja de coca y, cuando salimos a la calle, la comitiva de la Delegación Europea se había marchado sin nosotros, pero en la puerta del hotel habían dejado un todoterreno con las llaves puestas, todoterreno seguramente de algún escolta o del propio hotel. Willy entró en pánico —es un decir— y me dijo: «Sube al coche que nos vamos». Le hice caso. Tomó el volante y salimos a toda velocidad por las calles desiertas de La Paz, sin saber a dónde ir. Yo, como copiloto desorientado, hacía lo que buenamente podía y buscaba señales que nos orientaran de algún modo. Felizmente, encontramos a un viejito que arrastraba un carrito, único viandante a esas horas tan tempranas. «¡Para!», le dije a mi colega. Así lo hizo y el amable anciano nos indicó cómo llegar al Palacio Quemado.

Llegamos, dejamos el coche aparcado de cualquier manera, nos identificamos, nos dejaron entrar y en el patio estaba formada la guardia de gala haciendo el relevo, según creo. Subimos a la sala de recepciones, en el piso superior, y nos reunimos con la Delegación Europea, segundos antes de que aparecieran el presidente Evo Morales y el vicepresidente García Linera.

El encuentro, a pesar de la hora (las 5 *a. m.*), que fue fijada para *jodernos*, según creo, se desarrolló con pacífica cortesía por ambas partes, hasta que en el coloquio informal, que abrió el presidente hablando de las garantías del proceso electoral, Izaskun Bilbao le interrogó sobre ciertos candidatos que estaban detenidos. Evo saltó como un muelle. Con calma y muy mala leche, le dijo a Izaskun: «No quiero pensar que usted sigue siendo una representante heredera del colonialismo». Izaskun hizo rápido la digestión del comentario presidencial y no hubo más.

Volví a Bolivia el 16 de septiembre de 2018, esta vez con la Comisión de Desarrollo del Parlamento Europeo. Presidía la Delegación una colega chipriota, Eleni, médica de profesión, que no hablaba ni una palabra de español y menos aún de aymara o quechua, las tres lenguas que habla el presidente Evo Morales.

Yo debía haber sido el jefe de esa Delegación, pero el voto en contra de una colega de Podemos, que luego renunció al viaje, me lo impidió. La maniobra no sirvió de nada. El gesto inamistoso fue inútil porque, como ahora diré, Evo me distinguió entre todos y casi me monopolizó, contándome sus actuaciones políticas, como la disminución de la pobreza, la implantación de la sanidad universal y gratuita o la erradicación del analfabetismo.

La Delegación visitó sobre el terreno un programa de desarrollo financiado por la Unión Europea en El Alto, aunque otros, no yo, prefirieron una visita al lago Titicaca. Más tarde volamos en avión militar al trópico, a Chaparé. Allí, el alcalde, con presencia de las autoridades departamentales y locales, nos recibió amablemente y nos pusieron collares hechos con hojas de coca. Poco después llegó el presidente Evo Morales en el helicóptero presidencial. Todos le recibimos con la cortesía debida al jefe de Estado. Evo estuvo simpático conmigo. Me miró fijamente. Sabía quién era yo. Extendiendo el brazo, en primer lugar, y cerrando el puño, después, a la manera fascista, en un caso, a la manera comunista, en el otro, me preguntó: «¿Tú, de cuál eres, del brazo en alto o del puño?». Rápidamente le contesté: «Yo soy del PP español, de Mariano Rajoy». Y me dijo, rápidamente también: «¡Ah, ese me cae bien!».

Comimos en una salita preparada al efecto en el pequeño aeropuerto, el uno enfrente del otro. Monopolizamos la conversación entre los dos: me preguntaba él y le preguntaba yo. A los demás (a la presidenta y a un rumano del grupo socialista que también formaba parte de la Delegación), ni caso, y no por descortesía del presidente, no, sino porque el irresponsable abuso de poder de una funcionaria del Parlamento Europeo, que por no perderse el encuentro —limitado— con Evo, dejó en El Alto al mejor intérprete que llevábamos, Diego Garzón, para así ocupar ella su lugar, intentando, empeño imposible por su ignorancia de nuestra lengua, traducir al presidente.

Evo me dijo varias veces: «¿Pero qué dice esta? Dime tú, dime tú». Debo añadir que la funcionaria en cuestión perpetró su escandaloso comportamiento, además de cagarse, sí, exactamente, se cagó antes de tomar el helicóptero, seguramente por una intoxicación alimentaria. El mal olor era notable. Se lo recriminé después.

Nos embarcamos en el helicóptero presidencial con las puertas correderas abiertas y con los cinturones de seguridad bien apretados. Todos llevábamos cascos para escuchar las explicaciones del presidente, explicaciones que solo yo entendía, explicaciones que solo me hacía a mí. Me mandó tomar asiento a su lado y, al tiempo que les daba órdenes directas a los pilotos, me explicaba todo lo que íbamos viendo: «¿Ves esos campos de bananos? Antes eran plantaciones de coca. ¿Ves esos campos de piña? Antes eran plantaciones de coca. ¿Ves esas acequias? Ahí se crían millones de pescados que vendemos al Brasil. ¿Ves ese *coliseum* deportivo? Es para que los hermanos del trópico puedan hacer deporte y jugar al fútbol… Ya ves, estos son los cultivos alternativos a la hoja de coca».

La hoja de coca en Bolivia (no confundir con la cocaína) es cultura autóctona y propia; la venden en establecimientos, específicos o no, la toman, masticándola, desde las clases más populares y trabajadoras a las más acomodadas y te la sirven como infusión en los hoteles de lujo para consumirla libremente. Dicen, a mí no me lo parece, que una infusión de hoja de coca neutraliza el mal de altura.

Nos despedimos del presidente, mantuvimos reuniones con varios ministros (Exteriores, Justicia, Medio Ambiente y Agua) y discutimos sobre un programa de la Unión Europea que financiaba la eficaz distribución de los consumos hídricos.

Antes de regresar a Europa por el itinerario El Alto-Santa Cruz de la Sierra-São Paulo-Madrid, fuimos invitados a comer con el viceministro del Interior, con funcionarios de ese ministerio, con el embajador de España, con oficiales de enlace y con agregados de Interior españoles.

A lo largo de la comida, comenté que los Gobiernos de Colombia y de Perú me habían condecorado dos veces, por la cuestión de la liberación de la obligación de visado para los ciudadanos de esos países y por mi lucha contra el narcotráfico en mi etapa como director general de la Policía.

Abandoné un momento el comedor para ir al cuarto de baño. Al salir, me estaba esperando un capitán uniformado que me pidió detalles sobre mi persona (nombre, apellidos, cargo, misiones, etc.). Le dije: «¿Para qué quiere usted esta información?». Me respondió: «Se lo ruega mi general». Ahí acabó todo. Nos despedimos de las autoridades y nos fuimos al aeropuerto.

Ya en el aeropuerto, comprando unos regalos en las tiendas de la terminal, me llaman insistentemente por megafonía. Con energía, aunque por favor, me pedían acudir con urgencia al puesto militar —policial— del aeropuerto. Cuando llegué al recinto, me recibió el jefe: se cuadra, me saluda y me hace entrega de un pergamino y una condecoración, en nombre de su ministro, por mis servicios prestados en la lucha contra el narcotráfico…

El presidente Evo Morales Ayma me regaló su autobiografía con la siguiente dedicatoria: «A mi hermano Agustín, mi jefe de campaña». Dictada por él al periodista Iván Canelas Alurralde, se titula *Mi vida, de la Orinoca al Palacio Quemado*. En este libro he leído lo que sigue:

> Mis papás me dijeron que mis abuelos habían contado que en los años 40 y 50 estaba prohibido leer en el campo. [...] A mis diez años recién he aprendido a hablar y entender el castellano [...]. Nuestras manos lloraban sangre, por el intenso frío, y como no teníamos zapatos, sino solo abarcas, en nuestros talones se formaban grietas que se llaman en el campo *cacally*. [...] El jabón no existía [...]. En invierno nunca nos cambiábamos, solo nos quitábamos el poncho y el chulo si hacía calor. [...] A mí, mi mamá solo me sacaba la ropa por dos motivos: para buscar piojos o para remendar un agujero que siempre había en la rodilla o en los codos. [...] Yo y mi hermano Hugo también hemos quemado nuestros gorritos cuando hacíamos tareas en la noche. Como teníamos solo un mechero, había que acercarse más porque no se veía bien. El profesor siempre revisaba los cuadernos al día siguiente. [...] La habitación donde vivíamos tampoco era muy grande, debía ser de ocho por cuatro metros. El techo era de paja, como en todas las casas, y el piso era de tierra. Ahí estaban muchas ollas, jarras, todo para cocinar. [...] Había un camino de herradura por una región que se llamaba Japocasa por donde se podían mirar los buses que viajaban de Cochabamba a Oruro y de Oruro a Cochabamba. Eran las flotas Danubio y Nobleza. Los pasajeros botaban la cáscara de naranja, yo corría, me las levantaba y me las comía, pero de la de plátano solo la parte blanquita me gustaba. [...] El viaje de niño que más recuerdo es a Calilegua, a la Argentina, a la zafra. Yo tenía apenas seis años, fuimos con mi papá y mi hermana Esther. Mi papá fue a trabajar a la compañía de azúcar. Una gran cantidad de campesinos se trasladaban hasta esa ciudad. Muchos iban con sus hijos. Era obligatorio que los niños estuviésemos en la escuela. [...] Yo quiero reconocer a mi padre como un gran trabajador. No paraba, no descansaba, sábados, domingos, feriados, seguía trabajando. Solía decir: «En cualquier momento habrá paro, ahí vamos a descansar». [...] Mi papá compró un catre con las ganancias que tuvo en la zafra. Hasta ese momento todos nosotros dormíamos en el piso, en cueros de ovejas y llamas. Nos tapábamos con las zafradas que mi mamá tejía. Ese catre mi papá se lo regaló después a mi hermana cuando se casó. [...] Mi papá también me compró un zapato Induvar de goma. Olía feo y mucho, y yo no

> estaba acostumbrado a usar calzado, solo abarca, por eso cuando volvimos a Orinoca lo he botado. [...] Mi secreto era estudiar en la madrugada, yo siempre he madrugado. [...] Pero en Oruro no había plata para cocinar. Para vivir tuve que trabajar como ladrillero y panadero. [...] Yo sigo convencido de que cuando mucha gente del altiplano se va al oriente lo hace por problemas económicos, por sequía, helada o granizada. La helada era lo peor. El año 71 solo teníamos un poco de maíz, no había nada más, maíz solo, como un quintal, eso era nuestra alimentación. Y eso era el desayuno, tostado y machucado. Hacía hervir con huesos de llama un poco de carne a mediodía. Nuestro almuerzo era tostado o mote. En la noche, otra vez hacía hervir el maíz machucado como sopa con carne de llama o de oveja. Esa era nuestra alimentación. [...] En el Chaparé también es una costumbre que los productores de coca, donde plantan coca, planten naranja, cada cinco metros, más o menos. Son casi del mismo tamaño. Comencé a cosechar la coca. La coca en unos diez años se agota y ahí está la naranja. Los campesinos llaman a esta forma de plantar «cultivo casado». [...] En el sindicato Senda Boyer, en la región de Chipiriri, fue quemado vivo un compañero cocalero. Lo habían acusado de estar involucrado en el narcotráfico. Los responsables dijeron que fueron los policías de narcóticos, que eran unos abusivos. Después se llamó Unidad Móvil de Patrullaje Rural (UMOPAR)...

Evo Morales, de la pobreza, el trabajo y el liderazgo sindical cocalero, por Cochabamba, al Parlamento y al Palacio Quemado, la sede de la presidencia.

La última vez que fui a Bolivia fue con la Asamblea Parlamentaria Euro-Latinoamericana (EuroLat) el 27 y 28 de febrero del año 2019. La Asamblea se celebró en Santa Cruz de la Sierra. Tuve una intervención y recibí el abrazo del ministro de Asuntos Exteriores, Diego Pary Rodríguez, a quien ya conocía, y al despedirnos, el abrazo del presidente del Estado Plurinacional de Bolivia, Evo Morales Ayma.

CHILE
EL OTRO REFLEJO DE EUROPA

¡Qué magnífico y maravilloso país! He visitado Chile en cinco ocasiones y siempre quiero volver. Mis visitas han coincidido con los dos mandatos de Michelle Bachelet y con los dos de Sebastián Piñera. La señora Bachelet gobernó Chile en dos periodos no consecutivos: del año 2006 al año 2010 y del año 2014 al 2018. Compré el libro de su biografía titulado *Michelle*, de Elizabeth Subercaseaux y Malú Sierra, y lo leí de un tirón. La presidenta Bachelet ha transitado con eficacia por Naciones Unidas presidiendo la Agencia para la Igualdad de Género, y más tarde como Alto Comisionado de Naciones Unidas para los Derechos Humanos. Nicolás Maduro, el tirano, no le tiene mucho aprecio. Yo sí. Dos veces me recibió junto a mis colegas en su despacho de La Moneda y dos veces la pude interrogar sobre la realidad chilena. Su padre, Arturo Bachelet Martínez, fue general de brigada del Ejército del Aire chileno. Se opuso a la dictadura del general Augusto Pinochet y fue represaliado y torturado.

Estuve en Villa Grimaldi, una cárcel donde se recluía y torturaba a los disidentes. Visité con horror, en el parque de la Paz, ese centro de tortura, la Villa Grimaldi, y sobrecogido lancé mi plegaria al cielo.

Sebastián Piñera gobernó Chile en dos periodos no seguidos, como recién referí también ocurrió con Bachelet. Los mandatos de Piñera tuvieron lugar entre los años 2010 y 2014 y entre 2018 y 2022. Fue un notable y potente empresario que al acceder a la presidencia tuvo que dejar muchas cosas, entre otras la compañía de aviación Lan Chile. El padre de Piñera tuvo cargos de importancia en el Gobierno del presidente Eduardo Frei Montalvo, y asumió las embajadas de Chile en Bélgica y ante la ONU. Sus parientes cercanos estuvieron vinculados a la política, ocupando distintos altos cargos durante la dictadura de Pinochet y en democracia, en gobiernos de Aylwin y de Bachelet. Nunca fuimos recibidos por Sebastián Piñera a pesar de visitar La Moneda en varias ocasiones durante sus mandatos. Sí mantuvimos encuentros, reuniones y almuerzos de cortesía y trabajo con varios de sus ministros.

Recuerdo especialmente las entrevistas con el de Relaciones Exteriores, Alfredo Moreno Charme, y con el de Interior —que allí se llama de Interior y Seguridad Pública— Rodrigo Hinzpeter. También nos reunimos con el ministro de Minería, Laurence Golborne.

Como se sabe, la minería del cobre tiene una importancia vital en el presupuesto y en la economía chilena. El cobre supone el 55 % de las exportaciones chilenas. En ocasiones, el cobre es considerado como «el sueldo de Chile» y la producción del país representa un tercio de la producción mundial. Según el antiguo presidente de

Codelco, el señor Marcos Lima Aravena, entre el año 2000 y el año 2019 el cobre supuso más del 13 % de los ingresos fiscales de Chile. Codelco es una empresa estatal al 100 %, líder mundial y el presidente de Codelco es el presidente de la República. Las oscilaciones del precio del cobre en el mercado mundial tienen una incidencia importantísima en la economía chilena.

Siempre que visité Chile, mi estancia se repartió entre Santiago y Valparaíso, sede del Congreso Nacional, donde está ubicado el Senado y la Cámara de Diputados (la Cámara).

Tengo una amistad muy sólida con Jorge Pizarro, que fue presidente del Senado y director de campaña de Frei. Pizarro y su esposa, Rocío Peñafiel, son verdaderos amigos que aman profundamente España. Jorge es todo un personaje en la política chilena, singularmente en las etapas de la Concertación entre gobiernos socialistas y democristianos. Jorge y Rocío viven en una casa preciosa al pie de la cordillera.

Mantuve reuniones con los mapuches, el más importante de los pueblos originarios en Chile. Visité Temuco, que es prácticamente la capital de la Región de la Araucanía (IX Región de Chile, que tiene dieciséis). Nos entrevistamos con el alcalde en su maravillosa casa, donde nos invitó a comer. El alcalde de Temuco era mapuche. En mi despacho de Bruselas también recibí a un grupo de mapuches. No quiero extenderme sobre la importancia histórica de este pueblo. Aunque reconocidos por los gobiernos y la Constitución, que los intentan proteger, los mapuches se mantienen en sus reivindicaciones permanentes sobre sus territorios, su medio ambiente y su cultura.

Conocí a Isabel Allende Bussi. Hija del presidente Salvador Allende, la conocí como senadora —lo había sido por las circunscripciones de Valparaíso y Atacama— y como presidenta del Senado chileno.

También, en el marco de una visita a Bruselas, el Parlamento Europeo y la Asamblea Eurolat organizaron una cena con ella y con otros colegas chilenos. Siempre me pareció amable, respetuosa y bien equipada intelectualmente.

Viajé también a la Patagonia chilena. Comimos en Puerto Natales y me alojé en un hotel de Punta Arenas. Allí, la Armada chilena nos iba a trasladar en un Hércules C-130 a la base chilena en la Antártida. El mal tiempo lo impidió. El parte meteorológico de la Armada anunciaba tiempo inestable y peligroso para un vuelo de cinco horas, y ello durante dos días. Los vientos son terribles y la vegetación se inclina desde siglos en favor del viento dominante. Nos ofrecieron como alternativa un extraordinario viaje en un CN-235 sobrevolando la Patagonia chilena, especialmente el aterrador espectáculo —por su belleza— de las Torres del Paine. No pudimos sobrevolar el glaciar Perito Moreno por estar en territorio argentino. Mi colega Javier Pomés esperó en Punta Arenas y dos días después visitó la Antártida.

En mis viajes a Valparaíso estuve dos veces en una de las tres casas que Pablo Neruda tenía en Chile. Estuve en la Casa Museo La Sebastiana, situada en el cerro Bellavista y que es un museo de objetos y curiosidades de Pablo. En un espacio anejo al museo se venden recuerdos y libros del poeta. Como se sabe, Pablo Neruda perteneció al Partido Comunista de Chile.

Como tengo contado, Jorge Pizarro y yo copresidíamos el Grupo de Trabajo Migraciones de la Asamblea Euro-Latinoamericana. La última vez que coincidimos fue en una reunión en el Parlamento griego, en Atenas, regresando yo de Jartúm, la capital de Sudán, y haciendo escala técnica en Estambul.

Mi por ahora último viaje a Chile coincidió con la estancia de Carlos Robles Fraga como embajador de España en Chile en el año 2018. Me llamó otro Carlos, un abulense de la empresa Áridos de Aldeavieja, para invitarme a cenar en Santiago. Su negocio tenía contratos de obra pública allí, en Chile, y en Medellín, en Colombia.

El actual presidente de Chile es, como se sabe, Gabriel Boric, que ejerce su cargo desde el mes de marzo del año 2022. Deseo que acierte en el gobierno de este gran país.

De los presidentes recientes de Chile, he conocido a Ricardo Lagos Escobar (intervino en el Pleno del Parlamento Europeo en Estrasburgo), a Michelle Bachelet Jeria y a Sebastián Piñera Echenique que, como he dicho, nunca nos recibió.

P. D. Cuando termino de escribir este capítulo, el día martes 6 de febrero de 2024, tengo noticia de la muerte en un accidente de helicóptero del expresidente de Chile, Sebastián Piñera. «Se sabe que la aeronave cayó debido a las intensas lluvias y neblina» al lago Ranco, en la Región de Los Ríos, en el sur del país. Tenía setenta y cuatro años. Descanse en paz.

CHINA Y EL TÍBET
DEL PALACIO DEL ALMA AL PALACIO DEL PUEBLO

Viaje a Pekín y a Lhasa
Del 22 al 29 de junio del año 2007

Visité la República Popular China en la VI Legislatura del Parlamento Europeo. Fue en el año 2007. Presidía la Delegación Europea una colega francesa que además era coordinadora socialista de la Comisión de Libertades Públicas, Justicia y Asuntos de Interior (Comisión LIBE), llamada Martine Roure. Martine era de Lyon y había comenzado su carrera política en el Ayuntamiento de esa ciudad. Nos llevábamos bien por mi afinidad y estancias en mi adolescencia en Lyon y por los trabajos legislativos en la Comisión LIBE.

También formaba parte de nuestra Delegación, entre otros, el que luego sería ministro de Asuntos Exteriores del Reino de España, José Manuel García-Margallo.

Tras varias reuniones con las autoridades chinas en el ámbito de las relaciones comerciales entre la Unión Europea y la República Popular China, no recuerdo que nadie hablara ni de derechos humanos ni de Taiwán ni del Tíbet. No obstante, en la visita se contemplaba el viaje a Lhasa, la capital del Tíbet. Hasta allí viajamos en una compañía aérea china porque a Lhasa, entonces y ahora, creo, solo vuelan compañías chinas. Hicimos escala en Chengdu y desde esta ciudad continuamos vuelo hasta el aeropuerto Lhasa Gonggar (este aeropuerto está situado a 3750 metros de altura y es, junto con el de El Alto, en Bolivia, uno de los aeropuertos del mundo con mayor altitud sobre el nivel del mar). Desde Gonggar a Lhasa hay 65 km.

Nos recibieron en la terminal chicas tibetanas con trajes típicos y música, y nos colocaron al cuello el famoso *foulard* blanco llamado Khata. A lo largo del recorrido desde el aeropuerto hasta la ciudad de Lhasa, cada 100 metros, más o menos, había soldados chinos vueltos de espaldas, es decir, mirando a la nada, pero armados y pertrechados como para repeler cualquier agresión a nuestra caravana (quizá estaban ahí para impresionarnos).

Nuestro autobús llegó a su destino sin contratiempo alguno, pero antes, en mitad del trayecto, paramos para visitar una humilde casa tibetana donde nos acogieron con gran hospitalidad y nos ofrecieron leche agria de yak, mantecosa y muy dura al paladar para un occidental. El recorrido fue un espectáculo propio de un paisaje lunar. El autobús circulaba por la ruta sobre suelo congelado y duro, una suerte de permafrost, y aun así se veían rebaños aislados de yaks custodiados por pastores multicolor o pequeños grupos diseminados por la inmensa llanura.

Vimos muchas «banderas de oración», que son, según nos explicaron, de cinco colores. Poco después de llegar a Lhasa, dos colegas holandeses tuvieron que ser evacuados a Pekín por sufrir el mal de altura. En el hotel en el que nos alojamos teníamos servicios médicos permanentes y botellas de oxígeno en todas las habitaciones.

La visita al Tíbet fue fundamentalmente turística y para mostrarnos que el Tíbet no estaba «ni invadido ni sometido». Recorrimos un centro de medicina tradicional y exhibieron a funcionarios tibetanos *domesticados*. Visitamos las bellezas arquitectónicas de los templos esenciales en las creencias budistas tibetanas. Paseamos por el Barkhor, que es el centro urbano de Lhasa, un espacio plagado de tiendecitas abigarradas, pequeños establecimientos comerciales que vendían recuerdos y objetos de culto budista. También hicimos, todo a pie, el circuito de Kora, alrededor del templo Jokhang, donde montones de creyentes, con una especie de guantes de madera y mandiles de cuero de yak, se arrodillaban, se tumbaban y se ponían de pie, y vuelta, se arrodillaban, se tumbaban y se ponían de pie, esto es, repetían este proceder durísimo una y otra vez. Otros caminaban alrededor de los templos haciendo girar molinillos de oración.

Martine Roure, José Manuel García-Margallo y yo visitamos durante más de dos horas la joya de la cultura budista tibetana, el palacio del Potala, situado a 3700 m de altura. Tuvimos que hacer el recorrido muy despacio para protegernos, gestionar la falta de oxígeno y procurar nuestra adaptación al medio. Como se sabe, el Potala era la residencia oficial de invierno del dalái lama desde el siglo VII, hasta que, en 1959, el XIV dalái lama se exilió en Dharamsala, en la India. El templo Potala es impresionante. Se dice que sus cimientos son de cobre y tiene más de 1000 estancias y cerca de 200.000 esculturas. Pudimos contemplar a más de 300 monjes budistas practicando sus creencias, sentados cruzando las piernas a la manera tradicional budista, armónicamente situados en el suelo de un patio enorme, rezando unos, impartiendo catequesis otros.

Añado una curiosidad. Hay un tren, que ni tomamos ni vimos, el Transtibetano, que hace el recorrido entre Pekín y Lhasa (unos 3800 km). Este ferrocarril circula desde el año 2006. Lo que me sorprendió fue la grandiosidad de la estación de trenes de Lhasa, especialmente los enormes y desproporcionados andenes, máxime si tenemos en cuenta que Lhasa es una ciudad que no llega al millón de habitantes. No pude remediarlo, pero inmediatamente pensé en unos andenes tales como las plataformas adecuadas para recibir, en caso de *necesidad*, carros de combate y vehículos de guerra… Son cosas mías. Por muy superpoblada que esté la República Popular China, los viajes a Lhasa están muy restringidos y controlados. Como digo, cosas mías.

Al volver a Pekín (por el mismo itinerario que a la ida) coincidimos, en el hotel donde se alojaba nuestra Delegación, con el séquito del rey Juan Carlos de Borbón, que también se alojaba allí. Hablamos con su gente, pero no llegamos a ver a don Juan Carlos.

No regresamos a Europa sin antes visitar la plaza de Tiananmen, que representa la Nueva China de 1949 y que fue testigo de los trágicos sucesos de 1989, con multitud de muertos víctimas de la represión oficialista. También nos mostraron el faraónico Palacio del Pueblo, que es la sede de la Asamblea Popular.

El último día, Martine Roure y yo desayunamos juntos y fuimos de compras a impresionantes almacenes en la zona comercial de Pekín. Otros colegas se hicieron trajes a medida, confeccionados y servidos en cuestión de dos horas.

VENEZUELA
DICTADURA, ESTADO FALLIDO, ÉXODO, TRAGEDIA Y DOLOR

7 de octubre del año 2012. Fui a Venezuela como observador electoral representando al Parlamento Europeo en la MOE (Misión de Observación Electoral) de la UE.

Fueron las últimas elecciones de Hugo Chávez Frías. Me acompañaban: Gabriel Mato Adrover, Edvard Kožušník y Juan Salafranca.

Al llegar al aeropuerto de Maiquetía, ya fuimos escrutados e interrogados por policías de fronteras, apoyados para la ocasión por funcionarios de nacionalidad cubana (pasaportes, lugar de residencia, objeto de la visita…). En realidad, estaban bien informados sobre nosotros y sobre nuestra misión oficial, pero querían intimidar. Al mismo tiempo atravesaba el puesto fronterizo José Bono con algunos acompañantes y, curiosamente, las autoridades venezolanas le recibieron casi con alfombra roja. Con él venía también mi admirado amigo, el catalán Dani Sirera.

Nos alojamos en el hotel Pestana, frente al imponente Cerro El Ávila. Allí conocí a mi querida amiga Mari Ponte, una joven abogada, una demócrata venezolana que pasó por el calvario del secuestro de su joven marido, obteniendo su liberación después de recaudar y pagar 30.000 dólares. Desgraciadamente, poco tiempo después de su liberación, su esposo fue asesinado.

En todos los viajes que posteriormente hice a Venezuela, siempre me alojé en el hotel Pestana y coincidí muchas veces con Mari Ponte, hoy exiliada en España.

Antes de mi visita, Luis Herrero y Carlos Iturgaiz fueron obligados a abandonar el país de forma abrupta, con intimidaciones, con retención temporal de pasaportes y con insultos y amenazas. Conseguí hablar desde Ávila con Luis Herrero, que ya estaba haciendo escala en Brasil, y me dio tranquilidad sobre su estado físico y el de Carlos. En uno de los interrogatorios previos a la expulsión de Venezuela, cuenta Juan Salafranca que Carlos Iturgaiz —nervioso, aunque tiene acreditado temple y valor— dijo a los *funcionarios* que estaba ya «hasta el triunfo del arco» cuando lo que quería decir era que estaba «hasta el arco del triunfo».

Nos reunimos con grupos de oposición a Chávez, con periodistas y empresarios, con Julio Borges y con María Corina Machado, que nos invitó a su casa. A Julio le volví a encontrar en Estrasburgo. Comimos en el restaurante de diputados. Antes de venir al Parlamento Europeo había sido objeto de una brutal agresión en Venezuela, a resultas de la cual su cara quedó temporalmente desfigurada. Yo tenía en mi teléfono fotos de aquella agresión y se las mostré. Mi admiración, respeto y solidaridad para con este padre de cuatrillizos, luchador por la libertad y la democracia de su pueblo que es Julio Andrés Borges Junyent. Formado en el Boston College, en Oxford, y, como tantos otros líderes por la libertad de Venezuela, en la Universidad Católica Andrés Bello de Caracas, Julio Borges fue presidente de la Asamblea Nacional de Venezuela.

María Corina Machado Parisca es hoy la esperanza de una Venezuela libre. Tiene valor y tiene carisma. Es ingeniera industrial y era entonces —creo— diputada independiente por el Estado de Miranda. Quiero dedicar unas palabras cariñosas, de respeto y admiración, a esta mujer muy atractiva, muy valiente, muy buena oradora y muy comprometida con las libertades y la democracia en su país. Tiene veinte años menos que yo, estudió en Yale y en la Universidad Católica Andrés Bello. María Corina es la fundadora del Partido Vente Venezuela y de la Asociación Súmate. Fue diputada muy activa, pero el dictadorcillo Diosdado Cabello, que presidía la Asamblea Nacional, le retiró el acta de diputada porque, según este pájaro, había violado dos artículos de la Constitución. El obediente Tribunal de Justicia ratificó la arbitraria decisión de Diosdado. La brillante trayectoria de María Corina Machado fue de nuevo atacada por Maduro y sus secuaces al inhabilitarla políticamente por quince años, atentado a las libertades públicas ocurrido el 30 de junio del año 2023, y el ejecutor de la decisión fue el *compañero* Peraza Machado. Recientemente —escribo esto en diciembre del año 2023—, María Corina Machado ha ganado, a pesar de la inhabilitación, las elecciones primarias de la Plataforma Unitaria Democrática para ser candidata a la presidencia en el 2024 con un apoyo superior al 90 %. Actualmente, ha vuelto a ser represaliada y excluida para la candidatura a la presidencia de la República.

También estuvimos con el candidato opositor Henrique Capriles Radonski, que en su despacho nos puso en situación sobre la realidad venezolana del momento. Nacido en julio de 1972, este abogado se formó en la Universidad de Columbia y en la Católica Andrés Bello de Caracas. Fundó el partido Primero Justicia. Fue diputado del Congreso Nacional de Venezuela por el Estado de Zulia y gobernador del Estado de Miranda (derrotando en la disputa por la gobernación a Diosdado Cabello). Candidato a la presidencia del país en dos ocasiones (en 2012, en las primarias de la Mesa por la Unidad, fue elegido candidato a las presidenciales y repetiría en 2013, cuando muere Chávez), también fue vicepresidente del Congreso de la República. Las presidenciales del año 2013 se celebraron el día 14 de abril. El candidato chavista, Nicolás Maduro, *oficialmente* ganó por una escasísima diferencia del 1,42 %. Capriles no reconoció estos resultados y pidió, exigió, al Consejo Nacional Electoral (CNE)

—presidido entonces por Tibisay Lucena Ramírez, ya fallecida— auditar todas las actas de escrutinio y todos los cuadernos de votación. El CNE rechazó la petición y Capriles impugnó el proceso ante el Tribunal Supremo de Justicia, que declaró la impugnación inadmisible. En el año 2017 fue inhabilitado por la Contraloria para ejercer cargos públicos durante quince años. La llamada Plataforma Unitaria, en primarias, le vuelve a elegir candidato, pero decide retirarse de la contienda por el bajo apoyo popular detectado en las encuestas. En abril del año 2002 fue encarcelado en el tristemente famoso y represivo Helicoide acusado de estar implicado en el asedio a la Embajada de Cuba y absuelto de todos los cargos en el año 2006. En nuestro encuentro con Henrique Capriles, no me gustó que nos dijera —con discreta vanidad— que había estado reunido con José Luis Rodríguez Zapatero.

También nos entrevistamos con el diplomático Milos Alcalay, ya en la oposición al chavismo, aunque Hugo Chávez le llegó a nombrar representante de Venezuela en Naciones Unidas.

Fue muy grato conocer a nuestro embajador en Venezuela, Antonio Pérez, gran profesional y excelente persona. Yo ya conocía a Antonio porque era embajador en Irán cuando visité Teherán en los días previos a la Navidad del año 2008. Antonio Pérez había sido embajador de España en Managua, Teherán y Caracas, «el eje del mal».

En las elecciones que fui a observar, celebradas el 7 de octubre del año 2012, Hugo Chávez Frías obtuvo 8.191.132 votos con el PSUV-Gran Polo Patriótico. Henrique Capriles, con el partido Primero Justicia (PJ), 6.591.303. Ganó Chávez, que lideraba el Gran Polo Patriótico Simón Bolívar. El Gran Polo Patriótico se fundó en el año 2011. El presidente del Gran Polo era Nicolás Maduro, la coordinadora era Blanca Eekhout, y acaudillaban un conglomerado de partidos menores que respaldaban la Revolución Bolivariana (Partido Socialista Unido de Venezuela; Movimiento Electoral del Pueblo; Unidad Popular Venezolana; Alianza para el Cambio; Organización Renovadora Auténtica; Por la Democracia Social; Movimiento Somos Venezuela; Patria para Todos; Movimiento Tupamaro de Venezuela...), asociaciones, grupos y plataformas populares, en suma, que se desplegaron y expandieron como mancha de aceite por todo el país organizándose en consejos patrióticos y en asambleas populares, municipales y federales.

Regresé a Venezuela el año 2013. Chávez ya había muerto y estaba enterrado en el Cuartel de la Montaña. Las nuevas elecciones presidenciales se celebraron el 14 de abril. Competían Nicolás Maduro y de nuevo Henrique Capriles, como ya he contado. *Oficialmente* y tras muchísimas irregularidades, se proclamó la *victoria* de Maduro por la diferencia escasísima de más o menos punto y medio en la votación. Recuerdo al general Vladimir Padrino compareciendo en televisión para dar estabilidad al *sistema* y calmar los ánimos que estaban muy excitados. Muchos colegios electorales retrasaron la hora de cierre mientras llegaban camiones cargados de reclutados nuevos votantes. Se sucedieron las caceroladas en muchos barrios de Caracas. Me llamó mi hijo Kiko, que seguía el proceso, y me dijo que no saliéramos del hotel.

Cuando visité un colegio electoral en el barrio de la Piedrita, relativamente cerca del Cuartel de la Montaña, pude contemplar un enorme grafiti con una también enorme pintura de la Virgen María con una metralleta en las manos. El ambiente allí era muy hostil hacia nuestro trabajo, pero no hubo incidentes reseñables.

Me llamó RTVE al hotel Pestana y, en presencia de Gabriel Mato, Edvard Kožušník y Juan Salafranca, declaré que las elecciones no soportaban los estándares democráticos internacionales. Me replicó, aunque sin demasiada contundencia, el embajador de Venezuela en España.

Dos palabras de admiración y respeto, que considero en justicia necesarias, sobre Leopoldo Eduardo López Mendoza. Fue alcalde de Chacao y coordinador nacional de Voluntad Popular. Su formación política está vinculada a la Escuela de Gobierno John F. Kennedy de Harvard, Kenyon College y la Universidad Andrés Bello de Caracas. Declarado prisionero de conciencia por Amnistía Internacional, estuvo preso en Ramo Verde, condenado a trece años y nueve meses de cárcel por su *supuesta* responsabilidad violenta en las manifestaciones contra Maduro en el 2014. Después de innumerables sufrimientos, de haber conocido cárceles durísimas y soportado *atenuadas* prisiones domiciliarias, Leopoldo, desde la Embajada de España —que tantas veces visité— viajó clandestinamente a Apure y desde allí pasó a Cúcuta después, seguramente, de atravesar el puente Bolívar o a través de las trochas que sirven de paso clandestino a delincuentes y a narcotraficantes, pasos absolutamente incontrolables que existen entre Venezuela y Colombia.

Leopoldo llegó a Madrid, donde vive, en octubre del año 2020. Nunca conocí a Leopoldo Eduardo López Mendoza, pero sí a su valiente esposa Lilian Tintori y a su madre, doña Antonieta. Hablé *in extenso* con ellas en Caracas, en el hotel Pestana. Me impresionó mucho la valentía de Lilian. A Leopoldo López Gil y a su esposa los volví a ver y saludar con solidario respeto en Ávila, en plena campaña para las elecciones europeas, en un mitin al aire libre que tuvo lugar en la placita que hay delante de la iglesia de Mosén Rubí.

En el año 2020, en Bruselas, siendo Leopoldo López Gil diputado del Partido Popular en el Parlamento Europeo, comimos juntos y hablamos mucho sobre Venezuela y la situación de su hijo Leopoldo Eduardo. Organizó la comida el embajador de Taiwán ante la Unión Europea. Me acompañó mi hija Ana, amiga de Taiwán, y también estuvo allí mi querida, mi queridísima Rosa Estarás.

Jueves, 3 de diciembre del año 2015. Vuelvo a Venezuela. Esta vez convencí a Esteban González Pons para que viniera a observar el nuevo proceso electoral y liderar el grupo.

Las elecciones legislativas tuvieron lugar el 6 de diciembre del 2015. Presidía el Parlamento Europeo el socialista alemán (SPD) Martin Schulz, que más tarde sería candidato —con poco éxito— a la Cancillería de la República Federal Alemana.

Queríamos ir a Venezuela; los demócratas de allí nos necesitaban. En origen, los grupos políticos de la Cámara estuvieron de acuerdo, pero Schulz nos informó de que el Servicio de Acción Exterior de la UE desaconsejaba la Misión del Parlamento Europeo por motivos de seguridad. Todos menos el PP abandonaron la idea. Nosotros no, ya digo. Nuestro Grupo envió la Delegación Popular a las elecciones legislativas invitados por la MUD (Mesa de la Unidad Democrática).

Componíamos la Delegación Esteban González Pons, Gabriel Mato, Teresa Jiménez Becerril y yo. Se nos ofreció, después de entrevistarnos con toda la oposición a la dictadura, la posibilidad de ser recibidos por la oficialidad. Hubo debate en la Delegación. Teresa y yo nos negábamos porque, sencillamente, no queríamos dar pábulo a la instrumentalización de este encuentro. Finalmente, Esteban, que lidera de forma natural, sin imponer nada, nos hizo reconsiderar nuestra postura. Nos recibió, después de una hora de espera, la camarada Rodríguez (nombre completo Delcy Eloína Rodríguez Gómez, por entonces ministra de Relaciones Exteriores de Venezuela) en una sala donde seguro éramos observados y escuchados. Delcy (la de las «maletas», la del aterrizaje en Barajas a pesar de tener prohibida la entrada en el espacio Schengen, la interlocutora del entonces ministro de Transportes, José Luis Ábalos) nos recibió en la puerta de su despacho. Vestía pantalón y camisa negra. Esteban pasó por delante de ella y la confundió con una asistente. Yo, que iba en segundo lugar, la saludé.

Durante el encuentro, Esteban hizo una faena de aliño, muy mediterránea, porque unas declaraciones suyas hicieron correr el rumor de su pronta expulsión de Venezuela. Eloína, con una verborrea insoportable, tuvo la ocurrencia de invocar los derechos humanos. Le dije —interrumpiéndola— que los derechos humanos eran universales, indivisibles y que no estaban jerarquizados... Me preguntó: «¿Quién es usted? ¿Qué hace además de ser diputado?». «Señora, yo soy cura», le contesté.

Al salir a la calle nos estaba esperando el periodista —hoy diputado europeo— Hermann Tertsch (Hermann Tertsch del Valle-Lersundi). Esteban quería invitarle a cenar, pero todo estaba cerrado. Finalmente cenamos en el hotel, poca cosa, cena residual por lo tardío de la hora.

Las elecciones legislativas se celebraron el 6 de diciembre del año 2015. Las ganó la MUD (Mesa de la Unidad Democrática) con 7.728.025 votos; el segundo partido más votado, los chavistas del Gran Polo Patriótico, obtuvo 5.625.248 votos.

Posteriormente, casi cuatro años después, una Delegación del Parlamento Europeo en la que yo no pude participar, fue expulsada de Venezuela por Maduro. Iban a entrevistarse con Juan Guaidó, el presidente encargado. Los expulsados fueron: Esteban González Pons, Paolo Rangel, Esther de Lange, Gabriel Mato, José Ignacio Salafranca y Juan Salafranca.

En el año 2019 abandoné voluntariamente el Parlamento Europeo. Desde entonces no he vuelto a Venezuela. Sigo con mucho interés y preocupación los acontecimientos políticos y sociales del país, las atrocidades de la dictadura, los durísimos desplazamientos masivos de población.

Cuando escriba sobre mis viajes a Colombia, relataré mi visita a Cúcuta, al puente Bolívar y a la «casa de paso», y cuando escriba sobre Perú, contaré mi experiencia en la frontera de Tumbes, entre Perú y el Ecuador.

Se trata de dos ejemplos crueles del éxodo venezolano. He omitido, intencionadamente, a muchos líderes opositores al régimen de Maduro, sencillamente porque no forman parte de mis experiencias biográficas.

La etapa Guaidó da para una tesis doctoral. A Juan Guaidó le ha sustituido en la presidencia de la Asamblea Nacional, en enero del 2023, Dinorah Figuera. La señora Figuera —médica de profesión— vive en Valencia: es víctima de una orden de busca y captura por parte del Gobierno de Maduro.

Intervine con beligerancia muchas veces en el Pleno del Parlamento Europeo defendiendo la democracia en Venezuela y a los líderes opositores. En el plenario fui el primero en pedir la intervención del Tribunal Penal Internacional (TPI) contra los dictadores venezolanos. Consta que siempre terminaba mis intervenciones gritando ¡VIVA VENEZUELA LIBRE!

NOTA DE PRENSA

Estrasburgo, 6 de abril de 2017

> Durante un debate en el Parlamento Europeo sobre la situación en Venezuela, Díaz de Mera pide a los dirigentes venezolanos que dejen el poder para no perjudicar más a su pueblo y que las Fuerzas Armadas venezolanas protejan al pueblo.
>
> El eurodiputado del Partido Popular Agustín Díaz de Mera aseguró ayer que los dirigentes del actual gobierno venezolano deberían dejar el poder y exiliarse a la espera de que el Tribunal Internacional de La Haya haga justicia ante el daño que han infligido al pueblo venezolano.
>
> «La dictadura chavista, en su versión más dura y cruel, opresora de su pueblo y que ha empobrecido a su noble pueblo, ya no tiene discurso ni recursos para sostener un narcorégimen corrupto y liberticida», dijo el eurodiputado abulense durante un debate extraordinario convocado en el Parlamento Europeo ante los últimos acontecimientos registrados en Venezuela.
>
> «En Venezuela hay un poder legislativo maniatado, un poder judicial domesticado y mostrenco, un poder electoral dependiente y parcial y un ejecutivo que encarcela a los mejores», añadió Díaz de Mera.

> El eurodiputado popular también pidió ante el Pleno del Parlamento Europeo «paz y sosiego para Venezuela», además de «democracia, pan, medicamentos y seguridad», porque «los ciudadanos no deben sufrir más».
>
> [También] aseguró ayer que «dentro del marco constitucional, las Fuerzas Armadas de Venezuela deben defender y proteger a su pueblo o serán responsables ante la justicia y la Historia», dada la grave situación que vive este país.

COLOMBIA PESE A TODO, VITAL Y DEMOCRÁTICA

Fui nombrado director general de la Policía en julio del año 2002. En el año 2003 viajé por primera vez a Colombia en visita oficial. Gobernaba Álvaro Uribe, que tenía muy buena relación con el presidente Aznar, y de ahí se derivaba una estrecha colaboración y cooperación entre los Gobiernos de España y Colombia, también en el ámbito policial.

La ministra de Defensa de Uribe era Marta Lucía Ramírez, que me recibió muy amablemente y me ofreció un almuerzo al que asistió la cúpula del ministerio y el general Teodoro Campos, director de la policía colombiana. La señora Ramírez más tarde sería vicepresidenta de Colombia en el Gobierno de Iván Duque, entre los años 2018 y 2022.

Intercambiamos información sobre temas sensibles, abordamos cuestiones de gran importancia como la guerrilla, el narco y ETA.

El general Campos, en un acto emotivo y con discursos institucionales, me condecoró con la Medalla a Servicios Distinguidos, categoría Comendador.

Colombia era en esa época el principal cultivador de hoja de coca, y el ejército fumigaba contra los campos.

Viajé varias veces a Colombia como diputado del Parlamento Europeo y estuve como observador electoral en las elecciones presidenciales del año 2010. La votación tuvo lugar el día 30 de mayo, pero como ninguno de los contendientes logró la mayoría absoluta, se celebró una segunda vuelta el día 20 de junio y Juan Manuel

Santos ganó, registrándose una participación altísima. Santos lideraba el Partido de la U y consiguió 6.800.000 votos en la primera vuelta, mientras que en la segunda vuelta rebasó los 9.028.000 votos. El perdedor fue Antanas Mockus, del Partido Verde, que obtuvo en primera vuelta 3.134.000 votos y en segunda vuelta 3.587.000 votos.

Angelino Garzón hacía *ticket* electoral con Santos para vicepresidente de la República.

Visité en su casa y en su despacho al luego vicepresidente Garzón. Reposado y amable, era un activista, un sindicalista que había sido gobernador del Valle del Cauca y también ministro de Trabajo. Vino a visitarme a mi despacho de Bruselas y le apoyé sin reservas —y pedí apoyos para él— para dirigir en Ginebra la Organización Internacional del Trabajo (OIT). «Hay que preparar a Colombia para el perdón y la reconciliación», dijo en el diario *El País*. Creía en una lenta y progresiva paz con las FARC. Angelino fracasó en su intento de ser director general de la OIT, pero tenía el perfil, a mi juicio, más adecuado. Su compromiso con la justicia social y los derechos en el mundo del trabajo le hacían merecedor del puesto. Angelino Garzón enfermó de cáncer de próstata, como el presidente Santos y como yo.

Juan Manuel Santos volvió a ganar la presidencia de Colombia y se mantuvo en el poder desde el 7 de julio de 2014 al 7 de agosto de 2018. En la segunda vuelta de la reelección obtuvo el 50,9 % de los sufragios frente al 45,2 % del candidato de Álvaro Uribe, Iván Zuluaga. Los medios de comunicación social publicaron: «El ganador interpreta su victoria como un aval a las negociaciones con las FARC para poner fin al conflicto que dura cincuenta años y que ha dejado más de 360.000 víctimas». Santos decía que la causa de la paz, que querían mayoritariamente los colombianos, le había dado la victoria frente a la política de Zuluaga de «meter bala» a las guerrillas.

Coincidí con el presidente Santos en dos ocasiones: en su despacho del Palacio de Nariño, donde fuimos recibidos los representantes del Parlamento Europeo, y poco después en la Sala de Autoridades del Parlamento de Bruselas. Santos me concedió, a propuesta del embajador Rodrigo Rivera, la valiosa condecoración de la Orden de San Carlos, por mis trabajos parlamentarios para conseguir —y lo conseguimos— la exención de visado para los colombianos en el territorio comunitario.

En el año 2016, el presidente Juan Manuel Santos recibió el Premio Nobel de la Paz por su lucha y tesón para acabar con el conflicto armado con las FARC.

El 19 de junio del año 2010 visité en su casa de Bogotá al presidente Andrés Pastrana, que me regaló y dedicó su libro *Palabras de fuego*, con prólogo de Bill Clinton. Leer este libro y leer el prólogo es un ejercicio inteligente para comprender y amar a Colombia, una Colombia vital y democrática pese a los azotes terribles del narco y de la guerrilla.

El 2 de octubre del 2016 el Parlamento Europeo participó, con una Delegación, en el plebiscito sobre el acuerdo de paz. La Delegación fue denominada de acompañamiento y observación, así lo dijo en una rueda de prensa uno de los copresidentes, Luis de Grandes: «... deseamos y esperamos que los votantes colombianos respalden el acuerdo entre el Gobierno de Colombia y las FARC para poner fin a cincuenta años de enfrentamientos». Luis de Grandes y Ramón Jáuregui, que copresidían la Delegación, manifestaron nuestra inequívoca decisión de apoyar el proceso de paz. Ya lo habíamos hecho, meses antes, a través de una Resolución del Parlamento Europeo.

Desde el 29 de septiembre al 1 de octubre mantuvimos reuniones con grupos anti- y proacuerdos de paz, con académicos, periodistas y representantes de la sociedad civil y con autoridades de la República. Nuestro primer encuentro, recuerdo, fue con el presidente Álvaro Uribe, contrario al plebiscito y a los acuerdos de paz.

El día 3 de octubre nos reunimos con la embajadora de la UE, Ana Paula Zacarías, con los embajadores de la UE y con el enviado especial de la Unión Europea para el proceso de paz, Eamon Gilmore. Curiosamente, meses después, en una cacería en España, conocí al marido de la embajadora Zacarías. Desayunamos juntos y estuvimos comentando, comentando y comentando las consecuencias del plebiscito y de los acuerdos de paz en Colombia.

Componíamos la Delegación del Parlamento Europeo: Luis de Grandes (España), Ramón Jáuregui (España), Agustín Díaz de Mera (España), Liucija Andrikiene (Lituania), Soraya Post (Suecia), Boris Zab (Eslovaquia), Richard Howitt (Reino Unido), Nikolay Barekov (Bulgaria), Izaskun Bilbao (España), Tania González (España) y Ulrike Lunacek (Austria). Además de la observación, visitamos lugares duros durante el conflicto como Ibagué, Cartagena, Montes de

María o Medellín. Yo estuve en Cartagena y Montes de María. El resultado del plebiscito fue totalmente inesperado y sorprendente: por 58.000 votos ganó el «NO», con el 50,2 %, por el 49,7 % del «SÍ»; la abstención superó el 60 %.

Volví a Colombia con una Delegación de la Comisión de Desarrollo. Me acompañaba mi amigo Santiago Fisas y también Ricardo Cortés, del Partido Socialista. Visitamos un proyecto interesantísimo en el Valle del Cauca denominado «Valle en paz». Convivían y cooperaban tres comunidades en otro tiempo difíciles de hermanar: afrocolombianos desplazados por el conflicto, exguerrilleros y exnarcos. Cultivaban frutas muy variadas y las vendían y comercializaban en los mercados de Santiago de Cali. Nuestro desplazamiento para visitar los cultivos y las actividades del proyecto estuvo envuelto en una numerosísima escolta que nos protegía —teóricamente— de la guerrilla que estaba acampada cerca. No tuvimos ningún incidente.

Quiero relatar el Informe de Misión a raíz de la visita de la Delegación *ad hoc* a Cúcuta (Colombia) y Boa Vista (Brasil), que tuvo lugar del 25 al 29 de junio de 2018, para evaluar la situación humanitaria y el éxodo que se produjo —y que se produce— con la dictadura de Nicolás Maduro en Venezuela. Fuimos miembros de la Misión: Agustín Díaz de Mera (como jefe del Grupo de Trabajo a Colombia), Francisco Assis (como jefe del Grupo de Trabajo a Brasil), Beatriz Becerra Basterrechea, Ignazio Corrao, José Inácio Faria y Verónica Lope Fontagné. Por razones logísticas, la Misión se dividió en dos Grupos de Trabajo, el que yo presidía, en Cúcuta, y el que presidía Francisco Assis, en Boa Vista. Vinieron conmigo Becerra, Corrao, Faria y Lope Fontagné. Francisco Assis viajó solo a Brasil. Nos reunimos con autoridades nacionales, regionales y locales, con expertos y delegados gubernamentales, con miembros de la Dirección General de Protección Civil y Ayuda Humanitaria de la Comisión Europea (DG ECHO), con representantes de organizaciones internacionales activas en la zona: ACNUR (Alto Comisionado de Naciones Unidas para los Refugiados), OIM (Organización Internacional para las Migraciones), OCHA (Oficina de Naciones Unidas para la Coordinación de Asuntos Humanitarios), ONU Mujeres, FAO (Organización de las Naciones Unidas para la Alimentación y la Agricultura), OACNUDH (Oficina del Alto Comisionado de las

Naciones Unidas para los Derechos Humanos), MAPP/OEA (Misión de Apoyo al Proceso de Paz), con Cruz Roja y con la Iglesia católica, cuya labor de ayuda en el centro Casa de Paso fue muy elogiada por todos nosotros.

El obispo de Cúcuta, con el pecho lleno de manchas que daban aureola solidaria a su cruz, repartía comida y se implicaba atendiendo personalmente a los migrantes venezolanos. Cada día se repartían allí unas dos mil quinientas raciones elementales de frijoles, agua y pan.

También nos reunimos con María Ángela Holguín Cuéllar, ministra de Relaciones Exteriores del presidente Juan Manuel Santos. Fueron muy importantes los encuentros que tuvimos con ciudadanos venezolanos emigrados a Colombia. Estos encuentros —con escenas de gran emotividad— nos permitieron tener información directa sobre la magnitud y crudeza de la crisis que vive el pueblo venezolano y sobre la vulnerabilidad de los venezolanos que habían abandonado su país. El Gobierno de Colombia estaba en situación de interinidad y de traspaso de poderes. Duque sucedía a Santos. Por eso decidimos que nuestra Misión debía tener un enfoque humanitario. Por eso decidimos excluir del programa cualquier reunión política y pública con miembros de la oposición venezolana. No obstante, al terminar nuestra Misión en Cúcuta, di una rueda de prensa concurridísima ante los medios de comunicación venezolanos y colombianos. Puse énfasis en la cuestión humanitaria y terminé criticando con dureza al Gobierno de Maduro. Todo esto tuvo lugar en el edificio de Naciones Unidas en Cúcuta.

Pudimos clasificar en cuatro grupos a los emigrantes venezolanos en Colombia: emigrantes de retorno, emigrantes de destino, emigrantes pendulares y emigrantes de tránsito. Elogiamos las muestras de solidaridad y los esfuerzos que todas las autoridades y el pueblo colombiano estaban llevando a cabo para acoger e integrar a la población hermana.

Actualmente, el desequilibrio económico entre ambas fronteras —la de Venezuela y Colombia— es de los más altos del mundo. Estuvimos en el puente Bolívar y pudimos comprobar las enormes colas, colas de sufrimiento y dolor, ante los impasibles guardias venezolanos. La crisis humanitaria es la inequívoca consecuencia de la preocupante situación política y económica de Venezuela.

El compromiso solidario de la UE y del Parlamento Europeo debe mantenerse en el tiempo mientras esta crisis dure, así lo declaramos y acordamos.

La ayuda europea debe concretarse más. Nuestra visita fue precedida por la del comisario europeo de Ayuda Humanitaria, Christos Stylianides. Esto fue en marzo del 2018. Desde entonces, la ayuda a los migrantes venezolanos y a los países de acogida ha aumentado. La Unión Europea, en aquel momento, adoptó un paquete de treinta y cinco millones de euros para ayudas en el marco de la crisis venezolana.

Otro asunto de vital importancia. En el mes de julio del año 2011 se promulgó la Ley 1448, también llamada Ley de Víctimas y Restitución de Tierras. Por esta ley, la oficialidad colombiana reconocía el conflicto armado con las FARC y el ELN y las víctimas que de él derivaron. La Ley de Víctimas, tan necesaria, después de casi cinco años de debates parlamentarios, fue aprobada por el Congreso de la República. Y yo en varias ocasiones, tanto en territorio colombiano como en los debates en el Parlamento Europeo, traté, con colegas colombianos y embajadores, la aplicación y evolución de la Ley 1448.

Relato ahora, por su interés, el resumen de una nota de prensa de nuestra Oficina Parlamentaria, nota de prensa datada el 23 de mayo del año 2017 en la ciudad italiana de Florencia:

> El Diputado Europeo castellanoleonés del Partido Popular, Agustín Díaz de Mera, ha sido elegido hoy copresidente del Grupo de Trabajo (GT) sobre Seguridad, Crimen Organizado y Terrorismo de la Asamblea Parlamentaria de Eurolat (Eurolat, como se sabe, agrupa a diputados europeos y a parlamentarios de los países de América Latina y del Caribe). El otro copresidente será el senador colombiano Juan Carlos Restrepo (en los Grupos de Trabajo se opera con dos presidentes, un presidente europeo y un presidente americano). Este Grupo de Trabajo estará integrado por parlamentarios de ambos continentes y de diferentes países y grupos políticos. Entre los temas que abordaron se encuentran el tráfico de armas y de seres humanos, el cibercrimen, el terrorismo, el lavado de dinero y el crimen organizado a gran escala. Díaz de Mera mostró su satisfacción por la nueva responsabilidad y destacó que la colaboración entre los países de la UE y de América Latina es fundamental en las áreas de competencia de este Grupo de Trabajo. Vivimos en un mundo globalizado

> y eso nos obliga a dar una respuesta también globalizada a amenazas como el terrorismo y el crimen organizado. Además, el uso masivo de internet y de las nuevas tecnologías implica que las fronteras de una región como la Unión Europea o como América Latina puedan ser desbordadas, como ocurrió recientemente con el ciberataque a nivel mundial que afectó a empresas e instituciones.

Restrepo era un especialista en estos asuntos y nos propusimos una colaboración leal y eficaz, pero desgraciadamente desapareció muy pronto del escenario político.

ECUADOR
LA MITAD DEL MUNDO, LA ESPERANZA FRUSTRADA

Elecciones generales (presidenciales, alcaldes, prefectos)

Fui a Ecuador a la Misión de Observación Electoral el 26 de abril del año 2009. La jefa de la MOE del Parlamento era la señora Renata Weber, rumana, integrada en la formación ALDE (Liberales). Además, formábamos parte de la Misión: Fernando Fernández Martín, del Partido Popular Europeo (PPE), el británico Robert Evans y el español Vicente Garcés Ramón (ambos del PSE) y quien esto escribe. Estuvimos en territorio ecuatoriano desde el 23 al 28 de abril del año 2009. El jefe de la MOE a largo plazo fue nuestro colega portugués José Ribeiro e Castro, también del PPE. Los candidatos en las presidenciales eran: Rafael Correa, del Movimiento Patria Altiva y Soberana (Movimiento PAIS), Lucio Gutiérrez, del Partido Sociedad Patriótica (PSP), Álvaro Noboa, del Partido Renovador Institucional Acción Nacional (PRIAN), Martha Roldós, de Red Ética y Democracia (RED), Carlos Sagnay, de Movimiento Triunfo Mil (MTM), Melba Jácome, del Movimiento Tierra Fértil (MTF), Diego Delgado, del Movimiento de Integración y Transformación Social (MITS) y Carlos González, del Movimiento Independiente Justo Solidario (MIJS). Además de otros pequeños partidos y asociaciones de ámbito local y provincial, concurrieron en total 1598 candidatos.

Nuestra Delegación se reunió con candidatos, miembros de la sociedad civil, autoridades electorales y, como siempre en las MOE, con los diplomáticos de la UE. Además, mantuvimos encuentros con representantes de los medios de comunicación social.

Conocí al periodista Carlos Vera en el Swissotel. Carlos Eduardo Juan de Dios Vera y Rodríguez era entonces un rompedor, un periodista de investigación que criticaba de una manera feroz a Rafael Correa. Exhibió su conocimiento de la realidad ecuatoriana ante nuestra Delegación. La segunda vez que estuve con Vera, en el mismo hotel y en la misma sala, no me reconoció, pero me preguntó por las causas de mi interés por conocer sus opiniones en el ámbito preciso de la política ecuatoriana. Su dialéctica fácil y agresiva era un torrente de informaciones y noticias documentadas contra Correa. Era y es el José María García de la política ecuatoriana. Nos entrevistamos con Rafael Correa y con el líder más importante y alcalde de Guayaquil, Jaime Nebot. Hubo acusaciones de fraude electoral, pero Rafael Correa ganó las elecciones con el 51,99 % de los votos frente a Lucio Gutiérrez, que obtuvo el 28,24 %. Correa inauguró una «nueva era» para el Ecuador después del referéndum del año 2006 y la proclamación de la Constitución del 2008.

Fueron unas complicadas elecciones: cinco elecciones diferentes en coincidencia temporal (generales, presidenciales, prefectos, alcaldes y otras menores). Cumplieron con los estándares internacionales y se desarrollaron de forma pacífica con algunas excepciones a nivel local, como dice el informe de la MOE. Además, cabe destacar la presencia predominante de Correa en los medios de comunicación «que no contribuyó a la equidad [...], situación que se reprodujo con los candidatos a la reelección de prefectos y alcaldes...». José Ribeiro e Castro valoró positivamente el proceso en líneas generales, pero dijo también que «medidas más claras y efectivas son necesarias en los temas del gasto público y de la equidad entre los sujetos políticos durante la campaña electoral».

En este viaje, como ya he contado, me encontré cerca del Palacio Presidencial de Carondelet a unas monjas carmelitas que iban a votar y que habían oído hablar mucho y bien de san José de Ávila y de la madre Julia de la Madre de Dios.

Volví en otras tres ocasiones al Ecuador, a la República de El Ecuador, querido y acosado país hermano que sufre ahora el azote del narcotráfico y del crimen organizado, con la esperanza puesta en el joven presidente Daniel Noboa, hijo del que fuera cinco veces candidato a la presidencia de la República, Álvaro Noboa.

A Guayaquil y a Quito viajé con Luis de Grandes, Juan Salafranca, con Alejandra —asistente de Luis— y mi hijo Guillermo. En Guayaquil mantuvimos entrevistas con empresarios que tiran del carro de la economía ecuatoriana, con compatriotas en importantes empresas. El camarón, las flores, los plátanos, el cacao, el oro y el petróleo son sectores de indudable importancia en la economía ecuatoriana.

Observé procesos electorales en Quito y en Otavalo y aprecié las consecuencias sociales de la imposición de la ley seca en periodo electoral. Al entrar a la ciudad de Otavalo hay un enorme cartel que informa sobre el número de mujeres y hombres que habitan en la ciudad. Allí volví a sentir los efectos de la altura (está a 2532 metros) y renuncié a visitar la cumbre del Fuya Fuya que está a más de 4000 metros.

Con la Asamblea de Eurolat visité Cuenca, ciudad con un centro histórico que está reconocido como Patrimonio de la Humanidad y cuyo nombre oficial es Santa Ana de los Ríos de Cuenca. Allí y en Quito también se nota físicamente la altura. Los famosos sombreros Panamá se fabrican realmente en Cuenca, donde hay una industria rica, próspera y de calidad indiscutible. En esta ciudad compré un magnífico sombrero defectuoso... ¡por un euro! En Quito, en el hotel Swiss, había una galería de arte y allí exponía —ya no— un afamado pintor local, Mario Ronquillo. Mis viajes a Ecuador coinciden con el número de obras que le he comprado: tres iglesias (San Agustín, San Francisco y San Antonio) y un precioso paisaje urbano de Quito.

En mi quinto viaje no pude comprar nada de Ronquillo porque la galería del Swiss había cerrado. Mi economía no me permitió comprar algún Guayasamín, el pintor emblema de Ecuador (un grabado barato costaba 1500 $).

Para regresar a España, la ruta comercial de Iberia era Quito-Guayaquil-Madrid. Cuando compré el San Agustín de Ronquillo, en la escala en Guayaquil, la Interpol ecuatoriana me obligó a mostrar la documentación del cuadro y desmantelaron, con mucho cuidado, su embalaje. Me enfadé con ellos y presencié la inspección con comentarios poco amables por mi parte. No había nada ni en el cuadro ni en su esmerado embalaje. Buscaban lo que, por desgracia, tanto abunda ahora en Ecuador. Al terminar su tarea, les conté mi reciente currículum al frente de la policía de España y me pidieron disculpas, pero con poco entusiasmo.

En Quito conocí a William, un sastre que me presentó Juan Salafranca y que era muy frecuentado por diputados y diputadas españoles. Nos hicimos trajes buenos y baratos. William nos tomaba medidas en su sastrería, al día siguiente nos hacía la prueba en el hotel y nos entregaba las prendas antes de salir para España. Tengo dos trajes de William —nominados—, pero le encargué y pagué una chaqueta de pana que quedó en enviarme a Ávila y aún estoy esperando.

Al Ecuador de hoy le deseo estabilidad, paz y progreso. El narco ha penetrado en este magnífico país. Ojalá Daniel Noboa acabe con esta lacra. Mi primo Díaz de Mera —delegado de Telefónica en Ecuador— me regaló un libro maravilloso sobre la riquísima fauna y flora del país. No visité las Galápagos. No quise.

Los políticos ecuatorianos estaban muy inquietos por obtener la exención del visado para la Unión Europea. Yo estaba decididamente a favor. Una diputada nos dijo que irían «hasta las últimas consecuencias» para conseguirlo... Le respondí con amable ironía. La pobre, quería hacer méritos ante los suyos, pero equivocó el camino.

ETIOPÍA
ERRADICAR EL HAMBRE Y LA POBREZA

Diario de Ávila: «El eurodiputado abulense [Agustín Díaz de Mera] tomó parte en la Tercera Conferencia Internacional de Naciones Unidas sobre la Financiación para el Desarrollo, celebrada en Addis Abeba...». De las tres conferencias celebradas, la que nos ocupa tuvo lugar del 13 al 16 de julio del año 2015. La Primera Conferencia Internacional sobre Financiación al Desarrollo se llevó a cabo en Monterrey en el año 2002. La segunda Conferencia Internacional sobre la Financiación para el Desarrollo, el año 2008 en Doha (Catar).

> ... Este encuentro reúne a representantes y expertos de los Estados miembros de Naciones Unidas y tiene por objetivo lograr movilizar los medios necesarios para poner fin a la pobreza y el hambre en el

mundo. Esta cumbre se celebra a la vista de la próxima Asamblea General de Naciones Unidas que tendrá lugar en septiembre, en Nueva York, y que fijará los objetivos de cooperación al desarrollo para los próximos quince años, sin duda el proyecto más ambicioso que existe en el mundo para la erradicación del hambre y de la pobreza, continuador de los objetivos del desarrollo del Milenio. [...] El diputado popular [seguía diciendo *Diario de Ávila*] ha tenido la oportunidad de participar como representante del Parlamento Europeo, papel clave, debido a que la Unión Europea es el mayor donante mundial de ayudas para la cooperación al desarrollo. Durante todas las jornadas, Díaz de Mera mantuvo varios encuentros con figuras clave del mundo de la cooperación internacional, como el Comisario de Cooperación Internacional y Desarrollo, Neven Mimica, y la Embajadora de los Estados Unidos, Lisa Kubiske...

La Asamblea General de Naciones Unidas —sexagésimo noveno periodo de sesiones— aprobó, el 27 de julio de 2015, una Resolución sobre la Agenda de Acción de Addis Abeba de la Tercera Conferencia Internacional sobre la Financiación para el Desarrollo, denominada coloquialmente AGENDA DE ACCIÓN DE ADDIS ABEBA.

Viajé a Etiopía con la laborista británica Linda McAvan, presidenta de la Comisión de Desarrollo del Parlamento Europeo (a la que yo pertenecía). El Parlamento Europeo, y en especial su Comisión de Desarrollo, tuvieron en el año 2015 —Año Europeo del Desarrollo— un papel fundamental en el compromiso de la UE en la lucha contra el hambre y la erradicación de la pobreza.

Las iniciativas de cooperación de la UE en África oriental

La cooperación de la Unión Europea en África oriental está definida por el Marco Estratégico de la UE 2011 para el Cuerno de África y el Plan de Acción Regional 2015. Además, en la Cumbre de Migración de La Valeta de noviembre de 2015, los socios de la UE y África adoptaron una Declaración política y un Plan de acción para priorizar la migración en las acciones de cooperación al desarrollo de la UE y sus Estados miembros.

Por otra parte, el Fondo Fiduciario de Emergencia para África se ha presentado como una excelente iniciativa para el Cuerno de África. En total se han destinado unos 189, 15 millones de euros a la mejora de la gobernanza y gestión de la migración, incluidos los factores que impulsan la migración irregular, el retorno efectivo, la readmisión y la reintegración, la protección y el asilo internacionales, la migración legal y la movilidad, y la mejora de las sinergias entre la migración y el desarrollo.

Como se sabe, Etiopía, en el Cuerno de África, es el segundo país más poblado del continente (el primero es Nigeria). Este país pobre, cristianizado en el siglo IV, jamás fue colonizado, aunque sí ocupado por Italia del año 1936 al 1941 (el *camarada* Benito Mussolini). Ha sufrido y sufre la terrible desertización, guerras, sequías, hambrunas y desplazamientos masivos de población.

La minería es una fuente permanente de conflictos. El emperador Haile Selassie colocó a Etiopía en la órbita de la Sociedad de Naciones y después en la de Naciones Unidas.

En una casa de antigüedades de Addis Abeba, compré una preciosa cruz cristiana copta de casi 40 cm y también dos trípticos coptos plegables que guardo como reliquias en mi casa.

HAITÍ
POBREZA ESTRUCTURAL

MOE del Parlamento Europeo, del 23 al 26 de octubre del año 2015. 25 de octubre, elecciones legislativas y presidenciales. La sección de Internacional de Europa Press recogía estas declaraciones mías: «Las elecciones han estado bien organizadas y se han llevado a cabo en un clima de serenidad y en comparación con las pasadas del 9 de agosto mejoraron notablemente, [pero] la participación electoral no ha tomado la magnitud que se esperaba y se ha observado una clara escisión entre el electorado y sus representantes». Además, los observadores se han enfrentado a un clima de palpable tensión entre observadores de los diferentes candidatos en ciertas zonas del país. También destaqué «incidentes menores durante la campaña electoral» y añadí que «las Misiones Electorales del Parlamento Europeo en el mundo se subordinan a un código ético bajo los criterios de imparcialidad, objetividad e independencia».

Decía Europa Press: «El eurodiputado (*sic*) popular español ha recordado que Haití ya ha superado la "fase de emergencia tan dura que derivó del terremoto del 2010" y que no ha dudado en calificar de enorme tragedia humanitaria».

La Delegación estaba compuesta por Izaskun Bilbao, Gabriel Mato, Pier Antonio Panzeri, Cécile Kyenge Kashetu y Marie-Christine Vergiat, de la Izquierda Unitaria. Elena Valenciano fue la jefa de la Misión, nombrada por la alta representante Federica Mogherini.

Fui dos veces a Haití, el país más pobre de América y uno de los más pobres del mundo. Estuve allí antes y después del terremoto. Me impresionó profundamente su modo de vida, su supervivencia en medio de un universo de escasez y privaciones, con violencia acumulada y exhibida a lo largo de su turbulenta historia.

Como es habitual, nos reunimos con el presidente, Michel Martelly, y con miembros de la oposición. Como he dicho, las elecciones del 25 de octubre mejoraron notablemente respecto a las caóticas anteriores del 9 de agosto, pero, aun así, y valorando mucho los progresos realizados, el camino por recorrer era y es inmenso con referencia a los llamados estándares convencionales.

Puerto Príncipe es una ciudad de olores y de colores, sucia, sin infraestructuras esenciales o con las existentes dañadas. La corrupción y la violencia son males endémicos.

Haití ocupa la parte occidental de la isla La Española. Al otro lado de la frontera está la República Dominicana. Para viajar a Puerto Príncipe siempre utilicé la ruta Madrid-Santo Domingo-Puerto Príncipe. El avión, desde Santo Domingo a Puerto Príncipe, era un aparato viejo, pequeño, con las ruedas del tren de aterrizaje tan tan gastadas que metían el miedo en el cuerpo. Yo, que viajaba en la primera fila de asientos, podía tocar con los pies el respaldo del asiento del piloto.

Me impresionó profundamente el abandono, el descuido y la suciedad del Puerto. La historia trágica de este país es la huella de gobernantes como los Duvalier (Papa y el pequeño, Baby Doc, que asumió el poder con diecinueve años) o Jean-Bertrand Aristide, que fue el primer presidente elegido, depuesto y vuelto al poder. Los Tonton Macoute o Macoutes (los «hombres del saco») eran la bota del dictador Francois Duvalier y familia para mantenerse en el poder, aterrorizando y asesinando. Eran la peor calaña uniformada.

Para presentarse a las elecciones en el 2015 había que superar una prueba de idoneidad llamada «descargo», obligatoria para todo candidato, lo que podía ocasionar exclusiones arbitrarias.

En 2015, la abstención fue el problema más reseñable. Ni cultura de voto ni confianza en los dirigentes. Esa fue la historia, mi propia experiencia en ese entrañable, violento y acosado país.

IRÁN
DEL SAH A LOS AYATOLÁS

El 9 de noviembre de 2023, festividad de Nuestra Señora de la Almudena, patrona de Madrid, Alejo Vidal-Quadras salvó su vida tras un ataque terrorista. Yo creo que la virgen tuvo algo que ver. El atentado era mortal, pero Alejo sobrevivió porque en el momento del disparo giró levemente la cabeza y el proyectil asesino atravesó su cara en trayectoria derecha-izquierda sin dañar órganos vitales.

Viajé a Irán del 2 al 9 de diciembre del año 2007 formando parte de la Delegación del Parlamento Europeo. La presidenta de nuestro grupo era la diputada alemana Angelika Beer. Formamos la citada Delegación: Romano La Russa, Christa Prets, Iles Braghetto, Agustín Díaz de Mera, John Purvis, Libor Roncek, la baronesa Nicholson of Winterbourne, Tobias Pflüger y Vittorio Agnoletto. En el recorrido desde el aeropuerto de Teherán hasta la ciudad se puede ver el enorme mausoleo del ayatolá Jomeini. Teherán tiene cerca de ocho millones y medio de habitantes y desde muchas de sus calles pueden contemplarse las montañas nevadas del macizo Alborz.

Además de la energía nuclear —siempre vigilada, siempre burlada esta vigilancia de manera inquietante—, Irán reúne en su territorio importantes industrias como la azucarera, la petrolera, la gasística, la automovilística, la industria cementera y la textil (fundamentalmente el tejido de alfombras). Acompañado por nuestro joven cónsul en Teherán —hoy en Dinamarca, creo—, visitamos una tienda de alfombras antiquísima y allí compré dos de oración a precios muy razonables (por una que tiene más de cien años pagué cien dólares estadounidenses).

Nuestra visita era de parlamento a parlamento, de Parlamento Europeo a Parlamento Majlis. Nos alojamos en el hotel Laleh Internacional de Teherán. Después nos trasladamos a la Embajada de Portugal, donde escuchamos un *briefing* del embajador portugués porque Portugal ejercía la presidencia *pro tempore* de la Unión

Europea. Tuvimos reuniones con diferentes colectivos, con funcionarios de Naciones Unidas, con defensores de los derechos de las mujeres, con esposas de sindicalistas encarcelados, con representantes de minorías étnicas y religiosas, kurdos y ahwazíes (los kurdos de Irán son cerca de diez millones, sufren discriminación —no pueden ser funcionarios, no pueden formar parte del ejército—, son pobres, no tienen afanes separatistas y no tienen relación con el PKK).

Nos reunimos con el doctor Mohammadi, que era el presidente de la Subcomisión de Relaciones Extranjeras, así como con otros miembros del Majlis (el señor Bayat, el señor Sobhanya, el señor Talainik y el señor Alikhani).

En lo que concierne al Tratado de No Proliferación Nuclear, los diputados iraníes estimaron «que las convenciones y los tratados internacionales deben ser el corazón de las discusiones». Pedían al Parlamento Europeo no ceder a las sanciones contra Irán. Acusaban a los servicios de inteligencia de los Estados Unidos de guerra psicológica. Dijeron que Irán está dispuesto al desarme y a participar en el desmantelamiento de todas las armas de Oriente Medio y añadieron que las armas nucleares y las armas de destrucción masiva son contrarias al islam. Solicitaron, en fin, un mayor clima de confianza.

Hablamos con ellos de derechos humanos. Dijeron que en Irán había una «gran libertad de prensa», que se podía criticar al Gobierno, que los posibles problemas en cuestión de derechos humanos eran a nivel local, «que las normas internacionales y las normas islámicas deben recorrer el camino de la reconciliación». Afirmaron, a preguntas nuestras, que la lapidación no existe en Irán, que la ejecución de un delincuente menor «debía de ser probada». Derivaron estas cuestiones a nuestras ulteriores sesiones con la Comisión de Seguridad Nacional del Majlis. Añadieron que «una imagen particularmente negativa se crea alrededor de la imagen de la mujer en Irán», pero que «esa imagen proviene, fundamentalmente, de una falta de diálogo».

Estuvimos muy críticos con todos estos comentarios, críticas que fueron *encajadas* y derivadas a otras competencias en sus respuestas.

En la reunión con el señor Bayat, en el Centro de Control de Estupefacientes, este nos dijo que Irán ocupaba un lugar estratégico como tapón para el tráfico de drogas desde Afganistán a Occidente, y en concreto, a los Estados europeos. Comentó que la producción de heroína en el 2006 había aumentado un 34 % a pesar de las medidas de protección adoptadas por el Gobierno iraní. La dimensión de la frontera con Afganistán dificultaba el control y propiciaba el tráfico ilícito, que había tenido ese muy significativo aumento. Según sus estimaciones, el coste de producción de 1 kg de heroína era de 3000 euros mientras que el de reventa estaba alrededor de los 100.000 euros. Las tierras afganas —añadió— podían producir hasta 42,5 kg de opio por hectárea y, por tanto, cada familia cultivadora recibía una media de 1965 dólares estadounidenses por año. Discutimos sobre todo este asunto con propuestas alternativas por nuestra parte y reclamamos una legislación sobre estupefacientes con fines médicos.

El sábado, a las 16:30 h, tuvimos un encuentro en la Cámara de Comercio, Industria y Minas. Nuestros interlocutores fueron el presidente de la Cámara, señor Seyed Shamseddin Khareghani, y el director general para Agencias Especializadas y las Organizaciones Internacionales, señor Abdolreza R. Hanjani. Los temas que abordamos fueron, básicamente, las orientaciones de Irán en materia de comercio y de investigación, las consecuencias de las sanciones, el programa de privatizaciones, la estructura y la propiedad de la Cámara de Comercio, el sistema fiscal iraní, la estructura del [mercado] de empleo —en particular sobre este asunto— y las cuestiones de género.

Dijeron que las sanciones no son muy eficaces, pero que favorecen una reorientación de las relaciones económicas y comerciales hacia China y Asia en detrimento de Europa.

Las negociaciones relativas al Acuerdo Comercial y de Cooperación están bloqueadas y *convendría* instaurar un verdadero diálogo.

A las 12:45 h del domingo nos reunimos con el ministro de Asuntos Exteriores, el señor Manouchehr Mottaki. Para empezar, mostramos nuestra preocupación por los treinta y dos estudiantes arrestados sin que se conociera el lugar de su reclusión, hasta ese momento desconocido. Pedimos al ministro su rápida liberación, así como facilitar con urgencia información a sus familiares y abogados.

Los temas tratados fueron: Afganistán y el peligro talibán, Oriente Medio, eterno y muy muy duro conflicto con reflejo letal, una vez más, en la actualidad, y el *dossier* nuclear. «No pedimos nada, pero hacemos valer los derechos que nos confiere el Tratado sobre No Proliferación de Armas Nucleares. Todo está contaminado por Estados Unidos». Añadían que los informes del Organismo Internacional de Energía Atómica (IAEA- International Atomic Energy Agency) confirman que las actividades nucleares de Irán son de naturaleza pacífica..., aunque el señor Baradei admitió haber recibido reparos concernientes a las centrifugadoras. Criticó la falta de confianza y la suspicacia de la mayoría de los países de la Unión Europea.

Cuando pusimos énfasis en el respeto a los derechos humanos, dijo vaguedades y añadió que Irán era un país multicultural, pluriétnico y plurirreligioso, y que las minorías gozaban de protección y las sectas eran reconocidas. Defendió la pena de muerte y habló de que los procesos eran largos y con garantías. Señaló también que un diálogo sobre la aplicación de la Ley Islámica podría ser instaurado, pero sobre la base de un respeto mutuo... En fin, más vaguedades. Insistió en la influencia de los Estados Unidos sobre la Unión Europea y sus perjuicios comerciales a causa de las sanciones e invocó un diálogo con la UE a propósito de Afganistán.

La jornada continuó con encuentros y diálogos con representantes del Majlis que eran representantes de minorías religiosas reconocidas (Robert Beglanan, cristiano armenio; Jonathan Betkolia, cristiano asirio; Maurice Motamed, judío; Kourosh Niknam, culto zoroástrico). Nos dijeron que representaban a sus comunidades y al conjunto del pueblo iraní. Según ellos, la cuestión de las minorías religiosas está resuelta: gozaban de total libertad de expresión y de culto, en tanto que cada religión respete a las otras confesiones, como lo prescribe la *sharía*.

La negación del Holocausto, como ocurrió en la conferencia organizada por el IPIS (Instituto de Estudios de Política Internacional) en Teherán, es un gran problema y constituye un gran insulto para los ciudadanos de confesión judía. En mi opinión, estos obedientes miembros del Majlis, desvarían cuando justifican que la minoría bahaí no esté representada en la Cámara.

Tuvimos una reunión con el presidente del Majlis, el doctor Gholamali Haddad Adel, y los debates fueron los siguientes:

- Europa no ha comprendido aún «la realidad de la democracia islámica [...]. Irán busca la paz, el desarrollo económico y el diálogo constructivo con sus aliados europeos».

- El informe NIE (National Intelligence Estimate) es bienvenido y muestra que «Irán no ha mentido jamás al resto del mundo».
- Irán preconiza la pena de muerte para ciertos crímenes, pero su *filosofía* es la prevención y no la represión: «Ningún delincuente menor de edad ha sido condenado a la pena capital. [...] Si su Delegación afirma lo contrario, deben aportar las pruebas».
- Los MKO (los Muyahidines del Pueblo de Irán, en las listas USA de organizaciones terroristas desde el año 1997, su líder histórico ha sido Maryam Rajavi) están contentos al afirmar el abandono de las prácticas terroristas.

  En Ashraf (el campo de refugiados de acogida al norte de Bagdad facilitado al MKO por Sadam Hussein), la organización continúa con sus actividades. «Para las informaciones sobre Irán, la Unión Europea se fía de los informes americanos sobre la MKO, pero ninguno es fiable».
- «Antes de la Revolución, en Irán había más de 10.000 prisioneros de opinión, mientras que hoy solo hay 20 o 25 presos políticos».

Reunión con el señor Alaeddin Boroujerdi, presidente de la Comisión de Política Extranjera y de la Seguridad Nacional (también estaban presentes en esta reunión los miembros del Majlis, señores Mahmoud Mahammadi y Soleiman Jabarzadeh, y señora Elham Aminzadeh). El presidente dijo que el MKO —los Muyahidines del Pueblo— había asesinado a numerosos representantes del pueblo y había tomado parte en la masacre del pueblo kurdo.

Respecto a la pena de muerte, señaló que las reglas que la regulan están cerca de las de los Estados Unidos y que los procesos son largos, complejos y en estos la ley es «escrupulosamente respetada».

Propugnaba que el diálogo con el Parlamento Europeo es necesario bajo el criterio del respeto mutuo. Nos mostramos de acuerdo con este comentario y más específicamente enfatizamos la cuestión de la pena de muerte, merecedora de comentarios y debates más exhaustivos.

Terminamos nuestra misión en Teherán con una declaración común que firmaron Angelika Beer y el doctor Mahmud Mahammadi. Más o menos —más más que menos— dice algo así:

> Las dos Delegaciones subrayan la importancia de un diálogo regular, que ofrece la posibilidad de establecer una discusión constructiva sobre una serie de temas políticos, sociales y económicos [...]. Hemos convenido dar cuenta a nuestros Parlamentos del tenor de nuestras discusiones en particular y en los necesarios esfuerzos por las dos partes para llegar a resultados positivos [...]. Queremos charlar sobre numerosos asuntos de interés común, como la situación de Oriente Medio en Irak y en Afganistán, las relaciones políticas y económicas entre la Unión Europea e Irán, la lucha contra el terrorismo, el tráfico de estupefacientes, la no proliferación nuclear y las posibilidades de encontrar soluciones satisfactorias y pacíficas a las cuestiones nucleares en el respeto a las obligaciones ligadas al TNP y a la AIEA. [...] Las dos Delegaciones reiteran su compromiso para reforzar la eficacia de su diálogo, que debe ser establecido sobre una base regular y permanente, de manera que la relación interparlamentaria posibilite la plena expresión.

... ¡NADA!

Como se puede apreciar, la diplomacia parlamentaria salvó un diálogo a todas luces artificial pero necesario.

Me importa subrayar, por su importancia, que cuando mantuvimos la reunión con los ex-MKO, los Muyahidines del Pueblo, nuestra presidenta, Angelika Beer, dijo: «La Unión Europea considera a la MKO como una organización terrorista que estaba incluida en la lista oficial de entidades terroristas de la UE». Y añadió: «La naturaleza autoritaria y sectaria de la organización excluye todo contacto oficial entre nuestra Delegación y la MKO. Las visitas de algunos muyahidines al Parlamento Europeo en el pasado son el fruto de una iniciativa personal de ciertos diputados...».

Interesa resaltar aquí nuestra gratitud a los representantes de Naciones Unidas, que ayudaron mucho en la organización de los contactos que tuvieron lugar en su sede en Teherán, y a las personas que acudieron allí a los encuentros con nosotros asumiendo riesgos personales. Estas personas pidieron a nuestra Delegación transmitir al Parlamento Europeo y a la comunidad internacional una serie de llamados urgentes:

- La liberación inmediata de los sindicalistas arrestados.

- La suspensión de la ejecución del periodista kurdo Adnan Hassanpour, condenado a la pena capital, así como la revisión de su proceso.
- La mejora en el dominio de los derechos de las mujeres y del derecho familiar, así como la rápida adopción de la propuesta legislativa relativa a la creación de tribunales para jóvenes delincuentes.
- El fin de la discriminación de las minorías étnicas y religiosas, en particular en materia de enseñanza y de empleo público (esta petición nos la presentaron representantes de las minorías bahaí, sufí, kurda y ahwar).
- La procura de una lista de veintiocho nombres de estudiantes detenidos, sin información sobre su destino, lista que entregamos al presidente de la Delegación iraní, el doctor Mahammadi, que dijo que «sometería la cuestión a las autoridades competentes…».

Mis comentarios sobre el viaje de la Delegación del Parlamento Europeo a Irán, de la que formé parte activamente, han sido rescatados por mí y traducidos de las actas oficiales y notas del secretariado sobre nuestra visita.

Cuando presenté mi informe verbal ante el Grupo Popular Europeo, Alejo Vidal-Quadras me esperaba a la salida de la sala y me pidió como favor personal, repito, como favor personal, que no mencionara el comentario del embajador portugués en Teherán en el sentido de que los Muyahidines del Pueblo tenían armas pesadas… Alejo, como se sabe, es un activo defensor de la resistencia al régimen iraní en el exilio. Según sus propias declaraciones, el Gobierno iraní lo sitúa el primero en una lista negra de enemigos de la República Islámica. Intentaron asesinarlo, pero afortunadamente fallaron. Le deseo, de corazón, salud y muy larga vida.

ISLAS FIYI
UN PARAÍSO EN PELIGRO DE DESAPARICIÓN

Este viaje tuvo lugar en el seno de la Asamblea Parlamentaria África, Caribe, Pacífico (ACP). Fueron compañeros de viaje Javier Nart,

Juan Carlos Girauta, Juan Fernando López Aguilar, Teresa Jiménez Becerril, Paco Gambús (mi querido amigo Paco Gambús, prematuramente fallecido), y el croata Davor Ivo Stier (Davor fue ministro de Asuntos Exteriores de su país).

Los contactos internacionales del Parlamento se basan en dos principios de Derecho Internacional Público. Las delegaciones parlamentarias mantienen contactos con los parlamentos que son socios de la Unión Europea y, en el ámbito de la llamada Diplomacia Parlamentaria, contribuyen a fomentar los valores de la Unión, la libertad, la democracia, el respeto a los derechos fundamentales, a los derechos humanos y al Estado de derecho, todo esto en comunión con el artículo 6 del Tratado de la UE.

La Asamblea de la ACP cuenta con 44 parlamentarios europeos y con 78 diputados, uno por cada país asociado que no forma parte de la UE.

Fiyi es una república parlamentaria, un archipiélago que comprende más de trescientas islas, de las que más de cien están deshabitadas. Las dos islas mayores son Viti Levu y Vanua Levu. En Viti Levu está la capital, Suva; también en Viti Levu está la población de Nadi, situada al oeste de la isla y que cuenta con un aeropuerto al que llegamos como destino final de nuestro viaje. El archipiélago no llega al millón de habitantes y se hablan tres idiomas: inglés, hindi y fiyiano —el más utilizado—. Mantuvimos importantes y provechosas reuniones de trabajo con los colegas oceánicos, tomando conciencia de las devastadoras consecuencias del cambio climático en todos los países de Oceanía (Fiyi, Australia, Islas Cook, Islas Marshall, Islas Salomón, Kiribati, Micronesia, Nauru, Nueva Zelanda, Palaos, Papúa Nueva Guinea, Samoa, Tonga, Tuvalu y Vanuatu).

Se constató la ostensible e inequívoca subida del nivel del océano, la lenta invasión de las aguas, progresiva pero imparable, y el peligro de desaparición de islas e islotes en tiempo relativamente corto.

Javier Nart nos contó que él mismo, practicando submarinismo, había visto la muerte de numerosos arrecifes de coral, algo que yo también pude comprobar al borde de las playas, donde recogí pedazos de coral muerto.

Fiyi tiene una importantísima industria pesquera, singularmente atunera, con muy rigurosas medidas para asegurar la protección de la especie. Visitamos fábricas modernas de la industria del atún que se ocupaban de todo el proceso en frío: selección, corte, embalaje y distribución comercial. Nos invitaron a probar, con y sin soja, el atún ventral y el dorsal: francamente exquisitos.

La ceremonia oficial de apertura de la Asamblea fue todo un espectáculo de danzas tradicionales, con los coloridos trajes típicos fiyianos, y hasta con tronos que portaban a hombros al primer ministro y al señor Michel, el presidente de la Delegación Europea y padre del actual presidente del Consejo Europeo, Charles Michel.

Mi viaje fue larguísimo (Madrid-Doha-Auckland-Sídney- Nadi. Solo desde Doha (Catar) hasta Auckland (Nueva Zelanda) hay dieciocho horas de vuelo, pero en un Airbus A380 de Qatar Airways, las líneas aéreas cataríes, fue un verdadero placer).

Había quedado con Teresa Jiménez Becerril en el aeropuerto de Sídney (Australia), pues mi amiga Teresa venía por otro itinerario. Teníamos muchas horas de escala en Australia. Tomamos un tren y recorrimos la ciudad de Sídney, fotografiando el emblemático edificio de la Ópera desde el otro lado de la bahía.

En Fiyi, en Suva, Teresa y yo cogimos un taxi para recorrer las maravillosas playas de sus alrededores. El taxista se llamaba Hussein, y Teresa, locuaz, como se sabe, no paró de interrogarle sobre todo, pero eso sí, sin dejarle hablar ni contestar nada.

En uno de nuestros ratos de ocio, comimos en un restaurante típico Nart, Juan Carlos Girauta, Juan Fernando, Gambús, Teresa y yo. El piso estaba mojado, Teresa resbaló y al caer se dio un golpe terrible en la frente. La auxiliamos y curamos como pudimos. En el local, amenizaba la comida un grupo que tocaba y cantaba sobre un escenario diminuto. Ni Girauta ni Juan Fernando se pudieron aguantar. Estos buenos amigos son expertos en muchas cosas, también músicos. Se subieron al escenario, arrebataron las guitarras a los músicos locales y se pusieron a cantar, Girauta por Joan Manuel Serrat (*Mediterráneo*) y Juan Fernando, cantando en inglés, temas de los Beatles. Ambos son muy buenos guitarristas. Juan Fernando repitió esta escena, como he contado en otro apartado, cuando estábamos cenando en un palafito sobre el océano en Timor Este. Juan Carlos Girauta tuvo que regresar a Europa por una crisis de salud, afortunadamente sin consecuencias.

KENIA
LA INSEGURIDAD ENVUELTA EN NATURALEZA

Kenyatta International Convention Centre, Nairobi. 44th Session of the ACP Parliamentary Assembly and 32nd session of the ACPEU Joint Parliamentary Assembly. Las sesiones se celebraron del 14 al 21 de diciembre del año 2016.

Viajé a Nairobi vía Doha con Teresa Jiménez Becerril, Rosa Estarás, Esther Herranz y Juan Fernando López Aguilar, para asistir a las sesiones de las asambleas que acabo de citar. Ya había visitado Nairobi junto a Enrique Guerrero y el recién citado Juan Fernando López Aguilar.

El 20 de diciembre, antes de empezar las sesiones de la Asamblea, madrugamos —salimos del hotel a las cinco de la madrugada— y fuimos a visitar el parque nacional de Nairobi, que está muy cerca de la ciudad y que está amenazado por la creciente expansión de la misma. Fue un gran espectáculo. Desde nuestro Land Rover pudimos contemplar manadas de búfalos, jirafas, rinocerontes, cocodrilos, simios... Vimos todo lo más representativo de la fauna africana, con excepción de elefantes. Ya nos avisaron de que no había ningún ejemplar en el parque. Después, vimos un cártel que decía «Simba» y a continuación un león esquelético que se acercaba con curiosidad a nosotros.

El día 21 fuimos a cenar a un famoso restaurante de Nairobi que se llama Carnívoros. El nombre le hace justicia porque comimos pequeñas porciones de carne de prácticamente toda la fauna africana y los camareros nos servían sin pedirlo, de modo que durante dos horas degustamos, en diferentes guisos, con diferentes sabores y olores, carne de la mayoría de los mamíferos africanos. Hasta comimos carne de cocodrilo.

Nairobi es una ciudad enorme en la que la densidad y la anarquía del tráfico te obligan a programar los desplazamientos con muchísima antelación.

La otra gran ciudad de Kenia es Mombasa, sobre el océano Índico.

Nairobi tiene 4.600.000 habitantes y Mombasa 1.200.000. En este país africano hay 44 grupos étnicos, pero a pesar de la multitud de lenguas kenianas, los idiomas oficiales son el inglés y el swahili.

La inseguridad es una gran preocupación para los keniatas y sus gobiernos. Nuestro hotel tenía medidas extremas de seguridad. En septiembre del año 2013 hubo un ataque terrorista en el centro comercial Nakumatt Westgate de Nairobi, reivindicado por el grupo terrorista de la milicia somalí de carácter islamista Al Shabaab. Los terroristas dispararon a mansalva y tomaron rehenes. El resultado, después de la intervención de las fuerzas de seguridad, fue de 72 muertos y más de 200 heridos.

Cuando fuimos recibidos, en mi primera visita a Kenia, por parlamentarios de la Comisión de Exteriores y de la de Seguridad, no les gustó mucho mi interés por el nivel de riesgo ante el terror y la respuesta del Estado.

Volviendo a la Asamblea Parlamentaria ACP-UE, en la sesión solemne de apertura, que tuvo lugar la mañana del lunes 19 de diciembre, intervinieron, en el orden que a continuación se citan, los siguientes oradores: Justin Bedan Njoka Muturi, presidente de la Asamblea Nacional de Kenia. Netty Baldeh, copresidente de la Asamblea Parlamentaria Paritaria. Louis Michel, copresidente de la Asamblea Parlamentaria Paritaria, y Uhuru Muigai Kenyatta, presidente de Kenia y presidente del KANU (Unión Nacional Africana de Kenia). Yo intervine ante el Pleno de la Asamblea la tarde del martes 20 de diciembre en el marco del debate titulado *El impacto de los flujos financieros ilícitos en la financiación del desarrollo.*

PERÚ
DEL IMPERIO A LA INCERTIDUMBRE

El 10 de diciembre del año 2003 viajé a París para asistir a una reunión de directores de Policía en un amplio espacio de colaboración entre países europeos del sur y los ribereños del Mediterráneo y los africanos del norte. Se trataba de recibir y trasladar información y de cooperar en materia de seguridad y lucha contra el terrorismo y grupos de crimen organizado transfronterizo.

Viajé en un avión pequeño, de doce o catorce plazas, que nos había adjudicado a la Dirección General de la Policía el titular del juzgado número 1 de la Audiencia Nacional, Guillermo Ruiz Polanco.

Este avión había sido requisado a un grupo de narcos que lo utilizaban para cruzar el Atlántico y perpetrar sus actividades delictivas. Nuestro avión se desplazaba con discreción, siempre con discreción, y solo teníamos que pagar las tasas aeroportuarias.

Al regreso de París, sin descansar, tomé, con el subdirector Gabriel Fuentes, un vuelo de Iberia hacia Lima.

Cuando estábamos en medio del océano, me di cuenta de que no llevaba el pasaporte, y aunque mi viaje era oficial, las autoridades aeroportuarias de fronteras (el DIGEMIN) me lo iban a exigir. Se lo comento a Gabriel, eficaz en todo —había sido comisario general de Información—, y soluciona el problema hablando con los peruanos y con el comisario José Bernardo Monje Prado, que estaba de agregado del Ministerio del Interior. José Bernardo, amigo mío y compañero de internado en el bachillerato, además había nacido el mismo día y el mismo año que yo.

Cuando aterrizamos en el aeropuerto Jorge Chaves de Lima, me hicieron un pasaporte *original* que conservo y que tiene la singularidad de que la fotografía es una fotocopia —bastante mala— de otra que debían tener los peruanos o el propio comisario Monje. De esta forma grotesca, desde París y Madrid, cambiando el avioncito por el de Iberia y sin pasaporte, entré en territorio peruano el 3 de diciembre del año 2003.

Cenamos en Lima, en casa de mi amigo José Bernardo, que también había invitado al general Carrión (el jefe de la Policía peruana, Gustavo Carrión Zabala). Nuestra estancia fue intensa y se fortalecieron los lazos en el ámbito de la cooperación policial. El presidente de la República del Perú era entonces Alejandro Celestino Toledo Manrique.

En un avión de la policía peruana, por cortesía suya, fui invitado a visitar, en Chiclayo (Lambayeque) el yacimiento arqueológico del Señor de Sipán, una maravilla peruana. El Señor de Sipán, un mochica del siglo tres, anterior a los incas, dominó el norte del Perú.

Diario de Ávila, 11 de abril de 2016: «Díaz de Mera participó en la misión de observación electoral en Perú. El diputado europeo destacó el buen funcionamiento del sistema electrónico implementado en la ciudad de Lima para las elecciones». Estas se celebraron el domingo 10 de abril. La MOE en primera vuelta —hubo dos— estaba presidida por Luis de Grandes. En segunda vuelta la presidí yo. Las elecciones tuvieron tres dimensiones: presidenciales, al Congreso y al Parlamento Andino. Nos acompañaban diputados europeos de Alemania, Italia, Polonia y Austria. En el comunicado de prensa afirmé: «La jornada electoral ha transcurrido en un ambiente general de tranquilidad y, además, he podido constatar la eficacia del sistema electrónico en Lima y en El Callao. Tras los resultados del día electoral fue necesaria la segunda vuelta que tendría lugar el 5 de junio entre la lideresa de Fuerza Popular, Keiko Fujimori, y el líder de Peruanos por el Kambio, Pedro Pablo Kuczynski».

Nos reunimos con Keiko en su casa de Lima y ya entonces tenía diferencias —aunque larvadas— con su hermano Kenji.

También mantuvimos encuentros con otros candidatos, políticos, autoridades y miembros de la sociedad civil. Como en otras ocasiones, nos resultó de gran interés la reunión con los embajadores de la UE y con el representante de la UE en Perú. Condené con firmeza el atentado terrorista que marcó la jornada electoral y mostré mi solidaridad con las víctimas y sus familiares.

Volví al Perú, como he dicho, para presidir la Delegación de Observación Electoral en la segunda vuelta. La jefa de la MOE a largo plazo era la diputada rumana Renata Weber, muy buena amiga mía. Ganó la presidencia Pedro Pablo Kuczynski.

Inmaculada Rodríguez Piñeiro y yo nos fuimos a comer al magnífico restaurante del complejo arqueológico Huaca Pucllana.

Kuczynski, después del escrutinio de la totalidad de las actas, ganó con el 50,12 % y Keiko Fujimori perdió con el 49,88 %. Fueron cuatro días de total incertidumbre.

También viajé a Perú con la Asamblea de Eurolat. Al concluir los trabajos parlamentarios, que tuvieron lugar en Lima, Fernando Fernández Martín (expresidente de Canarias), Cristina Gutiérrez Cortines y otros dos colegas volamos hasta Cuzco, donde padecí el mal de altura.

Cuzco o Cusco está situada en los Andes peruanos a una altitud de 3399 metros. Fue capital del Imperio inca. Nos alojamos en el hotel Hacienda, muy cerca de la plaza de Armas y de la catedral. Por la mañana, Fernando, Cristina y yo tomamos el tren de vía estrecha para ir a visitar Machu Picchu, en la provincia de Urubamba. Machu Picchu es una extraordinaria y antigua ciudad del Imperio inca en los Andes. En 1911 fue descubierta por Hiram Bingham. Fue residencia de Pachacuti en 1450, que la convirtió en una inexpugnable fortaleza. Machu Picchu está a 2438 metros de altura.

Al regresar a Cuzco, Cristina Gutiérrez Cortines, consuegra del presidente Leopoldo Calvo Sotelo, supo de su fallecimiento, que tuvo lugar el día 3 de mayo del año 2008 en Pozuelo de Alarcón.

Bingham, en su libro *La ciudad perdida de los incas*, relató con detalles la aventura de su expedición, que fue financiada por la National Geographic Society y por la Universidad de Yale.

Por mis trabajos parlamentarios en Europa en favor de la exención de visados en todos los países comunitarios para los peruanos, el Gobierno de la República, a propuesta de su embajadora en Bruselas, Cristina Ronquillo, me concedió la Orden al Mérito por Servicios Distinguidos. Cuando recibí la condecoración recién mencionada en la Embajada de la República del Perú en Bruselas, en mi discurso cité, de memoria, a todos los incas del Imperio..., sorpresa generalizada y sonrisas.

SENEGAL
LOS CAYUCOS DE LA ESPERANZA

26 de diciembre del año 2008. El Parlamento, a propuesta mía, organizó este viaje en nombre de la Comisión de Libertades Públicas, Justicia y Asuntos de Interior. Fui elegido presidente de la Delegación. Se trataba de constatar y recabar información de primera mano y sobre el terreno de los flujos migratorios hacia Europa, así como sobre una ruta muy importante de la inmigración irregular y clandestina.

Venían seis diputados europeos conmigo, además del personal del Secretariado. Entre los primeros estaban Patrick Gaubert, francés, muy cercano a Sarkozy, y Javier Moreno, del Partido Socialista de España.

Mantuvimos un encuentro inolvidable con el embajador de la República de Francia en Senegal, Jean-Christophe Rufin, una cena en la sede de la Embajada, un edificio maravilloso con un jardín extraordinario. El embajador, un conocido y respetado africanista, autor de obras tan importantes como *El abisinio*, había sido miembro de Médicos Sin Fronteras. Me regaló y dedicó el *best seller*, hijo de su fluida y documentada pluma, *Las causas perdidas*. Con una prosa descriptiva, rica y atractiva, el embajador Rufin sitúa a sus personajes en Etiopía, en 1985, envueltos en hambruna y conflictos bélicos, pero *Las causas perdidas*, además, crítica la huella europea en África. El embajador nos ofreció análisis e informaciones valiosísimos sobre los fenómenos migratorios en África y sobre la desgarradora crisis de los cayucos, lanzados al océano en busca de vida, pero encontrando muerte en muchísimas ocasiones. El encuentro del río San Luis con el mar era un punto caliente desde donde partían los africanos conducidos por los *passeurs*.

Nos reunimos con el presidente de la República, el señor Abdoulaye Wade, con el primer ministro y con el ministro de Asuntos Exteriores. También estuvimos con el director de la Seguridad Nacional y con miembros del Parlamento senegalés.

Mi colega Patrick Gaubert estuvo a punto de provocar un conflicto diplomático por su posición *sarkozyana* ante el primer ministro y su intransigencia con las autoridades senegalesas a propósito de la permisividad y falta de control —según él— por parte del Gobierno ante las salidas de cayucos desde las costas de Senegal. Arreglé la controvertida cuestión con declaraciones conciliadoras ante las cámaras de la televisión pública.

Visitamos una patrullera de nuestra Guardia Civil que estaba atracada en el puerto de Dakar y que actuaba con Frontex en el proyecto europeo Sea Horse. Aparte de *mostrar el pabellón*, la Guardia Civil se ocupaba del control por satélite de la inmigración irregular y del narcotráfico. Admiro mucho a la Guardia Civil.

Fue muy emotiva y desgarradora la entrevista con mujeres —madres, en su mayoría— del colectivo para la lucha contra la inmigración clandestina, y de la Asociación de Clandestinos Desaparecidos.

Además, tuvimos una reunión secreta, a puerta cerrada, con propietarios de cayucos —los *passeurs*— que dijeron que los europeos habíamos esquilmado sus caladeros pesqueros; ya no podían pescar y entonces se dedicaban a organizar los viajes clandestinos y peligrosísimos para cruzar el océano. No pudimos sacarles información sensible.

La mejor forma de evitar tragedias y muertes era evitar las salidas, impedir las salidas. Las «antenas humanas» sobre el terreno, bien pagadas, y la acción vigilante de las autoridades con dinero y medios europeos fueron, durante un tiempo, eficaces, además de los programas informáticos y disuasorios.

En este viaje sufrí dos crisis de salud. Las madres de desaparecidos tenían algunos procedimientos de financiación rudimentaria para sus actividades. Secaban al sol mejillones que envolvían con una especie de harina y sal, creo. Los ofrecieron a nuestra Delegación con hospitalaria cortesía, pero nadie los aceptó. Yo tomé uno para no desairar a las señoras y los efectos fueron catastróficos para mi aparato digestivo.

La segunda crisis, más grave, fue la que sigue. El último día de mi estancia en Dakar tomé una embarcación que me llevó a la isla de Gorée, la isla de los esclavos, que fue puerto de salida para los negreros hacia América entre los siglos XVI y XIX. Testimonio del horror humano, Gorée fue declarada Patrimonio de la Humanidad en 1978. Más de veinte millones de personas, africanos, sufrieron la esclavitud desde Gorée.

Al regresar a Dakar para tomar el vuelo hacia Bruselas, me situé en la proa de la embarcación y un golpe de mar me dejó completamente empapado. Mojado, sin posibilidad de cambiarme, viajé hasta Bruselas. El resultado fue una neumonía que me curó una doctora africana, de Ruanda, en el hospital Leopold, cerca del Parlamento Europeo.

SUDÁN
INESTABILIDAD PERMANENTE

Con mi amigo y paisano de Ávila, Diego Garzón (uno de los mejores intérpretes del Parlamento Europeo, y son todos muy buenos), visité Jartum, la capital de Sudán, en abril de 2009. Diego, con visión y acierto, se formó muy joven como intérprete de polaco, antes de que Polonia entrara a formar parte de la Unión Europea el 1 de mayo del año 2004. Diego se afilió a Ciudadanos. Se hizo amigo de Juan Carlos Girauta y de Albert Rivera, que lo puso como número uno al Congreso por la provincia de Ávila en las elecciones generales de 2016. Nuestro candidato, el candidato por el Partido Popular, el número uno a la Cámara Baja, era Pablo Casado. Ganó las elecciones Pablo por muy amplia mayoría, pero Diego, sin medios, hizo un papel muy digno. Fue compañero de colegio de mi hijo Guillermo y habla cinco idiomas.

Volé desde Madrid hasta Jartum vía Doha, como tantas veces. Jartum es una ciudad histórica donde se funden el Nilo blanco y el Nilo azul. En Jartum visité el Parlamento y sin tapujos me dijeron que, si la Unión Europea «daba dinero», ellos podrían hacer de tapón e impedir el paso de inmigrantes y refugiados que, procedentes de Darfur, Etiopía o Chad, se desplazaban hacia el norte. Como se sabe, el conflicto de Darfur ocasionó más de 400.000 víctimas, según datos de Naciones Unidas, y la confrontación racial y social tuvo lugar entre grupos y poblaciones negras y árabes.

El presidente de Sudán, el dictador al que no conocimos, era Omar Hassan Ahmad al-Bashir, criminal de guerra perseguido por el TPI de La Haya por crímenes de lesa humanidad. Al-Bashir fue derrocado en abril del año 2019 tras treinta años en el poder. Los Estados Unidos consideran que al-Bashir dio apoyo —y quizás cobijo— a Osama bin Laden.

Interesa decir que el país, tras varios conflictos, se dividió, y nació Sudán del Sur, que obtuvo su independencia el 9 de julio de 2011.

En el transcurso de nuestra visita, los sudaneses nos ofrecieron una cena desproporcionadamente lujosa y abundante, entre una nube de turbantes y túnicas blancas.

La sede de la Comisión Europea en Jartum estaba protegida con alambradas de espino y concertinas. Allí recibimos información rigurosa y fidedigna de diferentes ONG sobre la dura realidad del país. Insistieron en la resistencia de las autoridades locales para que recibieran directamente los fondos para gestionar los diferentes programas humanitarios y de otro tipo. En particular, los sudaneses tenían conflictos por la causa que acabo de citar con la Cruz Roja.

En Jartum, por entonces, los residuos urbanos iban directamente al río, se vertían sin depurar al Nilo.

Los nómadas viajaban buscando pastos con sus rebaños de camellos, con sus familias y con el Kalashnikov a mano. La educación de los niños era un problema enorme para ellos. La minería del oro es una gran fuente de conflictos. Países como China, Rusia, República Sudafricana o Canadá tienen explotaciones mineras que a menudo generan inestabilidad, violencia y multitud de problemas. En Sudán hay más de 35.000 explotaciones mineras identificadas.

TAIWÁN
LA MEJOR DIPLOMACIA DEL MUNDO

Viajé por primera vez a Taiwán en el año 1996. Me acompañaban Feliciano Blázquez y su esposa Elena, Francisco Cáceres y su esposa Carmen y Javier —diputado sevillano— y su esposa May. Los tres citados eran diputados. Yo era senador. Decidieron que fuera yo el portavoz de la Delegación. A mí también me acompañaba mi esposa Ana Mari.

El viaje fue la consecuencia de una invitación del embajador de Taiwán en Madrid, Francisco H. L. Ou, gran profesional y bella persona, que luego llegó a ser ministro de Asuntos Exteriores. Era un viaje de cortesía. Taiwán, por su aislamiento internacional, organizaba y organiza viajes a su país normalmente con diputados o senadores de países de la Unión Europea o de países amigos. Así dan a conocer de primera mano la democracia taiwanesa, las dificultades con el *gran hermano* del otro lado del estrecho de Formosa y sus capacidades en muchos campos, especialmente en la fabricación de microchips.

Taiwán tiene una población de 23.265.000 habitantes. Sus idiomas son el chino mandarín (oficial) y el taiwanés (dialecto de Fujian). Taiwán es un país rico, democrático y estable en sus instituciones, pero permanentemente amenazado de invasión por sus parientes de la República Popular de China.

En Taipéi visitamos el Centro Internacional del Comercio, donde nos desafiaron amistosamente a imaginar o solicitar un producto —el más raro— con la seguridad de que ellos lo tenían y vendían en el Centro.

Nos entrevistamos con ministros y autoridades de la República y luego de visitar los maravillosos fortines de Taipéi, viajamos al lago del Sol y la Luna, donde nos alojaron en un hotel fantástico. Desgraciadamente, poco después me comunicaron que el lago había desaparecido por un terremoto. Y es que la actividad sísmica en Taiwán es relativamente frecuente.

El itinerario del viaje fue el que sigue: Madrid-Roma-Bangkok-Hong Kong-Taipéi.

En Bangkok, como he contado en otro capítulo, nos esperaba a pie de avión el embajador de España en Tailandia. Nos mostró los templos budistas y nos invitó a cenar. El calor era sofocante.

En Hong Kong aterrizamos en el antiguo Aeropuerto Internacional Kai Tak, que estaba situado en el centro de la ciudad. Las alas de los aviones, al tomar tierra, pasaban muy cerca de los rascacielos, haciendo peligrosísima la maniobra de aterrizaje. Este aeropuerto funcionó desde 1925 hasta 1998, año en el que se destruyó, y sobre el enorme solar resultante se construyó una villa olímpica para los Juegos de Pekín 2008.

Ya diputado del Parlamento Europeo, volví a Taiwán en una Delegación presidida por la diputada europea sueca Cecilia Malmström, con la que yo tenía muy buena relación. Era seria, rigurosa, muy trabajadora, y en el año 2010 fue elegida comisaria europea de Seguridad y Asuntos de Interior. Había estudiado en Barcelona, era hispanoparlante y un día me dijo que su marido se había casado con ella por su dinero, pero que ella se había casado con su marido por su físico. No sé si tal cosa era verdad o si estaba de broma, pues, aunque era rigurosa, tenía un gran sentido del humor. También me interrogó sobre Jorge Fernández Díaz, nuestro ministro del Interior. Cecilia era discreta y prudente, pero intuí que no le gustaba Jorge. Guardo un recuerdo afectuoso de Cecilia.

Regresé a Taiwán, ahora como jefe de Delegación, invitado por su embajador en Bruselas y ante la Unión Europea. Yo había sido el ponente parlamentario para la exención de visados a todos los ciudadanos de Taiwán (de la República de China, nombre oficial de Taiwán). Mi informe era sobre una propuesta de Reglamento del Parlamento Europeo y del Consejo por el que se modificaba la lista de terceros países cuyos nacionales están sometidos a la obligación de visado para cruzar las fronteras exteriores y la lista de terceros países cuyos nacionales están exentos de esa obligación.

Se tramitó por procedimiento legislativo ordinario y se aprobó en primera lectura tras el informe de mi Comisión, la de Libertades Civiles, Justicia y Asuntos de Interior, y la opinión de la Comisión de Asuntos Exteriores. En la Exposición de Motivos se dice entre otras cosas que para determinar los países terceros cuyos nacionales están sometidos a la obligación de visado se recurre a una evaluación, caso a caso, donde se tiene que valorar la situación del país concernido en aspectos tales como la inmigración clandestina, el orden público y la seguridad, las relaciones exteriores de la Unión, la cohesión territorial y el principio de reciprocidad. Como estas cuestiones no son permanentes en el tiempo, se prevé un mecanismo de revisión que puede funcionar como exención o como imposición del visado. Así, Taiwán fue transferido a la lista positiva (exención de visado) para todos los países de la UE y en reciprocidad los ciudadanos de los países comunitarios pueden viajar a Taiwán sin necesidad de visado, aunque en principio los taiwaneses excluyeron a Chipre, Bulgaria y Rumanía. Taiwán, por imposición de mi informe, tuvo que reconocer la exención de visado a estos tres países antes de finalizar 2010.

Taiwán no representa amenaza alguna para la Unión Europea ni en términos de inmigración irregular ni en términos de seguridad pública. La liberalización de visados con Taiwán enriquecerá las relaciones comerciales con la UE, favorecerá una relación más estrecha en los ámbitos de la cultura, de la educación, del medio ambiente y de la investigación y promoverá el incremento del turismo de forma recíproca.

En este importante informe también decía: «La Comisión no encuentra razones que justifiquen la transferencia de Trinidad y Tobago, Santa Lucía, San Vicente y Granadinas, Belice, Dominica, Granada, Islas Marshall, Micronesia y Palaos a la lista positiva».

Mi Informe fue aprobado por una gran mayoría de la Cámara (559 votos a favor, 40 en contra y 13 abstenciones) el día 11 de noviembre del año 2010.

El presidente del Yuan Legislativo de Taiwán me condecoró y nos ofreció un maravilloso almuerzo en la sede del Parlamento taiwanés. La condecoración se denomina «A la Diplomacia Parlamentaria». La exención de visados para los taiwaneses fue un acontecimiento nacional, fue una victoria de la diplomacia de la República de China (a mi juicio, de las mejores y más profesionales del mundo) y fue un salto adelante en el contexto de su posición en el mundo.

Venían conmigo, como invitados oficiales, Carlos Iturgaiz, Esther Herranz, Rosa Estarás, Verónica Lope Fontagné, Javier Pomés y mi hija Anita, que actuaba como mi asistente. ¡Hasta los taxistas me reconocían! Entre las visitas, la más importante fue la recepción que nos ofreció el presidente de la República, Ma Ying-jeou. Ma, una figura extraordinaria, era también presidente del Kuomintang (KMT) y había sido alcalde de Taipéi en 1998. Gobernó la isla desde el 20 de mayo del año 2008 al 20 de mayo del año 2016. Todos, todos los miembros de nuestra Delegación, pudieron hacerle preguntas, y yo le hablé en favor de la abolición de la pena de muerte. Su repuesta fue amable, sosegada, invocó razones culturales, sociales, pero recibió claramente nuestro inequívoco mensaje.

Regresé a Taiwán invitado por el nuevo embajador en Bruselas y por mi querida amiga Chang Wei-Ju. Esto ocurrió el año 2019. Me acompañaban Paco Gambús (mi buen amigo Paco, fallecido, como ya he dicho, prematuramente en noviembre), Santiago Fisas, José Ignacio Farias y mi asistente parlamentario Josep.

El alma, el método y el trabajo lo puso la joven diplomática Wei, destinada en la Embajada de la República China de Taiwán en Bruselas.

Fuimos recibidos en audiencia por la presidenta Tsai Ing- Wen, la primera mujer en ocupar ese cargo en Taiwán. La presidenta Tsai es, junto a la vicepresidenta de los Estados Unidos, Kamala Harris, una de las mujeres más influyentes del mundo. Se mostró amable, receptiva, nos explicó la situación de Taiwán y yo le pude formular algunas preguntas, entre ellas —como en su día preguntase al presidente Ma— la relativa a la abolición de la pena de muerte. Tsai respondió con diplomacia, habló de razones culturales y, en definitiva, no dio ninguna respuesta que nos hiciese pensar que de inmediato se podría abolir la pena de muerte en Taiwán.

En el intercambio de obsequios, ella me ofreció un bolígrafo precioso y yo le entregué un libro sobre Ávila, libro que, a su vez, me había regalado el director de *Diario de Ávila*.

VANUATU
LA INVASIÓN DEL OCÉANO

El 17 de julio de 2017 viajé a Vanuatu. El itinerario fue: Madrid-Doha (seis horas), Doha-Auckland (diecisiete horas), Auckland-Port Vila (cuatro horas). Veintisiete horas de vuelo, sin contar las paradas de tránsito. Durante el trayecto leí el libro *Patria* de Fernando Aramburu.

La República de Vanuatu es un archipiélago situado al sur del océano Pacífico, muy influido por Australia, Nueva Caledonia y las islas Fiyi, y cerca de Nueva Guinea. Es una república muy joven, ya que se independizó del Reino Unido el 30 de julio de 1980. Su capital es Port Vila. El nombre que recibieron las islas que conforman el archipiélago, cuando las descubrió, allá por 1606, un navegante portugués al servicio del rey Felipe III, luego de zarpar del puerto del Callao —que tantas veces he visitado—, fue Nuevas Hébridas. Sus habitantes se expresan en tres idiomas: bislama, inglés y francés. Desde siempre, sus habitantes son melanesios. La actual República estuvo bajo condominio inglés y francés en 1906.

Viajé a Vanuatu en compañía de Javier Nart y de mi querido amigo, fallecido en Bruselas un 27 de noviembre de 2019, cuando empezaba a vivir, Paco Gambús. Paco partió de Barcelona, yo de Madrid. Quedamos en Doha y desde allí volamos juntos, tras escala en Auckland (Nueva Zelanda), hasta Port Vila, la capital de Vanuatu.

Como he escrito, Vanuatu es una república parlamentaria. Sus instituciones más importantes son: el presidente, el primer ministro, el Parlamento (de una sola Cámara y 52 miembros) y dos tribunales (el Tribunal Supremo y el Tribunal de Apelación). Su población ronda los 300.000 habitantes. Sus playas son muy limpias y sus aguas, muy cristalinas, son de un azul muy intenso. Australia tiene una gran influencia económica, comercial y turística sobre el archipiélago.

Paco, Nart y yo debatimos en la Asamblea de la ACP sobre el cambio climático y también sobre migraciones y política de visados de la Unión Europea. Aclaré a los oceánicos el gran número de visados que concedía la UE y su política y legislación al respecto.

Sus islas están, como los países de la región, muy amenazadas por la elevación del nivel del mar. Su preocupación es enorme porque sufrieron directamente las consecuencias del gran tsunami.

Paco Gambús y yo, con los diputados europeos de las delegaciones, visitamos un proyecto energético financiado por la Unión Europea.

Administrativamente, Vanuatu se organiza en seis provincias: Malampa, Penama, Sanma, Shefa, Tafea y Torba, que tienen parlamento propio y una gran autonomía, pues establecen y recaudan sus propios impuestos.

Con la presidenta del Parlamento Europeo Roberta Metsola,
en Madrid, durante la concesión del premio Forum Europa 2024.

En el Parlamento Europeo junto al Presidente Antonio Tajani.

Con Maite Pagazaurtundúa, en Canadá, señalando el impacto del terror: las huellas del ataque terrorista al Parlamento.

En el Palacio de la Moneda con la presidenta Michelle Bachelet.

En Taiwán con la presidenta Tsai Ing-wen,
entregándole el libro *La catedral de Ávila*.

Junto a Evo Morales, entonces presidente de Bolivia.

Con la ministra de Asuntos Exteriores búlgara Mariya Gabriel.

En Helsinki con Manfred Weber, candidato
a la presidencia de la Comisión Europea.

En Lasha. Delegación al Tíbet con la presidenta Martine Roure y José Manuel García-Margallo.

En Lasha con mujeres y niños tibetanos.

Con el presidente Mariano Rajoy y Rosa Estarás.

Con Paco Gambús y mujeres vanuatu (República de Vanuatu, Oceanía).

En Lasha, delante del Potala tibetano.

Junto a un nativo vanuatu (República de Vanuatu, Oceanía).

Misión de Observación Electoral con el eurodiputado Gabriel Mato.

En Tinduf (Argelia), junto a la matriarca Nguia y con su hijo en mis brazos.

Mon, frente al infinito en la Costa Brava…
Como escribiera Luis Rosales: *Mi último sol.*

SEXTA PARTE

La ONCE
Solidaridad

En mi opinión, la ONCE es la organización española más solidaria e importante que yo conozco del mundo. La más solidaria. Vinculada en origen y en el presente a ayudar a los ciegos a integrarse en la sociedad y en el mundo laboral —objetivo conseguido con creces—, ha dado paso, con los años y liderazgos empresariales de indudable eficacia en la obtención y gestión de recursos, a una potente organización, el Grupo Social ONCE, conformado por ONCE, Fundación ONCE y Grupo de Empresas ILUNION. Este conglomerado empresarial es líder mundial que exporta enseñanza y rentabiliza solidaridad en España y en otros países del mundo, especialmente en América Latina.

Como Organización Nacional de Ciegos Españoles, ONCE es una corporación de derecho público de carácter social, que no tiene ánimo de lucro y cuyo fundamental y solidario objetivo es conseguir más y mejor calidad de vida para los ciegos y las personas con discapacidad en España.

Fue fundada en la ciudad de Burgos en 1938, se fusionaron varias organizaciones y el Estado la protegió para la venta del cupón prociegos, que, como se sabe, es una lotería diaria con cuya venta financia y se financia la contratación laboral de un número ingente de personas ciegas y discapacitadas.

Lo que acabo de escribir es un modestísimo resumen de la potencia social y solidaria de esta organización. Mi hijo (con una discapacidad del 77 %) y su esposa forman parte de la ONCE.

Tengo especial admiración y respeto por sus líderes, Miguel Carballeda y Alberto Durán López, así como por mi entrañable amiga, experta en relaciones internacionales, Ana Peláez Narváez.

En mi etapa en el Parlamento Europeo, cada año recibí, acogí, invité y disfruté con la llegada de grupos de ciegos procedentes de toda España, unas experiencias que me enriquecieron mucho.

Teatro Calderón de Valladolid, 10 de octubre de 2018. La ONCE me entregó el Premio Solidarios de Castilla y León. Entre los galardonados también estaban *EL Mundo de Castilla y León* y otros de mucha más importancia que yo. Mi hija Anita, para la ocasión, pronunció el discurso que sigue ante un patio de butacas abarrotado y con los principales representantes políticos locales, provinciales y autonómicos ocupando las localidades de preferencia. También estaban Miguel Carballeda y su esposa, Ana Peláez, y muchos dirigentes de la ONCE, provinciales y regionales.

Dijo mi hija Anita:

> Querido papá: en la vida suele hablar el orgullo de padre, pero hoy le toca hablar al orgullo de hijo —de hija— aprovechando la oportunidad que se nos ha dado —y hablo en nombre de todos— para mostrarte también nuestro pequeño reconocimiento. El reconocimiento hacia un hombre que un día salió de una Castilla para dirigirse a otra…, de Ávila a Bruselas y de Bruselas a Ávila, lugares a veces remotos, pueblos, ciudades, desiertos, kilómetros y más kilómetros y sobre todo ausencias y sacrificios, escaños desde los cuales has respondido sobradamente a la pregunta que en su día se hiciera Aristóteles sobre las esencias de la vida: sin duda alguna «SERVIR A OTROS Y HACER EL BIEN», un bien que conoce mi familia, desde mi hermano Jorge, el pequeño, que desde la discapacidad trabaja para la discapacidad tras no pocas operaciones, discapacidad, límites… a los que diariamente hace frente mi madre desde que venció a la enfermedad que no discrimina, en el bien entendido, como diría Sófocles, de que «EL QUE ES BUENO EN LA FAMILIA ES TAMBIÉN BUEN CIUDADANO».
>
> Reconocimiento al padre que, con ocasión de cualquier acontecimiento o problema, convertía una comida o una cena en un pequeño Parlamento o Asamblea donde se hablaba y se habla del Derecho, de lo que es justo o no, del eterno debate entre seguridad y libertad, libertad y seguridad… ¿Se deberá quizá a ello que dos de mis hermanos se dediquen a proteger y servir a los demás en la defensa de sus derechos y libertades? Reconocimiento a aquel que en sus réplicas en no pocas ocasiones nos citaba a Cicerón («¡¡¡QUOSQUE TANDEM, CATILINA, ABUTERE PATIENTIA NOSTRA?!!!») y que, ahora

que lo pienso, recuperaré para mis hijos, para quienes las réplicas son también interminables.

Reconocimiento a este hombre «suaviter in modo fortiter in re», al del gesto que han heredado casi todos sus nietos (Jorge *junior*, Anita, Guille o Catalina) y que marca la «A» del abecedario...

Querido papá: hay algo en ti de Cicerón, de Lope, de Cervantes, de ese «magister rhetoricae» de San Agustín que, como este, persigue un fin último más elevado, pero sin olvidar a la vez dar sentido a esta vida terrenal. Hay algo en ti de don Quijote, si bien tu lanza y tu escudo son la palabra y tu destino la libertad, libertad que no es para ti un ámbito sino una capacidad. Padre, educador, abuelo temprano y sin permiso, y sí, un político o EL POLÍTICO que ha hecho de la política no un fin en sí mismo, sino un medio para, de nuevo, servir a los demás, y cuyo progreso se mide, como diría Roosevelt: «NO POR LA UNIÓN EN LA ABUNDANCIA DE LOS QUE TIENEN MÁS, SINO EN SABER SI DAMOS LO SUFICIENTE POR AQUELLOS QUE TIENEN POCO».

Este es un reconocimiento que habla bien de ti, de SOLIDARIDAD, de aquel que, desde Bruselas o Estrasburgo, desde el Yuan Legislativo de la República de Taiwán, desde Bolivia, Perú, La Antigua o en las tierras abulenses, habla de los colectivos más desfavorecidos, habla de salvar vidas y de acciones concretas, de los derechos y de las mismas oportunidades para todas las personas, tengan o no discapacidad. Personas, papá, que no sé si podremos ser el báculo de tu vejez. El futuro no está escrito. De momento quiero que nos sigas hablando de andar vertical por la vida o no ponerse de perfil, y te quiero, te quiero —si nos lo permites— como al negrillo del que habla el poeta Aganzo, aquel que se eleva desde el Paseo del Rastro, a su espalda las murallas, a sus pies el Valle Amblés: «... Así, como tú, los hombres buenos: / la raíz bien en tierra, / la copa llena de pájaros / y las ramas dispuestas a dar cobijo siempre / a aquel que lo necesita. / Y frente al leñador, el tronco firme».

Final de su discurso.

Como digo, esto sucedió el día 10 de octubre del año 2018 en el Teatro Calderón de Valladolid. Sentí una gran emoción. Mi esposa Ana, mis hijos y sus esposas, y mis nietos mayores, asistieron a este emotivo acto.

El Partido Popular de Ávila hoy
Melancolía y esperanza

He contado en este libro acontecimientos, vivencias y experiencias que considero propios, relatos de mi vida en el Partido Popular de Ávila; no he querido referirme a la etapa en la que yo ya no estaba en la vida pública, por lo que ni he escrito ni escribiré sobre la situación actual del partido en Ávila.

Es obligado y de justicia, sin embargo, hacer un par de comentarios: el primero, reafirmar mi compromiso con las siglas populares. Compromiso de por vida. Lo bueno y lo malo que le sucede y que le suceda al Partido Popular de Ávila me afecta, me interesa y me concierne, me afectará, me interesará y me concernirá. Un segundo comentario: en el Partido Popular de Ávila inicié y terminé mi vida política. Desde el Partido Popular y por el Partido Popular de Ávila fui elegido once veces. Gratitud sin límites al Partido Popular por tanto derroche de confianza. Y desde luego, gratitud sin límites al pueblo de Ávila por su reiterado apoyo.

Seguimos manteniendo hoy la confianza mayoritaria de los abulenses; el Partido Popular en la provincia de Ávila tiene 828 concejales, 186 alcaldes, la presidencia de la Diputación provincial, dos diputados nacionales, cuatro senadores (uno por designación autonómica), tres procuradores autonómicos, dos viceconsejeros y un director general.

Afirmo que este éxito tan prolongado en el tiempo es la inequívoca consecuencia del buen trabajo de alcaldes, concejales y afiliados, la columna vertebral del partido.

Actualmente, Carlos García dirige con buena mano la nave popular en Ávila. Yo confío en él. Ojalá que la bonanza que se intuye poderosa sirva para acumular más y más confianza de los abulenses y para contribuir, como siempre, con resultados sobresalientes, al buen gobierno de España, de Castilla y León y de Ávila.

El Partido Popular de Ávila ha dado un presidente del Gobierno, un ministro, un subsecretario director general de la Policía, dos portavoces del grupo parlamentario en el Senado (Antolín Sanz y Alicia García), un presidente nacional del partido, un secretario general nacional, un coordinador general, un tesorero nacional, un presidente de las Cortes de la región, consejeros en el Gobierno autonómico y multitud de cargos nacionales, autonómicos y locales.

El Partido Popular de Ávila tiene y debe —es mi deseo— seguir teniendo impronta e influencia en el Gobierno autonómico y en el Gobierno de España.

La caza
La llamada de la tierra

He practicado y practico la caza, ahora con muchos límites y fronteras impuestos por la decadencia que deriva de la cronología y de las patologías diversas.

Empecé en la caza menor con mi amigo Alfonso González, que me enseñó mucho, y con mis otros amigos de pandilla: Juan Luis Vaquero, prematura y tristemente fallecido en accidente de caza, Paco Galán, Feliciano Jiménez Galán, Marcelo Guadaño y otros.

Alfonso y yo empezamos en el coto de Vadillo de la Sierra. Con los otros —sumábamos hasta seis—, partidas ocasionales en cotos sociales o en sorteos regionales. En Vadillo, escenario impresionante, se deleitó Miguel Delibes. Lo contó en *Las perdices del domingo*, un libro emblemático del autor. El guarda de Delibes y nuestro era un personaje muy interesante que recuerda don Miguel en sus libros, Andrés, Andrés La Horra era su nombre.

Aprendí a amar la naturaleza y pronto dejé de ser matador para convertirme en cazador.

Con el paso de los años y la merma de facultades, principié el camino de la caza mayor, sin dejar la caza menor.

He recorrido España con mi hijo Kiko, al que inicié de niño y ahora es mi apoyo, mi maestro y mi guía. Hoy es el mejor, el más completo y el más ecologista cazador que conozco. Con mi hijo Guillermo también cacé la perdiz y el corzo. Fueron años felices y buenos, años que fortalecieron las relaciones familiares.

Con mi nieto Jorge, el americano, comenzamos un camino de aprendizaje y vivencias. Disfrutábamos mucho. Hoy vive en Miami y se acuerda poco de esos felices momentos compartidos... Cuando puede, viene a Ávila para cazar y yo espero con ilusión nuestro encuentro en casa, pero prolongado felizmente en el monte.

La caza me ha dado alegrías y momentos y lances. Me ha dado grandes, buenos y sinceros amigos. Isidoro Álvarez, ese gran hombre, me distinguió con su amistad, invitándome muchas veces a cazar perdices. Roberto Larraz, otro grande de la caza y de la vida, ser humano extraordinario, leal y sincero amigo, es, con mi hijo, el mejor cazador que conozco. También he cazado mucho y durante muchos años, por toda España, con mi querido amigo Clemente González y con su *chofer* ocasional, el fraternal Mariano. El corzo, en La Virgen y en los bordes de Sepúlveda, nos regaló jornadas inolvidables.

La caza, en fin, y en mi opinión, es una actividad humana (la primera que practicó el hombre vertical) que trasciende al tiempo. Es una actividad esencial para la conservación del medio ambiente, una actividad muy importante para la actividad económica de regiones y zonas de importancia cinegética y, además, una fuente preciosa de empleo.

Actualmente, cazo con cierta frecuencia en la finca de mi amigo Diego Cobos, gracias a sus generosas y amables invitaciones. También cazo en la finca del extraordinario ser humano que es Fermín Martín y su hijo Manuel, en Las Tejoneras, y en La Grajilla, terreno cinegético alquilado al presidente del Atlético de Madrid, el señor Cerezo.

La jubilación
Viajero en tránsito. Punto y seguido

Era necesaria; mi esposa me necesitaba. Mi familia quería tenerme cerca y yo quería su cercanía.

La enfermedad, ese socavón en las vidas, ese ataque que no discrimina a nadie y que coloniza cuerpos y espíritus, ese jinete espantoso que avisa o no avisa, pero que devora, deteriora y limita la condición vital acreditada antes de su visita, la enfermedad, ese espantajo, apareció con hambre caníbal en nuestras vidas.

De modo que le dije a Esteban, con tiempo, que al acabar la legislatura dejaría la vida pública. Cumplí mi palabra y Esteban organizó una despedida maravillosa en Ávila, rodeado de mi esposa, de mis hijos y de mis amigos, mis amigos políticos, que tengo el privilegio de tener amigos en la política.

El acto/cena tuvo lugar el 14 de febrero del año 2019 (escribo estas palabras un 14 de febrero de 2024, cinco años después). Agradecí muchísimo la presencia del presidente Juan Vicente Herrera —que se prodigaba poco—, la del presidente Alfonso Fernández Mañueco, la del ministro Ángel Acebes, la del senador Sebastián González, la de mi jefe —imprescindible— Esteban González Pons. La de Luis de Grandes, la del presidente Ramón Luis Valcárcel y su esposa Charo, la de la ministra Pilar del Castillo, la del secretario general del EPP, Tono López-Istúriz. La de mi recordado y llorado Paco Gambús, la de Paco Millán Mon, la de Vero Lope Fontagné, la de Nacho Salafranca, la de Pilar Ayuso, la de Gabriel Mato, la de Teresa Jiménez Becerril, la de Esther Herranz y la del presidente del Partido Popular de Ávila, Carlos García. Fue una velada llena de emociones y lágrimas contenidas.

Mi hija Anita me regaló un libro maravilloso en el que se recogían escenas y fotografías de mi vida, con una carta impresa llena de amor. Empezaba la carta así: «Querido papá»; y terminaba así: «... Querido papá: no sé si podremos ser báculo en tu vejez. El futuro no está escrito. De momento quiero que nos sigas hablando de andar vertical por la vida o no ponerse de perfil». En este libro se apuntan frases, frases que acompañan a las escenas y a las fotografías en él recogidas, frases para momentos, frases como estas:

- «Y en el principio era el amor» (José Hierro).
- «Donde la Luz es Ávila. Ávila, tierra de cantos y santos, no solo da místicos, sino también políticos» (Olegario González de Cardedal).
- «Con el Pueblo y los niños saharauis, campos de refugiados de Tinduf».
- «Con el general Carvajal, en Bosnia».
- «Misiones del Consejo de Europa y con los refugiados en Kosovo (1999)».
- «Refugiados de Kukës con sus hijos luchan con el UCK por un Kosovo libre».
- «Colas interminables para recibir alimentos en Kukës».
- «Para servir con los mejores al servicio de España: con soldados de operaciones especiales en Tirana».
- «Los grandes empeños aun no se han de pensar, basta con ofrecerse, porque la dificultad, advertida, no ocasione el reparo».
- «Actuar como si todo dependiera del hombre, confiar como si todo dependiera de Dios».
- «El hombre es del campo y el campo es para el hombre. Es del campo el hombre porque es abierto y para lo abierto».
- «Y en el camino, Europa, un camino para ser andado. Solo el andar da qué saber; solo el viaje, la andadura, da experiencia. En el camino se dan los encuentros».
- «Y Europa no se hará ni de una vez ni en una obra de conjunto: se hará gracias a realizaciones concretas que creen, en primer lugar, una solidaridad de hecho [...], y a ello contribuirán hombres y mujeres, diferentes pero iguales, libres; una Europa que abrace y mire a las naciones hermanas más allá de sus fronteras. El Viejo y a la vez Nuevo Continente».
- «Continentes, países donde casi acaba el mundo... ¿Lugares que desaparecerán?».

- «Misiones de Observación Electoral».
- «¿Libertad-seguridad o seguridad-libertad?».
- «Reconocimientos y condecoraciones. Políticas de exención de visados. Presidenta de Taiwán».
- «La Antigua. Gratitud compartida. Hermano Pedro».
- «Convenciones Populares año 2019. España en libertad. Ilusión».
- «Y por siempre tú. Vuestro legado».
- «El hombre tiene necesidad de sosiego a la vez que de trabajo; de tranquilidad a la vez que de esfuerzo. Y sobre todo tiene una necesidad más profunda: la de estar y vivir en un lugar en el que sea reconocido por los demás..., pero recuerda, se abre una posada en el camino en la que poder reposar y comparar».
- «Te queremos como al hombre, al padre, al maestro, al que así vemos».

Este libro me fue dedicado y firmado por todos los asistentes a mi despedida.

El *Diario de Ávila* fue muy generoso conmigo el día de mi despedida; me dedicó una emotiva portada y unos comentarios que agradeceré toda mi vida.

Reproduzco alguno de ellos a continuación:

TODA UNA VIDA DEDICADA A LA POLÍTICA

> Agustín Díaz de Mera ha sido senador, diputado, alcalde de Ávila, director general de la Policía y, desde junio de 2004, eurodiputado.
>
> La de Agustín Díaz de Mera ha sido una vida dedicada a la defensa de los intereses de los ciudadanos a través de la política en diferentes escalones, desde el municipalismo hasta Europa.
>
> Nacido en Daimiel (Ciudad Real) el 27 de septiembre de 1947, está casado y es padre de cuatro hijos. Licenciado en Historia Moderna y Contemporánea y Diplomado en Comunidades Europeas, fue director del Colegio Mayor San Juan Evangelista de Madrid y director excedente de la Residencia Profesor Duperier en Ávila.
>
> En el plano político, fue presidente del Partido Popular de Ávila entre los años 1996 y 2000, y presidente del Comité de Derechos y

Garantías a nivel autonómico, entre otros cargos internos, y en la actualidad está al frente del Comité Electoral de Ávila, y es miembro de la Junta Directiva Nacional y miembro del Comité Ejecutivo del PP en Castilla y León.

Dentro de la política municipal fue teniente de alcalde y portavoz del PP en el mandato 1991-1995 y desde julio de 1999 hasta agosto del 2002 fue alcalde de Ávila, asumiendo también la presidencia del Grupo de Ciudades Patrimonio de la Humanidad hasta diciembre de 1999. También desempeñó diferentes cargos en las Cortes Generales, como los de senador en las legislaturas IV y VI y diputado en la V, y por Real Decreto del 26 de junio de 2002 fue nombrado director general de la Policía.

Desde junio de 2004 es diputado en el Parlamento Europeo, donde ha sido miembro de las comisiones de Libertades Civiles, Justicia y Asuntos de Interior, Desarrollo y Peticiones y actualmente ocupa la vicepresidencia de Eurolat. Dentro de su tarea legislativa, ha trabajado en la elaboración de diferentes reglamentos y acuerdos relativos a Europol, y como experto en Misiones de Observación Electoral ha intervenido en Bosnia, Albania, Ucrania, Timor Oriental, Venezuela o Malí, entre otros países.

DÍAZ DE MERA SE DESPIDE ENTRE FIGURAS RELEVANTES DEL PP REGIONAL, NACIONAL Y EUROPEO

El eurodiputado dice adiós a 35 años de vida pública y se rodea de compañeros de partido, amigos y familiares en un acto en el que da las gracias al «pueblo de Ávila».

El eurodiputado Agustín Díaz de Mera dice adiós a 35 años de vida pública, 31 de ellos desempeñando cargos públicos, y este jueves quiso despedirse rodeado de sus compañeros del Partido Popular, tanto a nivel autonómico como nacional y europeo, amigos y familiares en un sencillo acto celebrado en el hotel Cuatro Postes, en el que sus primeras palabras fueron de agradecimiento «de corazón» al «pueblo de Ávila, a la ciudad donde tuve el honor de ser alcalde, y a la provincia, por el cúmulo de confianza dado 11 veces».

El presidente de la Junta de Castilla y León, Juan Vicente Herrera; el presidente del PP de Castilla y León, Alfonso Fernández Mañueco; el exministro Ángel Acebes; los 16 miembros del Grupo Popular Europeo encabezados por su vicepresidente primero, Esteban González Pons; el senador Sebastián González; y el presidente del PP de Ávila, Carlos García, figuraban entre quienes quisieron acompañar a Díaz de Mera en este día tan especial y rendirle de esta manera su particular homenaje a una carrera política siempre unida a las siglas del PP, como él mismo reconoció, a cuyos dirigentes mostró también su gratitud.

En su intervención quiso tener un recuerdo hacia «todos aquellos que me han ayudado en este camino», comenzando por el que fuera presidente de honor del PP de Ávila, ya fallecido, Feliciano Blázquez, y siguiendo por los expresidentes del Gobierno José María Aznar y Mariano Rajoy, que le dieron la posibilidad de ir al Senado y al Congreso, en el primer caso, y al Parlamento Europeo, en el segundo. Pero también se acordó en estas palabras de sus amigos Ángel Acebes y Sebastián González, de quienes dijo que «juntos tuvimos mucho poder y lo utilizamos en beneficio de esta tierra tan querida»; de Juan Vicente Herrera, con el que aseguró coincidir en el terreno ideológico; de Alfonso Fernández Mañueco, que a su juicio «es lo mejor para sustituir a Herrera»; y de sus compañeros en el Grupo Popular Europeo.

«Desde el balcón sereno de los 71 años veo la fortaleza de Pablo Casado que va a dar para volver a la Moncloa, y lo hago con mi familia, a la que quiero dedicar todo lo que les he quitado en este tiempo», concluyó Díaz de Mera.

Acto seguido tomó la palabra en nombre de los asistentes el presidente de la Junta de Castilla y León, Juan Vicente Herrera, que subrayó que «un partido como el PP tiene que ser un lugar adecuado para los afectos y ahora agradecemos a Agustín Díaz de Mera sus muchos kilómetros de responsabilidades políticas» y el hecho de que «en estos 15 años, Castilla y León ha tenido en él a su primer valedor en Europa».

«He decidido no morir, me quedo»
José María Muñoz Quirós

Quiero terminar el relato de mi vida al amparo de la frase que da título a su capítulo final: «He decidido no morir, me quedo». Esta frase es un verso del poeta José María Muñoz Quirós, un verso de su libro de poemas titulado *Ternura extraña*. Presenté este poemario en la Residencia Universitaria Arturo Duperier de Ávila hace cuarenta y nueve años...

Cuando la maldita enfermedad nos visitó, no fue la suya una visita de cortesía. Llegó, sin haber sido invitada, para quedarse y para morder y matar nuestras vidas. Hincó sus dientes en nuestras carnes sin pudor ni reparos. Nos fue consumiendo y torturando. Mataba nuestros cuerpos y mataba nuestros espíritus. Y se llevó por delante, tras muchos días de sufrimiento valiente y silente, a lo que yo más quería. La gran pérdida me rompió por dentro y por fuera y yo no quería reparar esa rotura. En el último minuto pronuncié una terrible frase: «Que la tierra sin mí te sea leve y que la vida sin ti me sea breve».

Este estado de ánimo, unido a la terrible lacra de la soledad, me llevó a no tenerle aprecio a la vida. Consumí días y noches en vigilia, sintiendo y presintiendo el pozo sin fondo y el túnel sin luz. Mis hijos me ayudaban, se preocupaban por mí, pero la incesante preocupación se convierte en agobio. Rezar era rutina diaria y convencional. Todavía el recuerdo derrama lágrimas, lágrimas culpables, agradecidas, arrepentidas. Esta situación se prolongó dolorosamente durante meses y meses.

Dos buenos amigos me impulsaron y aconsejaron escribir mi errática vida, como terapia ocupacional y también como testimonio vital para conocimiento de los míos.

Mi vida había sido muy activa y a partir del 6 de febrero sufrió una parálisis que no afectaba a mi cuerpo, pero sí a mi espíritu.

Un grupo de amigos me acogió cada jueves en una tertulia informal que me inoculó una vacuna para atajar el virus de la soledad y el abandono. Pero la *perra* (y llamo *perra* a la enfermedad) seguía mordiéndome rabiosa. La contuve como pude. Aún sigo en el empeño. Miro a mi alrededor y noto que faltan muchos, muchos que no han podido con ella. Voy de romería hospitalaria en romería hospitalaria combatiendo a la bestia. Aún no ha podido conmigo. La voy controlando (y toco madera con pelo al escribir estas líneas).

Mi centenario y querido padre se rompió por segunda vez. Era un hombre muy bueno y muy prudente. Tenía la sabiduría que deriva de la experiencia. Mi hermano y mi cuñada le cuidaron mucho mucho. Yo también, pero menos. Su partida definitiva, catorce días antes de cumplir ciento un años, también me afectó mucho. Mi amigo Carlos Martí, un cirujano y un ser humano extraordinario, me hizo el acertado pronóstico de su posoperatorio: «Técnicamente bien; supervivencia estadística: noventa días». Desgraciadamente no se equivocó.

Estando yo en el hospital cuidando a mi padre en Ciudad Real, vino a verle —y a visitarme, creo— una antigua y querida amiga que acumulaba diez años de soledad desde que perdió, por el mordisco de la *perra*, a su esposo, un ser humano estupendo que era un fraternal amigo mío desde los días del Imperio. Ella me ha mostrado la luz de nuevo. Es una persona hermosa, que nunca tiene prisa, sosegada, catalana, mediterránea, inteligente, muy buena persona. Nunca señala, siempre disculpa. Debatimos cada día, pero no discutimos. Por ella he decidido no morir, me quedo.

Cada día rezamos por Ana Mari y por Aris. Por ella he decidido no morir, me quedo.

Mis hijos y mis nietos me tienen de nuevo, definitivamente.

Condecoraciones y distinciones

- Gran Cruz al Mérito Militar con Distintivo Blanco, concedida por el Reino de España.
- Caballero de la Orden de San Carlos, concedida por el Gobierno de Colombia.
- Orden al Mérito por Servicios Distinguidos, categoría de Gran Cruz, concedida por el Gobierno de la República del Perú.
- Medalla Servicios Distinguidos, categoría Comendador, otorgada por el Gobierno de Colombia.
- Distinción «Emblema de Oro» de la FELCN (Fuerza Especial de Lucha Contra el Narcotráfico), concedida por el Gobierno de la República Plurinacional de Bolivia.
- Medalla de Oro por Servicios Especiales, concedida por el Gobierno de Costa Rica.
- The Medal Of Honor for Parlamentary Diplomacy, concedida por la República de China.
- Orden de San Gregorio Magno, concedida por el Estado del Vaticano y por Su Santidad san Juan Pablo II.
- Medalla de la Policía Federal de Brasil.
- Medalla Pro-Mérito de la Asamblea Parlamentaria del Consejo de Europa.
- Medalla del Comando General de la Policía Nacional de Angola.
- Insignia de Oro y Brillantes del Sindicato Unificado de Policía (SUP).
- In Varietate Concordia-Medalla del Parlamento Europeo.
- Medalla de Interpol.
- Medalla del Parlamento de Sicilia.

Apéndice documental

Añado aquí, a título informativo, las listas del Partido Popular al Parlamento Europeo en la VI Legislatura, en la VII Legislatura y en la VIII Legislatura.

VI LEGISLATURA

Martes, 18 de mayo de 2004. *BOE* núm. 120

JUNTA ELECTORAL CENTRAL

9282

La Junta Electoral Central, en su reunión del día de la fecha, ha acordado proclamar las siguientes candidaturas a las elecciones al Parlamento Europeo convocadas por Real Decreto 561/2004, de 19 de abril, a celebrar el 13 de junio de 2004, con expresión de los candidatos incluidos en cada una de ellas, ordenando su publicación en el *Boletín Oficial del Estado*, de conformidad con lo establecido en el artículo 47.1, en relación con el 220.5 de la Ley Orgánica del Régimen Electoral General.

Palacio del Congreso de los Diputados, 17 de mayo de 2004. El Presidente, Enrique Cáncer Lalanne.

CANDIDATURA NÚMERO 8
PARTIDO POPULAR (PP)

Jaime María Mayor Oreja
Luisa Fernanda Rudi Úbeda
José Gerardo Galeote Quecedo
Alejo Vidal-Quadras Roca
Ana Mato Adrover

Cristóbal Ricardo Montoro Romero
José Manuel García-Margallo Marfil
María del Carmen Fraga Estévez
José Javier Pomés Ruiz
Pilar del Castillo Vera
Luis de Grandes Pascual
Luis Francisco Herrero-Tejedor Algar
Agustín Díaz de Mera García Consuegra
Fernando Manuel Fernández Martín
Carlos José Iturgaiz Angulo
Antonio López-Isturiz White
Francisco José Millán Mon
Íñigo Méndez de Vigo Montojo
María del Pilar Ayuso González
José Ignacio Salafranca Sánchez-Neyra
Cristina Gutiérrez-Cortines Corral
Salvador Garriga Polledo
Daniel Luis Varela Suances-Carpegna
María Esther Herranz García
Salvador Domingo Sanz Palacio
Juan Andrés Naranjo Escobar
Florencio Luque Aguilar
Daniel Bautista López
Cristina Mazas Pérez-Oleaga
María José Solana Barras
Guillermo María Martínez Casañ
Catalina San José de Miguel García
María Elena Martín Alonso
Antonia Gener Bosch
Modesto Lobón Sobrino
Enrique Belda Pérez Pedrero
María Elena Ermitas Bustillo Suárez
María Leal Sánchez
Juan Crespo Ferrán
Jesús Gómez Martínez
Catalina Costa Bonet
José Manuel Velasco Retamosa
Inmaculada Redondo Moreno
Ignacio Tremiño Gómez
María Cristina Merino Ibáñez
Alejandro Sánchez García

Baldomero León Navarro
María Bernal Sanz de Madrid
Emilio Carreira Ruiz
Abdelmalik el Barkani Abdelkader
José Eduardo Díaz Molina
Fernando Álvarez de Miranda Torres
Antonio Fontán Pérez
José María Gil-Robles Gil-Delgado

Suplentes:

Alfonso Carlos Serrano Sánchez-Capuchino
Álvaro Spottorno Vergara
Gonzalo Ortiz Lázaro

VII LEGISLATURA

Escribo a continuación la candidatura del Partido Popular al Parlamento Europeo (VII Legislatura). Las elecciones se celebraron el día 7 de junio del año 2009.

Miércoles, 6 de mayo de 2009. *BOE* núm. 110

JUNTA ELECTORAL CENTRAL

7576

De conformidad con lo dispuesto en el artículo 220.5 en relación con el 47.1, de la Ley Orgánica del Régimen Electoral General, esta Presidencia ordena la publicación en el *Boletín Oficial del Estado* de las candidaturas que a continuación se relacionan, presentadas a las elecciones al Parlamento Europeo convocadas por Real Decreto 482/2009, de 3 de abril, a celebrar el 7 de junio de 2009.

Palacio del Congreso de los Diputados, 5 de mayo de 2009. El Presidente de la Junta Electoral Central, Antonio Martín Valverde.

CANDIDATURA NÚMERO 8
PARTIDO POPULAR (PP)

Jaime Mayor Oreja
Luis de Grandes Pascual

Teresa Jiménez-Becerril Barrio
Alejo Vidal-Quadras Roca
Pilar del Castillo Vera
José Manuel García-Margallo Marfil
Carmen Fraga Estévez
Pablo Zalba Bidegain
Íñigo Méndez de Vigo Montojo
Rosa Estarás Ferragut
Francisco Villar Mon
Agustín Díaz de Mera García-Consuegra
Gabriel Mato Adrover
Pilar Ayuso González
Verónica Lope Fontagné
Carlos Iturgaiz Angulo
Antonio López-Istúriz White
Cristina Gutiérrez-Cortines Corral
José Ignacio Salafranca Sánchez Neyra
María Esther Herranz García
Pablo Arias Echeverría
Salvador Garriga Polledo
Santiago Fisas Ayxelá
Eva Ortiz Vilella
Auxiliadora Correa Zamora
Juan Naranjo Escobar
Florencio Luque Aguilar
Daniel Bautista López
Sofía Acedo Reyes
Adela Nieto Sánchez
Juan Corro Beseler
Joaquín Vázquez Villanueva
Francisco de la Torre Francia
Paula Gómez de la Bárcena Ansorena
Ana Delfi Martín Moreno
Francisco Núñez Núñez
Ignacio Tremiño Gómez
Pablo José Venzal Contreras
Rocío López González
María Bernal Sanz
Modesto Lobón Sobrino
María Teresa Antoñanzas Garro
Jesús Gómez Martínez

Margarita Pérez Herrero
Ana Carmen Mata Rico
Marius Ionel Ioan
Pilar Valle Cía
Ramiro Vieito Vilas
Antonia Estarellas Torrens
Auxiliadora Izquierdo Paredes

Suplentes:

Beatriz Jiménez Linuesa
Wenceslao Font Briones
Asunción Orden Recio
Belén Hoyo Juliá
José Ortiz Pintor
Inmaculada Mateos Buendía
José Aser Castillo Pereira
María del Mar Dávila Jiménez
Marta Beltrán Triguero
Eloy Villanueva Cruz

VIII LEGISLATURA

La lista del Partido Popular a las elecciones al Parlamento Europeo, elecciones que se celebraron el día 25 de mayo de 2014, la lideró Miguel Arias Cañete. Esta lista obtuvo 4.098.339 votos (26,09 %), lo que nos dio dieciséis escaños. Aunque ganamos las elecciones, perdimos ocho escaños con respecto a la legislatura anterior. España mantenía los actuales cincuenta y cuatro diputados.

Martes, 29 de abril de 2014. *BOE* núm. 104

JUNTA ELECTORAL CENTRAL

4577

La Junta Electoral Central, en su reunión del día de la fecha, ha acordado proclamar las siguientes treinta y nueve candidaturas a las elecciones a diputados al Parlamento Europeo convocadas por Real Decreto 213/2014, de 31 de marzo, a celebrar el 25 de mayo, con expresión de los candidatos incluidos en cada una de ellas, ordenando su publicación en el *Boletín Oficial del Estado*, de conformidad con lo establecido en el artículo 47.5, en relación con el 220.5 de la Ley Orgánica del Régimen Electoral General.

Palacio del Congreso de los Diputados, 28 de abril de 2014. El Presidente de la Junta Electoral Central, Carlos Granados Pérez.

CANDIDATURA NÚMERO 3
PARTIDO POPULAR (PP)

Miguel Arias Cañete
Esteban González Pons
María Teresa Jiménez Becerril Barrio
Luis de Grandes Pascual
Pilar del Castillo Vera
Ramón Luis Valcárcel Siso
María Rosa Estarás Ferragut
Francisco José Millán Mon
Pablo Zalba Bidegain
Verónica Lope Fontagné
Antonio López-Isturiz White
Santiago Fisas Ayxelá
Gabriel Mato Adrover
María del Pilar Ayuso González
María Esther Herranz García
Agustín Díaz de Mera García Consuegra
Carlos Iturgaiz Angulo
José Ignacio Salafranca Sánchez-Neyra
María Auxiliadora Correa Zamora
Eva Ortiz Vilella
Pablo Arias Echeverría
Salvador Garriga Polledo
Gabino Puche Rodríguez-Acosta
María Luisa Peón Pérez
María del Carmen Pardo López
Juan Andrés Naranjo Escobar
Pablo José Venzal Contreras
Sofía Acedo Reyes
Rocío Salcedo López
Antonio Pablo González Terol

Javier Fernández Soberón
María Roldán García
Zoe Iratxe Nubla Durango
Francisco Javier Bermúdez Carrillo
Juan Carlos Caballero Montañés
Miriam Rabaneda Gudiel
Pedro Juan Muriel Tato
Francisco Javier Bravo Fernández
Andrea Levy Soler
Enrique Sánchez-Guijo Acevedo
Noelia Moreno Hernández
Fernando Ledesma Gelas
José Luis Torres Gutiérrez
Marta Lorenzo Cavero
Marino Arranz Boal
Marius Ionel Ioan
Daniel Ortiz Espejo
Irene Isabel Oliver Montell
Silvia Muñoz Moreno
Ana María de Requesens Moll
Francisco de Borja Fanjul Fernández-Pita
María Isabel Fernández Pérez
Carla Miralles Castella
Federico Pozuelo Vidal

Suplentes:

María Inmaculada Múgica Ustarroz
Joaquín Calvo Basarán
José Ortiz Pintor
Eloísa Trillo-Figueroa Ávila
Cristina Flora Molina Ciudad

Epílogo

Una vida son muchas vidas, una vida reúne muchas vivencias, una vida agavilla muchos momentos. En tiempos difíciles, Agustín ha escrito un libro —digo «Agustín ha escrito un libro» y digo bien, porque el libro lo ha escrito él— en el que, dueño de sus sentimientos y pensamientos, sin tutelas ni tutías, nos da cuenta de algunos de los momentos que van conformando la suya, vida con pesares y alegrías, vida que define como intensa y rica, y a fe que lo ha sido, como puede atestiguar el lector.

Está escrito en el Libro del Eclesiastés (Ecl 3, 1-14) que «todas las cosas bajo el sol tienen un tiempo». El tiempo de escribir unas *Memorias intencionadamente incompletas* le ha llegado a este muy digno *político de provincias*, como se autodenomina el autor. «Todas las cosas bajo el sol tienen un tiempo», sí, y un motivo, añado. Porque «hay golpes en la vida, tan fuertes...», tan fuertes que derrotan, pero, nunca en doma, hay que enajenarse del grave mal que se siente y buscar alivio a esos golpes en la vida, tan fuertes, tan fuertes que acostumbran a cursar en monólogo (Octavio Paz): «Bajo las rotas columnas, / entre la nada y el sueño, /cruzan mis horas insomnes / las sílabas de tu nombre...». «A veces es muy fuerte la tentación, las ganas / de abandonarlo todo, / de dejarse, / que ya no son edades, ya no es tiempo, / que ya está todo hecho...», dice la palabra poética de Amalia Bautista. Trocando otras palabras de César Vallejo, aunque hoy nos guste la vida mucho menos, siempre nos ha de gustar vivir. Saber vivir. Elegir la esperanza, «embarcarse de nuevo en la tarea de rescatar las ilusiones...». ¿Cómo? «Creando peldaños que te suban del pozo», que diría Ana María Matute. Y escribir un libro es, sin duda, crear uno de esos peldaños que te sacan del pozo, sin olvidar, por supuesto, la utilidad del libro como fuente de conocimiento de personas y lugares. Tal sucede en el caso de Agustín Díaz de Mera, tal explica el nacer de su libro.

La lectura de *Testimonio* es un conversar silencioso con su autor para tratar de descifrar quién es y entender su valor.

Al terminar el libro, alzamos la vista y conocemos a un hombre familiar, entrañable, sensible, solidario; a un hombre que concibe la amistad como un sentimiento noble y profundo, amigo de sus amigos, generoso, responsable y trabajador; a un hombre con inquietudes culturales, cercano a los pintores y a los poetas, un viajero con muchas muchas horas de vuelo —literalmente—, que «pasea y piensa» —Irene Vallejo *dixit*— los muchos muchos países, paisajes y paisanajes visitados, que encontró sus lugares en el mundo y adecuó sus mundos a esos sus lugares; a un hombre que escruta su dimensión espiritual y se declara devoto del Carmelo, entendiendo el escapulario como un modo de vida, un servidor de todos que «antes de juzgar a una persona, camina tres lunas sobre sus zapatos». A un hombre, también, con saudades y penas melancólicas y desiertos días; a un hombre con zonas de sombra, con opacidades, con secretos... «Existir sobre todo. / Adoro la presencia de la luz que la sombra quisiera haber cegado...».

Al terminar el libro, pues, levantamos los ojos y nos damos cuenta de que el autor es alguien fieramente humano, alguien que confiesa que ha vivido, que ha vivido una vida atravesada por la política, por la alta política. Su *cursus honorum* abruma. Para quien esto escribe, un concejal de pueblo que desde bien chiquito tomó este arte y técnica de la política como una suerte de sacerdocio laico —cada uno tiene su cadaunada—, hablar con Agustín ha sido, es, una impagable experiencia de aprendizaje. Hoy, cuando el tuit es la unidad de pensamiento político y el *like* y el *zasca* sus medidas, cuando la política se ha teatralizado y arriscado, cuando todo es frentismo, se agradece este *Testimonio* lúcido y sincero de política seria, de política madura, de política decente, sosegada y juiciosa, de política *con sus cosas* —por qué no decirlo todo—, se agradece, en fin, este *Testimonio* de un político de verdad. «Todos los políticos son iguales», un lugar común que se repite como enorme simpleza, porque ¿acaso para quien deplora la lectura no son iguales todos los libros? Urge la alfabetización política para salir del tópico, que toda generalización acarrea injusticia, y para muestra, un libro, este *Testimonio*, un texto escrito por un político que es político y que ha hecho política, por un político que no se ha limitado a estar en política y hacer como que hace, un texto, en resumen, que defiende la política como una de esas cosas que uno debiera de considerar imprescindibles.

Por el mucho hablar con José María Muñoz Quirós, poeta y maestro de muchos saberes poéticos, su amigo de fraterna confianza, conoce bien Agustín que las cosas más políticas las dicen siempre los poetas, que hay versos que piden mármol y que son toda una declaración de intenciones: «He decidido no morir, me quedo». Sea. Y aunque «iremos todos al olvido», *non omnis moriar,* nunca se muere del todo, mayormente cuando se deja recuerdo amable de uno, que obras quiere Dios, así se hagan, también, negro sobre blanco y en forma de libro. Además, un libro siempre es una buena idea.

Concluyo. La lectura del libro de Agustín Díaz de Mera me trae al pensamiento unos versos de un formidable poeta de su querida América, de su querido México, José Emilio Pacheco, versos que bien podrían resumir estas *Memorias intencionadamente incompletas de un político de provincias* cuya publicación celebramos y que, a buen seguro, tendrán continuación: «Lo mejor es creer que pasó todo como debía. Y al final me queda una sola certeza: haber vivido».

José María Martín
Ávila, julio de 2024

Este libro, por encomienda de la editorial Almuzara, se terminó de imprimir el 14 de febrero de 2025. Tal día de 1014, Enrique III de Alemania fue coronado como emperador del Sacro Imperio Romano Germánico por el papa Benedicto VIII, marcando un momento crucial en la alianza entre el poder imperial y el papado durante la Edad Media.